KB142302

돌에 새긴 인생

석각 속 중국 고대의 풍경

돌에 새긴 인생

석각 속 중국 고대의 풍경

홍승현 지음

혜안

1

인문학을 공부하는 사람이라면 한 번쯤 언젠가 재미있는 교양서를 써보겠다는 생각을 해보았을 것이다. 모두 나름의 이유가 있겠지만 개인적으로는 내가 하고 있는 공부가 많은 사람들에게 의미 있는 작업이라는 믿음(혹은 위안)을 갖고 싶어서였다. 인문학(특히 역사학)이 사회적으로 중요한 가치를 지니고 역할을 한다는 것을 의심해 본 적은 없지만 사람들의 관심 밖에 존재한다면 무슨 의미가 있을까? 연구자가 공부한 결과를 아무도 읽지 않는다면, 혹 누구든지 쉽게 읽지 못한다면 그 공부는 어떤 의미를 가질까? (후배 하나는 몇 년을 한결같이 내 책 중에 자기가 읽어볼 만한 것은 없냐고 묻고, 나는 너는 읽어도 모른다는 말을 반복하고 있다.)

학위를 받고 여러 학교에서 강의를 하면서 수업을 듣는 학생들에게 개설서라고 부르는 몇 종의 책 외에는 추천할 만한 중국사 관련 서적이 많지 않다고 느낀 것도 하나의 이유가 되었다. 시중의 개설서는 중국사 전반에 걸쳐 많은 정보를 담고 있었지만, 역사가 근본적으로 '이야기'라는 점에서 본다면 수험서의 성격이 강했다. (그런 의미에서 본다면 나 역시 역사의 본질에 정확히 부합하는 글을 썼다고 할 수 없을 것 같다.) 가끔 서양 학자들의 책이 번역되어 이야기로서의 역사에 대한 궁금증과 갈증을 풀어주기는 했지만, 주로 근현대 관련 책들이라 고중세사 관련 책들은 여전히 부족하다고 생각했다.(최근에는 중국과 일본 학자의 책들이 제법 많이 번역되고 있어 다행스럽고 반갑다.)

이 책은 이러한 오랜 시간에 걸친 고민의 결과다. 물론 그간 취직에 필요한 연구 성과를 쌓아야 하는 현실, 건강상의 문제, 무엇보다도 교양서를 쓸 능력 등의 문제들이 뒤엉켜 쉽게 시도를 못했던 것도 있다. 그러다 최근 10여 년을 끌어온 석각에 대한 공부가 마무리되며 다시 한 번 교양서 집필에 욕심을 내게 되었다. 개인적으로 즐겁게 공부했던 주제를 이용하여 중국 고대사를 이야기해보고자 하는 마음이 들었다. 이 책은 바로 『석각의 사회사』를 교양서로 새롭게 고쳐 쓴 것이다.

2

석각이라는 특별한 제재題材를 이용하여 중국 고대사의 풍경들을 묘사해 보고 싶었다. 묘기墓記, 묘비墓碑, 묘지墓誌, 매지권買地券, 진묘문鎭墓文, 왕조의 기념비를 통해 중국 고대사의 특정 장면들을 복원해보고자 하였다. 시대적으로 본다면 묘기는 주로 전국戰國 시기부터 후한後漢 시기를, 묘비는 후한 시기를, 묘지는 서진西晉부터 남북조南北朝 시기를 들여다보는 창이 되었다. 매지권과 진묘문은 후한 시기부터 남북조 시기를 포괄하였으니 사용한 석각 중 가장 긴 시간을 설명하는 도구가 되었다. 왕조의 기념비인 〈희평석경熹平石經〉, 〈정시석경正始石經〉, 〈벽옹비벽碑辟), 〈대향비大饗碑〉는 후한 말부터 서진 초까지의 정치사를 복원하는 데 이용되었다.

최초로 돌이 기록의 수단으로 사용된 묘기에는 노역에 동원되었다가 고향으로 돌아가지 못하고 죽은 이들의 간단한 정보와 매장 위치가 기록되었다. 훗날 가족들에게 망자의 시신을 전달하기 위해 제작되었을 가능성이 높다. 그러다 차츰 묘기에는 죽은 자를 위해 기념물을 제작한 자식들의 이름과 그들이 지불한 비용의 액수가 기록되었다. 이것은 무덤에서 제사를 지내면서(후한 시기 제사는 무덤 안 묘실墓室이나 무덤 밖 사당에서 행해졌다.) 묘기가 독자를 갖게 된 것으로부터 기인한 변화다. 효孝가 사회적 출세의 중요한 수단이 되면서, 효성스러운 자식들의 행위가 묘기에 기록되어 제사 때마다 구경꾼들에게 노출되었다. 인물에 대한 논평이 선거의 주된 방식이며, 효성과 청렴(효렴孝廉) 그 중에서도 효성이 관료 선발의 가장 중요한 덕목이었던 시대의 산물이라 할 만하다. 묘기를 통해서는 전국 시기~후한 시기 사회상과 그와 밀접한 관련을 맺는 상장예속喪葬禮俗의 변화를 살펴볼 수 있을 것이다.

지하에 묘기가 매설埋設되던 시기, 지상에는 묘비가 제작되어 세워졌다. 묘비는 묘주墓主의 공적인 이미지를 강조하기 위해 제작되었다. 비문 중 가장 중요한 것은 운문韻文으로 작성된 명사銘辭, 즉 묘주를 위한 송가頌歌였다. 무덤의 표지로 출발한 묘비가 송사頌辭를 갖추게 되며 정형화되자, 연구자들은 효성을 중시했던 양한 사회의 성격과 연관 지어 묘비를 효성의 상징물로 이해하였다. 그러나 현존하는 대부분의 한대 묘비가 스승과 옛 상관들을 위해 그들의 문생門生과 고리故吏에 의해 제작된 것은 기존 이해에 의문을 갖게 한다. 선거가 치열해지던 후한 중기 이후 명성 획득의 방법으로 묘비가 선택되면서 지식인들은 스승과 상관을 위해 묘비 혹은 덕정비德政碑를 세우며, 자신들의 충성심을 광고할 수 있었다. 특히 경전經典의 경구經句를 이용하여 작성된 명사는 고인에 대한 공적인 이미지를 만들어 냄과 동시에 제작자들의 유학적 능력을 드러내는 데 그만이었다. 지역의 소문에 근거한 독특한 선거 제도는 신문이나 텔레비전, SNS(Social Network Service)가 없었던 시절, '돌에 새겨' '불특정 다수'에게 '영원히(심지어 반복적으로) 보일 수 있는' 방법을 발달시켰던 것이다. 독자들이 묘비를 통해 후한 시기 선거와 사회에 대해 더 많은 정보를 얻기를 기대한다.

후한 말 군웅의 한 사람이었던 조조曹操는 민간에서 묘비를 세우는 행위가 단순한 장례 의식, 혹은 절차만이 아닌 것을 간파하였다. 그는 후장厚葬(화려한 장례)과 더불어 입비를 금지하는 금비령禁碑令을 내려, 재야에서 공공연하게 행해지던 사사로이 미덕을 기리는 (즉, 재야가 권위의 주체가 되는) 행위를 근절하고자 하였다. 서진 시기까지 지속된 금비령은 새로운 석각을 출현시켰다. 묘지로 불리는 그 석각은 지하에 매설되었다. 구경꾼이 없다는 점은 석각의 성격을 변화시켰다. 외형은 여전히 묘비의 형태를 띠었지만 묘주의 공적인 이미지를 만들어 내던 운문의 송사인 명사가 사라졌다. 거기다 이적夷狄의 북중국 장악으로 인한 강남으로의 피난은 묘지를 더욱 표지석에 가깝게 만들었다. 어느 날 다시 중원을 회복하고 고향으로 돌아가는 날의 이장移葬을 기대하며 능묘 변천에 대비할 표지가 필요했기 때문이었다. 그러나 강남에서의 생활에 익숙해지고 귀향이 포기되면서 묘지는 단순한 표지에서 벗어나게 된다. 특히 왕조에 충성을 요구하는 황제로 인해 묘주의 공적功績을 기록하는 선전물의 성격이 강해진다. 가문의 힘이 아닌 개인의 능력을 드러내야 하는 것은 북쪽 호인胡人 왕조라고 예외는 아니었다. 그래서 위진남북조魏晉南北朝 시기 묘지의 변화(특히 명사의 소멸과 재등장)는 해당 시기 사회상을 고스란히 보여준다.

매지권과 진묘문은 일반 서민들이 어떤 염원을 가지고 돌을 이용하였는지를 잘 보여준다. 매지권은 죽은 자가 사후에 생활할 토지를 매입하는 데 사용한 토지 계약서다. 사람이 죽은 후에도 백魄은 지하에 남아 생을 지속한다는 영혼불멸관의 소산이며, 당시 활발해졌던 토지 매매가 만들어낸 결과다. 그래서 초기 매지권은 현실의 토지 문서와 거의 차이가 없다. 그러나 그것이 죽은 자를 위한 명계冥界 문서기에 미신적인 요소가 포함되게 되는 것은 시간 문제였다. 죽은 자를 위한 (토지에서 나는 모든 식물과 동물은 묘주의 것이며, 혹 시체가 나오면 노비로 삼아 묘주를 위해 일하게 하겠다는) 약속의 문언이 기록되었다. 그리고 사회적 혼란이 가중되어 삶이 고달파지는 후한 말기로 갈수록 토지 문서의 성격을 가진 매지권에는 점차 죽은 자를 위한 진혼문鎭魂文인 진묘문의 구성 요소가 포함되게 된다.

진묘문은 죽은 자의 잘못을 해소할 목적으로 작성하는 주술성 강한 문서다. 지하 세계를 관장하는 천제天帝의 사자인 황신黃神(혹은 황제黃帝)이 무덤의 신과 지하의 관리들에게 죽은 자의 무덤으로의 입문을 알리는 것으로 시작하는 진묘문의 궁극적 목적은 죽은 자의 죄를 용서하고(해적解謫), 죽은 자가 산 자에게 해코지하지 못하게 하는 것(제앙除殃)이다. 백성들은 전쟁의 공포에서, 질병의 고통에서, 노역의 고달픔에서 벗어나기를 원하였다. 이와 같은 사람들의 공포와 바람에 응답한 것은 재래 민간 신앙 집단들이었다. 태평도太平道나 오두미도五斗米道의 도사道士들은 매지권 또는 진묘문 혹은 진묘문과 매지권이 결합된 진묘매지권을 만들어 무덤 속에 묻으며 죽은 자에겐 영원한 안식을, 산 자에겐 악귀로부터의 해방을 약속하였다. 그렇다면 두 가지 석각은 우리에게 한대 이래 사회적 혼란과 그 속에서 발생한 중국 고대 원시 종교가 만들어낸 경관을 보여줄 것이다.

왕조의 기념비는 개인의 삶을 기록한 석각은 아니다. 그러나 왕조 혹은 절대 권력자 역시 돌을 통해 바람을 실현하고자 하였기에 함께 다루고자 하였다. 때로 그것은 위기를 극복하는 방법으로 사용되기도 하였다. 몰락해 가는 왕조를 위해 개혁을 선언하고 상징하는 석경石經이 제작되기도 하였으며, 무능한 황태자를 위해서 현창비顯彰碑(공적을 드러내기 위한 기념비)를 세우기도 하였다. 새로운 왕조에 불만을 가진 정치 집단의 충성을 독려하기 위한 황제의 약속도 돌에 새겨 세워졌다. 남아 있는 왕조의 기념비들은 그 자체로 해당 시기 정치사의 훌륭한 사료다.

석각이라는, 독자들에게는 익숙하지 않은 도구를 사용하였기에 책 안에서 각 석각들의 출현이나 그 특징에 대한 설명이 의도와는 달리 길고 복잡하게 서술된 부분이 많아졌다. 쉽고 재미있는 교양서를 쓰겠다는 애초의 생각과는 달리 너무 어려운 주제를 선택한 것은 아닐까 하는 생각이 끊이질 않는다. 그러나 다른 한편 긴 세월 동안 면면히 시대의 필요에 부응하여 그때그때마다 다양한 성격의 석각들이 만들어졌다는 것은 석각을 통해 중국 고대사를 서술하는 것이 불가능한 것만은 아님을 말해준다고 생각하였다.

3

이 책이 세상에 나올 수 있을지 자신이 없었다. 우선은 '석각'이라는 소재가 독자들에게 익숙하지 않다는 것이 걸렸다. 석각은 종류가 다양하고, 다양한 만큼 연구자들 안에서도 분류법이 통일되어 있지 않아 전공자에게도 까다로운 주제 중 하나다. 따라서 적절하게 분류하는 것도 문제지만 각 석각의 기본 구성과 특성을 소개하는 것도 일이었다. 혹 요령 있게 소개할 수 있다고 해도 복잡하다는 문제가 사라지지는 않을 터였다. 또한 연구서를 교양서로 고쳐 만드는 것도 걸렸다. (혹자는 '연구서'를 '교양서'로 만드는 것이 무슨 의미가 있겠느냐고 노골적으로 작업의 불필요와 의미 없음을 말하기도 하였다.) 그러던 차에 돌이 생각보다 우리에게 익숙한 제재일 것이라는 생각을 갖게 되었고, 그래서 책을 쓸 용기를 내게 되었다.

2023년 4월 창원대 경남학연구센터와 박물관의 협업의 하나로 경남 지역 근현대 금석문 조사를 기획하였다. 한국연구재단의 지원을 받지 못해 사업이 현실화되지는 못했지만 준비 과정에서 창원을 비롯한 함안, 김해, 합천 등지의 금석문에 대한 간략한 기초 조사를 진행하였다. 특히 아직도 집성촌의 흔적이 많이 남아 있는 함안의 금석문에 대해서는 간략한 표를 작성하기 위해 다른 지역의 그것들에 비해 좀 더 신경을 써서 검토했었다.

놀랍게도 1980년대까지도 돌을 이용한 기념비가 제작되었다. 이른바 효자비, 열부비가 세워졌던 것이다. 그 내용 또한 흥미로운 것이 효자가 병든 부모를 위해 허벅다리 살을 잘라낸 일화, 열부가 병든 남편을 위해 손가락을 잘라 피를 내어 먹였던 일화, 병든 모친을 위해 생선을 잡으려 했더니 가물치가 물에서 스스로 뛰어 올라 땅에 떨어진 일화 등이 간각되었다. 아주 오래전 방영되었던 TV 드라마 〈전설의 고향〉에서나 볼 수 있는 내용이라고 생각했던 것들이 현대까지 돌에 새겨져 마을 중심에 세워졌던 것이다.

효자나 열부를 칭송하는 석각들이 제작되어 정부의 이념을 충실하게 대변하는 공시公示 자료로 사용된 것이 예상 밖의 일은 아니다. 돌은 처음부터 불특정 다수에게 특정한 내용(사실이 아니어도 상관없다.)

을 무차별적으로 반복적으로 기억시키기 위해 선택된 자료기 때문이다. 글[文章]이란 만세가 지나도 썩지 않는다[不朽之盛事] 하였는데, 그 글이 심지어 돌에 새겨진 것이라면 그것이 가진 선전 효과는 영원할 것이다. 지금 이 순간, 어딘가에서, 누군가는 여전히 자신들의 정치적 · 사회적 권위와 영향력을 위해 비를 세우고 싶어 할 것이다. 아니 이미 세우고 있을지도 모를 일이다. 그렇다면 석각은 시대와 공간을 초월하여 인간의 삶을 가장 적나라하게 드러내는 역사 기록물이라 할 것이다. 인간의 원초적인 욕망이 이 책을 통해 온전하게 드러나기를 바란다.

4

또 다시 도서출판 혜안의 도움으로 책 한 권을 세상에 내놓게 되었다. 연구서를 낼 때보다 더 죄송스럽고, 감사하는 마음이 크다. 그러나 개인적으로는 책이 나올 때마다 표지만 보시고 옆으로 밀어놓으시던 부모님께, 한 번쯤은 내가 무슨 공부를 하는지 보고(알고) 싶던 친구들과 후배들에게, 선생님 책은 너무 어렵고 한자가 많아서 못 읽겠다고 푸념하던 학생들에게 조금은 빚을 갚는 것 같아 기쁘다. (물론 이 책을 재미있어 할지는 의문이지만.) 중국사에 관심을 가지고 있는 독자들이 색다른 제재를 이용한 이 책을 통해 고대 중국의 다양한 풍경과 만나기를 기대한다.

이 책이 나올 때까지 멀고 가까운 곳에서 필자를 응원해 준 모든 분들에게 감사를 전한다. 특히 어려운 동양사 수업을 듣겠다고 아침 9시 수업도 마다하지 않았던 창원대 사학과 학생들은 이 책의 숨은 공신이다. 마지막으로 이번에도 기꺼이 교열을 담당해준 한경미 선생에게 고마움을 표한다. 엄격한 독자로서, 믿음직한 학우로서 언제나 경청할 만한 조언을 아끼지 않는 그에게 감사한다.

겨울로 가는 길목, 정병산 아래서

홍 승 현

【1장】 기억과 영원-불멸의 상징, 돌 ····················· 21

【2장】 명성을 새긴 돌-묘비 ···························· 53

15

1. 본문은 한글로 쓰고, 한자를 병기하였다. 한자는 최초 한 차례 병기하는
   것을 원칙으로 하였으나 문맥의 이해를 위해 필요하다고 여길 경우
   반복적으로 병기하였다.
2. 번역문의 가독성을 높이기 위해 부가적인 해석이 필요한 경우에 대괄호
   (〔 〕)를 이용하였다.
3. 독자의 이해를 위해 본문에 사료 원문을 제시하거나 또는 발음과 다른
   한자를 병기할 경우 크기가 작은 대괄호(〔 〕)를 이용하였다.
4. 전통 시기 인명은 우리 한자 발음으로 표기하였고, 현대의 인명은
   각국에서 통용되는 발음으로 표기하였다.
5. 인물의 경우 황제는 재위 기간을 병기하였고, 그 외 인물에 대해서는
   생졸 연도를 병기하여 이해를 돕고자 하였다. 단 생졸년 모두 미상인
   경우 제시하지 않았다.
6. 지명은 모두 우리 한자 발음으로 표기하였으며, 현대 지명으로 고증하
   는 것을 원칙으로 하였다.
7. 연호를 서술할 경우 서력을 병기하여 이해를 돕고자 하였다.
8. 인물에 대한 간략한 부가 설명은 크기가 작은 소괄호( )를 이용하였다.
9. 책은 겹낫표(『 』)로, 문장은 홑낫표(「 」)로, 석각은 꺾쇠표(〈 〉)를
   이용하여 표기하였다.
10. 별도의 주는 작성하지 않았고, 그림의 출처를 밝힐 경우에만 하단
    주를 사용하였다.

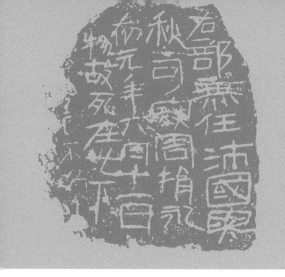

[1장]
기억과 영원
불멸의 상징, 돌

고대 중국인의 의식 속 첫 번째 돌 이야기

중국사 최초의 여행자로 기억되는 주周 나라 다섯 번째 왕인 목왕穆王은 불명예스럽게 사망한 부친의 권위를 회복하는 한편, 자신의 출생과 관련한 불경한 소문들을 잠재울 필요가 있었다. 그의 부친 소왕昭王은 남쪽 초楚 나라(지금의 호북성湖北省·호남성湖南省·안휘성安徽省에 걸쳐 위치했던 춘추전국春秋戰國 시기의 제후국諸侯國)를 정벌하기 위해 한수漢水(장강長江의 지류 중 하나)를 건너던 중 사망하였다. 사마천司馬遷(전한前漢의 태사령太史令, 역사가)에 따르면 무슨 이유에서인지 당시 소왕의 죽음은 대외적으로 알려지지 않고 은밀하게 처리되었다. 소왕의 죽음에 대한 비교적 자세한 정보는 『제왕세기帝王世紀』를 인용하여 『사기史記』에 주석을 단 장수절張守節(당唐의 역사가)에 의해 제공되었다.

"소왕의 덕이 쇠미해졌다. 소왕은 남쪽으로 정벌을 나서 한수를 건너게 되었는데, 뱃사공이 그를 미워하여 아교로 붙인 배를 타게 하였다. 왕이 배를 타고 강 가운데 이르자 아교가 녹아 배가 부서지며 왕과 제공祭公(제 나라 군주)이 모두 물에 빠져 죽었다."는 『제왕세기』의 기록은 그 사실 여부를 비롯하여, 사실이라면 어떤 이유로 사공이 천자를 미워하여 죽음에 이르게 하였는지, 왜 그 죽음을 숨겼는지 등 의문투성이다. 다만 소왕의 덕이 쇠미해졌다는 기술을 통해 후계자인 목왕이 무너진 왕도를 회복해야 하는 책무를 부여받았음을 알 수 있다.

목왕에게는 부친의 명예롭지 못한 죽음보다 더 치명적인 문제가 있었다. 바로 자신이 아버지 소왕의 친자가 아니라는 점이었다. 『국어國語』라는 책에 따르면 소왕은 방국房國에서 부인을 얻었는데, 방후房后는 부덕한 여인으로 요堯 임금의 불초했던 아들 단주丹朱의 혼령과 결합하여 목왕을 낳았다. 비록 왕이 되었다고는 하지만 그는 적법한 계승자라 하기 힘들었다.

목왕을 괴롭히는 문제는 이것만이 아니었다. 기록 곳곳에서 보이는 주변 이적夷狄들과의 갈등은 목왕에게 주어진 또 다른 고민이었다. 조공을 바치지 않거나(서융西戎) 멋대로 칭호를 사용하는(서이西夷) 등 주의 통제력에서 벗어난 이적들을 정벌하여 주의 영향력 안으로 재편입시켜야만 했다. 이적의 정벌과 이적 세계의 통합은 목왕의 정통성과 주덕周德의 흥기를 보증하는 행위가 될 수 있었다. 서쪽으로의 정벌과 순수巡狩의 여정이 시작되었다.

전하는 이야기에 따르면 당시 목왕은 곤륜산崑崙山에 이르러 서왕모西王母(불사의 세계를 관장한다고 알려진 여신)를 만나기도 하였다고 한다. 신비로운 경험을 동반한 목왕의 정벌과 순수에 대한 이야기는 현재 『목천자전穆天子傳』이라는 지괴志怪(기이한 것들의 기록) 소설로 전해지고 있다. 소설이라는 표현에서 알 수 있는 것처럼 『목천자전』 속 내용들은 허구다. 그러나 그 속에 보이는 고대 중국인들이 가지고 있었던 지리 관념이나 신화에 대한 인식들을 허구의 소산이라고 간단히 치부할 것만은 아니다. 다만『목천자전』의 내용을 얼마나 믿을 수 있는지를 판단하는 것은 이 글의 주제와는 거리가 있으니, 여기서는 고대 중국인이 가지고 있던 돌에 대한 인식을 확인할 수 있는 한 구절을 살펴보는 것에 만족하고자 한다.

길일을 택해 서왕모에게 간 목왕은 희고 검은 옥과 비단 등을 선물로 서왕모에게 바쳤다. 시간 가는 줄 모르고 즐겁게 연회를 즐기다가 돌아가야 할 시간이 되었다. 서왕모는 노래로써 아쉬운 마음을 표현하였고 부디 죽지 않고 다시 만나기를 소망하였다. 목왕 역시 3년 후 화하華夏(중국)를 조화롭게 다스리고 서왕모의 나라로 돌아오리라 약조하였다. 흥미로운 것은 그 다음이다.

> "천자는 말을 몰아 엄산崦山에 올라 돌에 그의 공적功績을 새기고 괴나무를 심었다. 돌의 가장자리에 '서왕모의 산'이라 적었다."
>
> 『목천자전』

주 목왕은 서왕모와 헤어져 중원으로 돌아가기 앞서 엄산에 올라 공적비랄까, 순수비랄까 하는 기념비를 세운다. 기억을 위한 행위다. 그리고 그 기억을 위한 제재題材로는 변하지 않는 돌이 선택되었다. '서왕모의 산'이라는 구절을 새기기는 했지만 목왕 자신의 공적을 기록하였다는 점에서, 이 비는 궁극적으로 목왕의 공적비라고 해야 할 것이다. 목왕은 그곳에 자신의 이름이 들어간 비를 세움으로써 사람들에게 자신의 업적을 영원히 기억시킬 수 있게 된 것이다. 또한 서왕모의 산에 주 목왕의 이름으로 비를 세움으로 인해 서왕모의 나라 안 엄산이

자신의 통치 반경 안에 편입되었음을 분명히 한 것이다. 중국 고대인의
의식 속에 존재하는 돌의 쓰임새다.

불멸을 꿈꾸는 인간

『사기』의 최초 저술자인 사마담司馬談(?~기원전 110. 전한의 태사령)은
저술을 마무리하지 못한 채 사망하게 된다. 그는 회한을 담아 아들인
사마천에게 태사가 되어 가업을 이을 것을 유언한다. 그 때 그가 아들
사마천에게 했던 말은 고대 중국인의 사회적 욕망이 무엇이었는지를
단적으로 보여준다.

> "큰 효도란 부모를 잘 모시는 것으로부터 시작하여 군주를 잘 모시는
> 것으로 이어지고 영달하는 것으로 끝이 나는데, 후세에 이름을 날림으로
> 써 부모를 드러내는 것[揚名於後世, 以顯父母] 이것이 바로 가장 큰 효도다."
>
> 『사기』「태사공자서太史公自敍」

이른바 '입신양명立身揚名'으로 표현되는 사회적 영달榮達과 명성名聲
획득의 중요함을 역설하고 있다. 이러한 입신양명의 욕망이 비단 중국
고대인들만의 것은 아니었을 것이다. 전통 시기는 물론 지금까지도
회자되는 "개천에서 용 난다."라는 말은 입신양명의 또 다른 표현일
것이다. '출세'라는 보다 간단하면서도 노골적인 표현이 여전히 사용되
는 것은 사회적 영달과 명성 획득이 고대인들만의 욕망은 아니라는
반증일 것이다.

그러나 사회적으로 영달했다고 해서, 명성을 획득했다고 해서 끝나는

것은 아니다. '후세에 이름을 날린다'는 표현에서도 알 수 있는 것처럼 그 명성이 후대까지 이어져 사라지지 않는 것이 필요했다. "덕의 융성함은 사라지지 않는 것보다 큰 것이 없다德之隆者, 莫盛不朽." "재능과 공업功業을 서술하여 새김으로써 사라지지 않게 한다敍述才美, 以銘不朽焉." "돌에 새겨 기록하여 영원히 사라지지 않게 한다銘載金石, 永世不刊." 등의 비문碑文은 영달과 명성 획득 후 그것을 기억하는 행위가 결합되어야만 그 영달과 명성 획득의 의미가 사회적으로 완성됨을 말해준다. 그래서 고대로부터 기억을 위한 여러 가지 방법이 고안되었다.

진秦의 시황제始皇帝(영정嬴政. 재위 기원전 246~기원전 210)가 천하를 통일하고 내린 첫 번째 명령은 호칭에 관한 것이었다. "지금의 칭호를 바꾸지 않는다면 그동안 이룬 공적을 드러낼 수도 없고 후세에 전할 수도 없을 것이다."(『사기』「진시황본기秦始皇本紀」) 일국一國을 다스릴 때의 이름인 왕이라는 칭호가 천하를 통일한 자신의 업적을 표현할 수 없을 뿐 아니라, 후세에게도 자신이 세운 업적의 위대함을 알릴 수 없을 것이라고 판단한 것이다. 그래서 그는 유일한 권력을 표현하는 '황제'라는 호칭의 발명을 통해 공업을 드러내고 후세에 전하고자 하였다.

또한 자신의 위업을 기리기 위한 기념물을 세웠다. 진시황은 수도인 함양咸陽(지금의 섬서성陝西省 함양시) 강변에 육국六國(한韓, 위魏, 조趙, 연燕, 초楚, 제齊)의 궁실을 모방하여 궁궐을 지었다. 파괴된 상대편 궁전의 잔해들이 진 나라의 수도로 옮겨져 영원히 진시황의 위대한 승리를 증언하게 된 것이다. 한편 크고 화려한 궁궐의 상징이 된 아방궁阿房宮에는(아방궁의 실존에 대해서는 이견이 존재하지만 실존을 전제로 하여) 동서 길이 500보步 남북 길이 50장丈에 달하는 전전前殿(대전大殿 혹은 정전正殿)이 있었다고 한다. 사마천의 증언에 따른다면 그 전전 위에는 만 명이 앉을 수 있었고, 아래에는 5장 높이의 깃발을 세울 수 있는 공간이 있었다. 궁 사방으로 구름다리를 만들어 남산南山에 연결되게 하였으며, 남산 봉우리에 궐루闕樓를 세워 표지로 삼았다고 한다. 정보의 부족으로 당시 모습을 명확하게 그려볼 수는 없지만 아방궁이 상당히 넓고 또한 높은 대臺를 포함하고 있었음을 추측하는 것은 어렵지 않다.

길이 500보와 50장은 어느 정도나 될까? 우선 '장'부터 알아보자. 1장은 10척尺이니, 50장이면 500척에 해당한다. 진 나라 때 1척이 지금의 23.1㎝, 그래서 500척이면 11,550㎝ 즉 115.5m에 해당한다. '보'는 글자 그대로는 사람의 걸음을 의미하지만 진 나라에서 길이의 단위로 사용할 경우 오른발과 왼발을 한 번씩 내딛은 '쌍보雙步'의 의미였다. 당시 '보'는 6척에 해당하였다. 따라서 23.1㎝를 곱하면 138.6㎝가 된다. 그렇다면 500보는 69,300㎝ 즉 693m가 된다. 현재 건물 높이로 친다면 (한 층 4m정도의 일반 건물을 기준으로) 남북 길이는 지상 29층, 동서 길이는 자그마치 173층에 해당한다. 너비로 따진다면 68m×105m 규격 의 축구장 11배가 넘는다.

사실 높은 대를 포함하는 웅장한 궁궐의 건축이 진시황으로부터 시작된 것은 아니다. 전국 시기가 되면 각국의 제후들은 적들에게 위압감을 주기 충분한 높이의 대를 건설하고자 하였다. 그것이 모든 경쟁자를 물리치고 전 세계의 지배자가 된 존재의 상징물이기 때문이 다. 전국 시기 위魏 나라(지금의 산서성山西省 남부와 하남성河南省에 위치하였던 전국 시기의 제후국)의 허관許綰이 말한 것처럼 '오로지 사방으로 오랑캐마저 공격해서 사방 8,000리가 되는 땅을 가져야만 비로소 만들어볼까 하는 생각을 할 수 있는' 기념비였다.

그러나 이것만으로는 부족했던 것 같다. 아니면 '기록'에 대한 집착이 었을까? 진시황은 다섯 차례 순수 중 7개의 순수비를 세워 자신의 공업을 기록하게 하였다. 비에는 다음과 같은 구절이 새겨져 공덕功德의 기록과 기억이 중요한 행위임을 증명하고 있다. "군신들이 서로 황제의 공덕을 노래하고 금석에 새겨 본보기로 삼고자 한다."(〈낭야각석琅琊刻石〉) "군신들이 황제의 공덕을 노래하며 돌에 새겨 영원히 변치 않을 전범典範으로 후세에 전하기를 청하였다."(〈지부각석之罘刻石〉) "군신들이 황제의 위대한 업적을 노래하며 이 돌에 새겨 영원히 전범으로 삼기를 청하였다."(〈갈석각석碣石刻石〉) "수행했던 신하들이 황제의 공덕을 노래하며 이 비석에 새겨 아름다운 비문이 영원히 전하기를 청하였다."(〈회계각석會稽刻石〉) 중요한 것은 '영원히' '후세에' '전해지는 것'이었다.

일반민이든 황제든 모두 죽어도 사라지지 않는 불멸의 영예를 누리고자 하였던 것이다. 이 책에서 다루는 것은 불멸을 꿈꿨던 인간들의 이야기이자, 그를 위해 선택했던 재료인 돌에 대한 이야기다.

'명'이라는 문체의 발명

돌을 발견하기 전 자신의 공업이 영원히 기억되길 바라는 중국 고대인의 욕망은 '명銘'이라는 문체를 만들어냈다. 그 내용을 살펴보자.

'명'이라는 것은 스스로 이름을 내는 것, 즉 자신의 이름을 써서 선조의 공업을 높임으로써 그것을 후세에 밝게 드러내는 것이다. 선조에게 아름다운 덕이 있지 않을 수 없으며 나쁜 것도 있지 않을 수 없으나, 명의 의리義는 아름다움을 일컫고 좋지 않은 것은 일컫지 않는 것이다. 이는 효자나 효손의 마음이고, 오직 현능賢能한 자만이 능히 할 수 있는 것이다. 명이라는 것은 선조의 덕행德行 · 업적業績 · 공훈功勳 · 수상受賞 · 명성名聲 등 세상에 알려진 것을 논평하고 취하여 제기祭器에 기록함에 자신의 이름도 더하여 선조에게 제사하는 것이다. 선조를 칭찬하여 알리는 것은 효를 숭상하는 것이요, 자신을 선조에 견주는 것은 효순한 행위이며, 후세에 밝게 드러내는 것은 후대인을 가르치는 것이다. 무릇 '명'이라는 것은 한 번 일컬어서 위아래 사람 모두가 교훈을 얻을 수 있는 것이다. 이로써 군자가 명을 보면 그 일컬은 선조의 덕행을 아름답게 여기고, 또 일컬은 후손의 칭양稱揚 행위를 아름답게 여긴다.

『예기禮記』「제통祭統」

『예기』「제통」의 이 기사는 선조의 공덕을 기리는 것이 후대인의 마땅한 도리임을 강조하고 있다. 그리고 선조의 이름을 비롯하여 덕과 공훈을 세상에 알리는 방법으로 '명'이라는 문체를 이용하는 것에 대해 말한다. 즉, 송덕頌德의 행위가 '기록'과 결합해야만 의미를 가질 수 있다는 것을 명확히 한 것이다.

그런데 우리가 『예기』「제통」의 기사를 통해 알 수 있는 또 다른 내용은 '명'이라는 문체는 선조의 공업을 높이는 행위임과 동시에 '자신의 이름을 후세에 알리는 것'이다. 요컨대 자손은 선조의 공업을 높이는 행위를 통해 효자 혹은 효손(자손이 아닌 경우는 현자)으로 이름을 알리게 된다. 죽은 자의 공덕을 높이고 천하에 알린다고 하지만 그것이 궁극적으로 살아있는 자들의 명성 획득을 위한 수단임을 말하고 있다.

덕을 찬미한 최초의 기록은 제기, 즉 청동기로 제작한 제사 용구에 새겨졌다. 제사가 신과 소통할 수 있다는 우월한 자격을 증명하는 자리라는 점에서, 또 그것이 그 특별한 자격의 합법적인 계승을 보증하는 행위라는 점에서 덕을 기리고 기억하는 데 제기만한 것이 없었을 것이다. 그러나 시간이 지나 인간의 시대가 열리며 더 이상 제기는 영원한 송사頌辭를 기록하는 제재가 되지 못했다. 마침 진시황은 자신이 이룬 미증유의 업적이 신에 의한 것이 아닌 자신의 능력과 자신을 보우하는 조상들의 도움에 의해 이루어졌음을 선언하며, 신에 대한 무조건적인 복종을 거부하였다.

신이 사라지자 신에 대한 예찬 대신 인간은 자신의 공적을 기록하기 시작하였다. 새로운 기록은 새로운 도구를 필요로 하였다. 그것은 선조를 칭양함과 동시에 자신의 명성을 보장해 주어야 했고 여러 사람에게, 특히 후세에까지 드러나야만 하였다. 새로운 도구가 필요하게 되었고, 그 도구로서 내구성을 완비하여 불변을 상징하는 돌이 선택되었다. 영원한 기억을 위한 도구로서 돌보다 마침인 것은 없을 터였다. 앞서 언급한 진시황의 순수비는 그 명확한 증거다. 그런데, 제기도 순수비도 모두 일반인들이 사용할 수 있는 도구는 아니다. 순수비는 말할 것도 없고 제기 역시 지배층 안에서도 최고 지위에 있던 이들의 전유물이었기 때문이다. 그렇다면 일반인들은 어디에 자신의 공적을 기록하여 불멸을 기약하였을까?

형도전의 발견

현재 확인할 수 있는 기록을 위해 돌이 사용된 최초의 모습은 진시황릉구秦始皇陵區 서측 조배호촌趙背戶村 형도묘刑徒墓에서 발굴된 전지磚誌 (벽돌에 글자가 기록된 것. 무덤에서 나왔다고 해서 묘전墓磚이라고도 불린다)일 것 같다. 이 전지의 주인공들은 진시황릉을 조성하기 위해 징발된 이들이다. 출토물이 나온 곳은 편의상 형도묘라고 명명되고 전지도 형도전으로 불리지만, 기록의 주인들이 모두 형도는 아니었다.

노역에 차출된 이들 중 일부는 불행히도 고향으로 돌아가지 못한 채 불귀의 객이 되었다. 당장 가족에게 시신을 돌려보낼 수 없었던 까닭에, 이들은 능이 조영되었던 능구陵區 한 구석에 집단적으로 매장되었다. 그나마 위안이라면 이후 가족들에게 인도될 날을 기약하며 죽은 자에 대한 간단한 기록물이 함께 묻힌 것이다. 이 표지가 우리가 지금 '형도전'이라 부르는 것이다.

형도전의 기록은 ㈎본적＋이름(예: 동무현 출신의 세[東武 歲]), ㈏본적＋작위爵位＋이름(예: 동무현 출신의 불경의 작위를 가진 소□[東武 不更 所□]), ㈐본적＋형벌명＋이름(예: 양민현 출신의 거자형을 받은 대교楊民 居貲 大敎], ㈑본적＋형벌명＋작위＋이름(예: 동무현 출신의 거자형을 받은 상조의 작위를 가진 경기[東武 居貲 上造 慶忌]) 등 모두 네 종류로 구분이 가능하다. 간단하지만 묘주墓主에 대한 가장 기본적인 정보를 제공하고 있다. 이 형도전은 우리가 알고 있는 무덤 앞에 세운 묘비墓碑와 같은 역할을 했다고 할 수 있다. 다만 묘비가 지상에 세워졌다면 이들 형도전은 지하에 묻혔다는 차이가 있다.

무덤에서 나온 기록물들(연구자들은 포괄적인 의미의 묘기墓記로 부른다. 이하 묘기로 표기)의 간략한 형식은 상당 기간 변하지 않았다. 1964년 낙양洛陽(지금의 하남성 낙양시) 남쪽 교외에서 522기基의 후한後漢 시기 무덤이 발견되었다. 820여 점의 묘기(역시 형도전)가 출토되었는데, 진대 그것과 형식적으로 큰 차이는 없으나 다만 유형이 좀 더 다양하다. 예를 들어 (1)이름(예: 위노尉奴, 대아戴雅), (2)보증인의 존재 유무＋이름(예: 보증인이 없는 사랑[無任 謝郎], 다섯 명의 보증인이 있는 풍소[五任 馮少]), (3)본적＋이름(예: 여남군 성보현 출신의 대로[汝南 成甫

戴踏), (4)본적＋형벌명＋이름(예: 양국 하읍 출신의 곤겸형을 받은 조중[梁國 下邑 髡鉗 趙伸]), (5)보증인의 존재 유무＋본적＋형벌명＋이름(예: 보증인이 없는 하남윤 낙양현 출신의 곤겸형을 받은 금릉[無任 河南 雒陽 髡鉗 金陵]), (6)보증인의 존재 유무＋본적＋형벌명＋이름＋사망일(예: 보증인이 없는 하남윤 낙양현 출신의 곤겸형을 받은 조거 원초 6년(119) 윤월 4일 사망하다[無任 河南 雒陽 髡鉗 趙巨 元初六年閏月四日物故死]), (7)소속＋보증인의 존재 유무＋본적＋형벌명＋이름＋사망일＋매장 장소(예: 우부 소속의 보증인이 없는 남완 출신의 곤겸형을 받은 진편 영초 원년(107) 5월 25일 사망하여 이 아래 묻혔다[右部 無任 南宛 髡鉗 陳便 永初元年五月廿五日物故死 在此下]) 등으로 구별할 수 있다. 이외에도 대신 복역하는 사례를 새긴 특수한 유형도 있지만(예: 다섯 명의 보증인이 있는 남양군 노양현 출신의 귀신형을 받은 호생이 노차를 대신하여 복역하다 원초 6년 윤월 14일 사망하였다[五任 南陽 魯陽 鬼新 胡生 代路次 元初六年閏月十四日死]), (7)의 형식이 가장 표준적인 것이다.

유형 (7)에서 눈에 띄는 것은 매장 장소가 기록된 것이다. 주로 '죽어 이 아래 있다[死在此下]'로 표현되고 간혹 '죽어 아래에 있다[死下]', '죽어 이 아래 있다[死此下]', '이 아래에 있다[在此下]', '이 곳에 있다[在此]' 등으로 표현되고 있다. 묘주에 대한 기본 정보에 더해 무덤(이렇게 부를 수 있다면)의 위치를 알려주는 표지로서의 역할을 담당했던 것이다.

이들 형도전은 돌을 이용하여 산 자에게 묘주 또는 시신의 매장 위치에 대한 정보를 제공하고 기억시킨다는 의도는 충족하고 있다. 그러나 공적을 드러내는 역할을 하지는 못하였다. 즉, 우리가 관심을 두고 있는 공적의 기록을 통해 선조를 칭양함과 동시에 자신의 명성을 보장하며 그것을 후대에까지 영원히 기억시키는 데(이것이야말로 불멸이라 말할 수 있을 것이다)에는 도달하지 못한 것이다.

그림 1 유형(7) 묘전*

그러나 다른 한편 돌의 불멸성을 충분히 드러낸 묘기들도 발견되었다. 1986년 섬서성 함양시에서 발견된 묘기는 앞면과 측면에 각각 '천추만千秋萬', '억년무극億年無極'이라는 글귀가 각석되어 있다. 묘주에 대한 어떠한 정보도 없기에 이 묘기가 어떤 역할을 했는지를 명확히 알 수는 없다. 또한 죽은 묘주의 영혼의 보살핌으로 남아 있는 가족 또는 가문이 억만년 무궁하였으면 좋겠다는 의미인지, 아니면 죽은 묘주의 혼령이 억만년 무궁히 지하 세계에서 존재하기를 바란다는 염원의 표현인지도 정확하지 않다. 다만 묘주에 대한 간단한 정보만 새겨졌던 기존 묘기와는 분명 다른 종류의 묘기가 등장한 것이다. 그곳에는 '천추만세' '억년무극'이라는 불멸을 의미하는 글자가 새겨졌다.

단순히 묘주의 신상 명세를 기록하던 묘기의 변화는 1977년 안휘성 박주시亳州市에서 발굴된 조씨曹氏 종족묘의 묘기에서도 발견된다. 대다수가 '회계會稽 조군曹君'(본적＋이름), '영좌令左 사충史忠'(관직＋이름), '고장수교위故長水校尉 패국沛國 초치譙熾'(관직＋본적＋이름), '산양태수山陽太守 조근曹勤, 조질불예遭疾不豫'(관직＋이름＋사망 원인-병으로 인한 죽음) 등으로 여전히 묘기의 역할이 묘주에 대한 정보 제공이라는

---

* 中國科學院考古研究所洛陽工作隊,「東漢洛陽城南郊的刑徒墓地」,『考古』1972-4, 5쪽. 내용은 다음과 같다. "우부 소속의 보증인이 없는 패국 여추현 출신의 사구형을 받은 주손 영초 원년(107) 6월 11일 사망하여 이 아래 묻히다[右部 無任 沛國 與秋 司寇 周損 永初元年六月十一日物故死 在此下]."

점을 말해준다. 그러나 패국 출신의 장수교위를 역임한 초치라는 인물의 인품에 대한 찬미가 분명한 "세상을 초월한 명성, 훌륭한 위엄과 덕, 한에 의해 드러났네[敍嘆之高世, 威德之棠棠, 爲漢所熾]."와 같은 기술은 묘기가 묘주의 신분을 기록하는 단순한 표지로만 머무르는 것은 아님을 말해준다.

무덤 속 묘기의 역할

지하에 묻은 묘기에 공덕을 적은 것에 대해 좀 더 생각해 보자. 공덕의 현창顯彰이라는 것, 즉 송덕이라는 것은 묘주의 성명이나 신분을 서술하는 것과는 달리 구경꾼[觀者]을 염두에 둔 행위라고 할 수 있다. '명'이라는 문체를 통해 알 수 있는 것처럼 그것은 선조의 공덕을 기리면서 자신의 이름을 후세에 드러내는 것이다. 즉, 기록은 반드시 보는이를 전제한 행위다. 그렇다면 무덤 안에 설치하는 묘기에 독자를 염두에 둔 내용이 기록되는 것은 무엇 때문일까?

(1) 조후를 위하여 벽을 만들었다[爲曹侯作壁].
(2) 7월 2일, 장영교가 벽을 만들었다[七月二日, 張永驕所作壁].
(3) 박가가 만들었다[雹可作].
(4) 상대부를 위해 벽을 만들었다[爲上大夫作壁].
(5) 한자가 힘써 홀로 만들었다[漢子勞獨作].
(6) 아단이 지불하였다[費阿旦].
(7) 전 백을 경선이 지불하였다[錢百費景宣].

앞의 (1)~(3)은 안휘성 박주시 원보갱촌元寶坑村에서 발굴된 후한 조씨 종족묘에서 출토된 묘기들이고, 뒤의 (4)~(7)은 1982년 안휘성 박주시 남쪽 교외 조사고퇴曹四孤堆에서 발굴된 후한 조씨 종족묘에서 출토된 묘기들이다. 이들은 모두 벽 중에 위치하고 있었던 것들이다. 이들 중 (1)과 (4)에는 공통적으로 누구를 위해 이 벽(곧 전실묘磚室墓. 벽돌을 이용하여 무덤 안을 여러 개의 방처럼 조성한 것)을 만들었는가를 적었다. 다음 (2)·(3)과 (5)에는 묘주를 위해 누가 (이 벽을) 만들었는가를 적었다. 마지막으로 (6)에는 비용은 누가 지불하였는가를 (7)에는 누가 얼마를 지불하였는가를 적어 놓았다. 세심하게 비용과 그 비용의 출연자出捐者를 기록한 이상의 내용은 독자를 염두에 두고 간각한 것이 틀림없다. 그러나 두 종족묘에서 출토된 묘전들의 경우 기년紀年이 없어 독자를 염두에 둔 기술이 언제부터 시작되었는지를 가늠하기는 쉽지 않다.

현재 출토된 묘기 중 명백히 독자를 염두에 둔 것으로 판단되는 가장 빠른 기년을 가진 묘기는 〈노공식당화상제기路公食堂畫像題記〉로 왕망王莽(재위 8~23)의 신왕조新王朝 천봉天鳳 3년(16)에 제작되었다. 노공을 위해 그의 형제들이 식당食堂(사당祠堂의 다른 표현. 죽은 이가 이곳에서 음식을 제공받아 먹는다고 해서 식당이라 한다)을 지은 것을 기록한 묘기다. 다음은 시간이 다소 흐른 뒤인 후한 장제章帝(유달劉炟. 재위 75~88) 건초建初 8년(83)에 제작된 〈비성현난진화상석제기肥城縣欒鎭畫像石題記〉인데 묘주의 아들이 3천전을 들여 왕차王次라는 기술자를 불러 부친을 위해 사당을 제작한 것을 기록하였다.

지금까지 발견된 묘기의 내용은 크게 일곱 가지로 구분이 가능하다.

㈎ 누가 죽은 자를 위해 무엇을 만들었는가?

㈏ 누가 얼마를 지불하여 무엇을 만들었는가?

㈐ 죽은 자를 위하여 얼마를 지불하여 무엇을 만들었는가?

㈑ 누가 죽은 자를 위하여 얼마를 지불하여 무엇을 만들었는가?

㈒ 누가 죽은 자를 위하여 누구를 고용하여 얼마를 지불하였는가?

㈓ 누가 누구를 고용하여 얼마를 지불하여 무엇을 만들었는가?

㈔ 누가 죽은 자를 위하여 누구를 고용하여 얼마를 지불하여 무엇을
만들었는가?

이들 묘기들은 다소의 차이에도 불구하고 하나같이 죽은 자를 위해
살아있는 자들이 비용을 지불하여 효성 혹은 우애를 실천하였음을
증언하고 있다. 무덤 혹은 무덤 옆에 만들어진 사당에 효성과 우애의
실천을 기록할 필요는 왜 생긴 것일까?

이 문제를 해결하기 위해 묘기들의 제작 시기를 알아볼 필요가 있을
것 같다. 독자를 염두에 둔 묘기들의 제작 연도는 천봉 3년(16)에
시작된다. 그 후 후한 들어서도 꾸준히 만들어졌는데 건초 8년(83),
원화元和 2년(85), 영원永元 7년(95), 연평延平 원년(106), 영초永初 7년
(113), 영건永建 5년(130)과 같이 띄엄띄엄 만들어졌다. 그러다 130년대
들어서며 본격적으로 제작된다. 130년대는 석각사에서 어떤 의미를
갖는 시기일까?

종묘 제사에서 무덤 제사로

묘기에 효성을 기록하여 드러내야 하는 필요는 제사 방식의 변화로부
터 촉발되었을 가능성이 높다. 중국 고대의 조상 제사는 묘제廟祭,

즉 종묘宗廟 제사였다. 그러다 점차 묘제墓祭, 무덤 제사가 발달하게 된다. 종묘 제사가 언제 능묘陵墓 제사로 변화하였는지에 대해서는 의견이 엇갈린다. 다만 『한서漢書』에 '상총上冢' 혹은 '상릉上陵'이라는 무덤 제사를 의미하는 고유한 표현이 반복적으로 등장하는 것으로 보아 무덤 제사는 이미 전한 시기에 시작된 것으로 생각된다. 다만 본격적으로 민간에서도 유행하기 시작한 것은 후한 명제明帝(유장劉莊. 재위 57~75)가 그 부친인 광무제光武帝(유수劉秀. 재위 25~57)의 무덤에서 지낸 상릉제上陵祭 이후가 아닐까 한다. 명제의 능묘 제사 이후 민간에서도 심심치 않게 '상총'이란 표현이 등장하는 것이 그 증거일 것이다.

그런데 우리의 눈길을 끄는 것은 '상총'이란 용어와 병기되는 '소종족召宗族', '회종족고인會宗族故人', '회빈객會賓客', '여고인기회與故人期會'와 같은 구절이다. '부른대召'는 표현과 '모인대會'는 표현을 통해 우리는 당시 무덤에서 지내는 제사가 단순히 선조를 기리는 자리만이 아니라 회합의 자리였음을 알 수 있다. 특히 제사 참여자에 빈객賓客(더부살이하고 있는 식객食客)이나 고인故人(오래된 친우親友)이 포함된 것은 제사가 종족의 결합을 확인하는 자리임과 동시에 사회적으로 정치적 영향력을 확인하고 확대하는 자리였음을 알려준다. 후한 시기 이름난 호걸豪傑이었던 원섭原涉의 무덤 제사에 수십 명의 지역 호걸들이 참석했다는 기사는 제사가 집단의 결속과 영향력 과시의 중요한 수단이었음을 말해준다.

실제로 참석자들은 제사를 참관할 수 있었다. 전한 중기 이후 무덤이 여러 개의 방으로 이루어진 벽돌무덤(전실묘)이 되면서 능묘 제사 때 일부이기는 하지만 제사에 참여하는 이들이 묘실墓室에 들어가 제사를 참관하는 것이 가능해졌다. 이제 무덤은 죽은 자만의 공간이 아닌, 산 자가 '예禮'를 행하고 '효孝'를 드러내는 공간으로 변모하게 된 것이다.

따라서 그 공간에는 죽은 자뿐 아니라 살아있는 자들을 위한 장치들이 배치될 필요가 있었다. 묘실 또는 식당으로도 불리는 사당 안에 설치된 묘기들이 구경꾼을 갖게 된 것이다.

한정된 인원이기는 하지만 묘기의 기록을 구경할 수 있는 사람들이 생겼다. 구경꾼을 갖게 된 이상 땅 속 혹은 사당 안에 설치되었다고 해도 그것은 더 이상 죽은 자만을 위한 기념물이 아니었다. 영흥永興 2년(154)에 제작된 〈향타군석사당제기鄕他君石祠堂題記〉에는 "구경하시는 여러 군자님들, 원컨대 훼손하지 마십시오. 그러면 만수무강하고 가내의 부가 창성할 것입니다唯觀者諸君, 願勿敗傷, 壽得萬年, 家富昌."라는 구절이 새겨져 이 묘기가 살아있는 자들에게 노출되는 것을 염두에 두고 제작되었음을 알 수 있다.

독자가 존재하는 이상 이제 묘기에 산 자들에게 보여줄 내용이 기록될 필요가 생겼다. 막대한 비용을 지불할 정도로 효성이 지극한 자식(실제로 자신을 '효자 ○○○'라고 지칭하는 경우가 존재한다), 애끓는 슬픔에 비용을 갹출하여 사당을 세운 우애 넘치는 형제가 묘기의 주인공이 되었다. 심지어 양가陽嘉 2년(133)에 제작된 〈뇌벽석애묘제기雷劈石崖墓題記〉에는 묘기 제작 비용과 비용을 댄 인물만이 등장하고 묘주는 등장하지도 않는다. 또한 원가元嘉 원년(151)에 제작된 〈원가원년화상석제기元嘉元年畫像石題記〉에는 묘주에 대한 기록은 전무한 채 무덤 안에 배치된 화상석의 내용만이 기술되어 있다.

이처럼 다수의 묘기에는 무덤 건축에 관련한 정보(제작 주체, 소요 경비, 건축의 내용 등)가 기술되어 있다. 묘기에 따라 제작 주체가 생략되기도 하고, 제작물이 무엇인지 드러나지 않는 것도 있다. 혹은 소요 비용이 기술되지 않은 것도 있다. 그러나 대체로 "누가 죽은 자를 위해 얼마를 지불하여 무엇을 만들었는가?" 하는 점이 묘기의 가장 중요한 내용이었다. 무엇 때문에 기념물의 제작 주체와 출연 비용이 묘기에서 가장 중요한 내용이 된 것일까? 이것은 무엇을 의미할까?

묘기는 하나같이 죽은 이에 대한 애끓는 심정을 전하고 있다. 내용상의 차이는 있지만 이들 묘기 대부분이 가족들에 의해 고인을 추모하기 위해 만들어졌기 때문이다. 그러나 아주 세심하게 비용이 기록되고, 그 비용의 주체가 명시된 명문銘文을 통해 우리는 이것이 단순히 살아있는 자의 슬픔을 보이고 엄숙함을 드러내는 것 이외의 목적이 있음을 추측할 수 있다. 신이 된 조상에게 의탁하여 부귀영화를 보장받아 현세에서 잘살아보고자 하는 마음의 발현일 수도 있을 것이다. 또는 모든 일가친척과 지역의 유지가 참석한 무덤의 낙성식, 혹은 제사에서 자신의 효성을 적은 묘기를 묘실 또는 사당에 안치하는 것을 통해 부를 과시하기도 하였을 것이다.

그러나 비용을 마련하기 위해 긴 시간 고통을 감내했음을 밝히는 사례를 통해, 이 행위들의 궁극적 목적이 부의 과시가 아님을 알 수 있다. 오히려 지극한 효성을 드러내는 것이 주된 목적이었음을 알 수 있다. 왜 사회적으로 효성을 드러내야 했을까? 이제 그 이야기를 해보자.

효로 다스리는 천해[孝治天下]

결론부터 말하자면 효성을 드러내는 것이 중요했던 것은 후한 사회가 지극한 효성을 드러냄으로 인해 사회적 명성을 얻을 수 있었던 사회였다는 것과 관련 있다. 명성 획득이 중요했던 것은 그것이 지역의 인물평人物評에 영향을 미쳤기 때문인데, 후한 사회의 선거가 인물평에 근거한 추천으로부터 시작된 것과 관련 있다.

표준화된 관료 선발 시험이 아직 마련되지 않았던 전국 시기, 인재 선발을 위한 방식으로 인물 감식의 필요성이 대두하였고 그 과정에서 인물평이 인재 선발의 잣대가 되었다. 이로써 인물평은 전국 시기부터 사회적 추세가 되었다. 요컨대 중국 고대에 행해졌던 인물평은 특정한 어느 시대의 산물이 아닌 전 시기를 관통하는 풍조로서 당시 사회적 필요에 의해 자연스럽게 조성된 현상이라고 볼 수 있을 것이다. 한대漢代 들어 시행되기 시작한 향거리선제鄕擧里選制는 이러한 현상을 더욱 심화시켰다. 한대 인재 등용의 방식은 '찰거察擧'와 '징벽徵辟'으로 구분할 수 있는데, 찰거는 '아래로부터 위로' 인재를 추천하는 것을 말하며, 징벽은 '위에서 아래의' 인재를 발굴하는 것을 말한다. 방식상의 차이는 있지만 모두 여론에 근거한다는 공통점을 가지고 있다.

좋은 인물평을 얻기 위한 방법으로 흔히 이용된 것은 지역 사회에서 명성을 쌓는 것이었다. 특히 효성에 의한 명성 획득이 중요하였다. 그것은 양한兩漢 사회가 효를 가장 중요한 가치로 삼아 효를 통한 천하 통치를 행했기 때문이다. 효라는 것이 집안에서는 부모를 잘 봉양하는 것이지만 사회나 국가에서는 지도자에 대한 복종의 윤리로 작용하기에 국가는 효를 중요한 사회적 가치로 격상시켰다. 양한 황제들이 효를 얼마나 중히 여겼는지를 보여주는 지표는 다양하다. 모든 황제의 시호諡號에 '효'자가 붙는 것은 물론이요(전한 고조 유방과 후한 광무제를 제외한 모든 황제는 효혜孝惠, 효문孝文, 효무孝武 등으로 '효'자를 시호 앞에 붙인다) 효자에 대한 표창과 요역徭役 면제, 지역에서 나이든 사람들을 존중하는 양로養老 등 다양한 정책들이 실시되었다. 전 사회적으로 『효경孝經』을 보급하기 위해 『효경』을 암송할 줄 아는 하급 관리들을 특별 대우했으며, 지방 관아의 관리를 선발할 때 『효경』을 시험

보았다. 궁문을 지키는 무인들마저도 모두 『효경』을 암송할 수 있었다는『후한서後漢書』의 기사는 당시 분위기를 잘 전해준다. 더욱이 후한 시기 선거에서 효성과 청렴함을 발탁 기준으로 하는 효렴과孝廉科의 중요성이 증대하며 효성을 드러내야 할 필요는 더욱 절실해졌다. 다른 한편 효자를 표창하고 효의 가치를 선양宣揚하는 것은 황제가 유교 세계의 수호자라는 것을 증명하는 행위가 되었다.

후한 초기 산발적이었던 인물평이 본격적으로 행해지기 시작한 것은 안제安帝(유호劉祜. 재위 106~125) 시기 이후로 알려져 있다. 인물평이 본격화되었다는 것은 무엇을 의미할까? 다소 다른 이야기지만 관련 있는 이야기를 하나 해보자. 후한 시기 인물평이 가장 활발히 행해지던 지역은 진류陳留・영천潁川・여남汝南 지역이었다. 당시 인물평을 전문적으로 하는 평론가들의 대부분이 이 지역 출신일 정도로 인물평이 활발히 행해졌다. 그 이유는 무엇일까? 세 지역은 모두 지금의 하남성에 해당하는데(각각 지금의 개봉시開封市, 우주시禹州市, 상채현上蔡縣에 해당) 수도 낙양에서 가깝고 전국에서 사숙私塾이 가장 번성하기로 유명한 지역들이었다. 지금의 사립학교에 해당하는 사숙이 번성했다는 것은 학문을 닦아 관료가 되고자 하는 지식인들이 모여들었음을 의미한다. 자연히 문화적 수준이 높았으며 그로 인해 선거의 경쟁도 치열했다. 아마도 그 치열함이 활발한 인물평의 분위기를 만들어 냈을 것이다.

같은 이치로 안제 시기 이후 인물평이 본격화되었다는 것은 그 시기 선거의 치열함을 반영한 것이다. 우리는 앞서 효성을 드러내는 묘기의 제작이 130년대부터 본격화되었음을 확인하였다. 죽은 자를 위해 막대한 비용을 지불한 효성과 우애에 헌신하는 산 자들이 선거가 치열해지는 안제~순제順帝(유보劉保. 재위 125~144) 시기 이후 묘기의 주인공이 된 것은 우연이 아닐 것이다.

지상으로 올라온 기념비

선거가 점점 치열해짐에 따라 효성스런 자식들은 좀 더 많은 사람들에게 자신의 효성을 알리고 회자되게 할 필요를 느꼈다. 무덤 속 묘기는 제사 때만 공개된다는 문제를 가지고 있었다(시간적 제약). 사당 내부에 설치한 것들은 사람들에게 공개되었지만 비용 때문에 대부분 작게 만들어진 사당은 상징적인 의미를 가질 뿐 제사를 지내는 데는 부적합하였다(공간적 제약). 연구에 따르면 당시 사람들은 비좁은 사당에 들어갈 수 없어 사당 밖에서 제사를 지냈다고 한다. 묘기가 설치되었지만 여전히 한정된 사람에게만 노출된다는 한계를 가졌다.

사실 이것은 제사가 가진 태생적인 문제로부터 기인한 것이다. 제사는 가족 원리에 따라 후손이 직계 조상을 모시는 것이므로 그 근본적인 성격은 은밀하고 사적이며, 폐쇄적일 수밖에 없었다. 따라서 친족과 일부 관련된 타인을 제외하고는 묘기의 내용을 볼 수 없었을 것이다. 그렇다면 보다 효과적으로 불특정 다수에게 자신의 효성을 드러내는 방법은 없었을까? 기념비가 지상으로 올라올 차례였다. 다행히도 참고로 삼을 만한 것이 있다.

故南武陽功曹·鄉嗇夫·府文學掾·平邑君□□卿之闕. 卿□□□□□□困苦, 天下相感□□□□仟□□□三□觀朝廷□□明君□直 任人□□二□來□德□道, 以爲國三老, □□□□章和元年二月十六日, □子文學叔□□石工□□□鄉嗇[夫]□□□□□□□□□伯□廷□直四萬五千, 此上□□□皆食□倉.

〈남무양공조궐제명南武陽功曹闕題銘〉

위의 글은 '궐闕'에 새겨져 있는데, 궐은 사당이나 무덤 앞에 세운 석조 기둥 혹은 돌로 만든 대를 말한다. 제명은 워낙 결락이 많아 정확하게 그 내용을 파악하기 쉽지 않다. 대략의 내용을 살펴보면 우선 묘주인 평읍군平邑君은 태산군泰山郡 남무양현南武陽縣(지금의 산동성 평읍현平邑縣)의 공조功曹와 향색부鄉嗇夫·부문학연府文學掾(모두 현에 소속된 하급 관리)을 역임하였다. 그는 최종적으로 국삼로國三老(지역에서 교화를 담당하는 관직. 노인들에게 내리는 일종의 명예직)라는 관직에 오른 후 사망하였는데, 장제 장화章和 원년(87) 장례를 치르게 됨에 아들 문학文學 숙叔□□가 4만 5천전의 비용을 들여 석공石工 □□□를(을) 불러 그를 위해 석궐을 제작했다고 한다. 내용상으로는 앞에서 살펴보았던 묘기와 큰 차이가 없다.

그러나 이 석각은 지금까지의 묘기들과는 달리 지상, 가족 묘역墓域에 세워진 묘궐墓闕(혹은 석궐石闕)이라 불리는 기념물이다. 이는 지상에 세워져 그 앞을 지나는 모든 불특정 다수가 부친을 위해 거액을 들여 기념비를 세운 효성이 가득한 아들을 칭송할 수 있게 하였다. 물론 가족 묘역에 위치했기에 여전히 한정된 독자를 갖는다는 한계는 있었다. 그러나 효성을 드러내는 기재가 무덤 안이나 사당 안이 아닌 노천에 세워졌다는 것은 커다란 변화가 아닐 수 없다.

위치의 변화는 석각의 구성 요소에 영향을 미쳤을 것이다. 지상으로 올라온 이 석각은 성격은 묘기와 다를 바가 없지만 다른 특징 두 가지를 갖게 되었다. 우선 '남무양의 공조이자 향색부이며 부문학연이었던 평읍군 □□경의 궐[故南武陽功曹·鄉嗇夫·府文學掾·平邑君□□卿之闕]'이라고 하여 이 석각이 누구의 것인지(평읍군 □□경), 그 성격은 무엇인지(궐)를 설명하는 제목이 기록되어 있다는 것이고, 또 다른 하나는 묘주의 생전 업적 혹은 이력이 서술되었다는 점이다(남무양의 공조이자 향색부이며 부문학연을 역임한 평읍군. 최종 관직은 국삼로). 결락으로 읽을 수 없는 부분에는 문맥 상 묘주가 국삼로가 될 수 있었던 이유가 서술되어 있다고 보는 것이 합리적일 것 같다. 즉, 묘주의 공적이 기록되어 있을 것이다. 기존 묘기에 비해 묘주에 대한 정보가 많아진 것이다. 그러나 변함없이 이 석궐의 중요 내용은 누가(아들이) 묘주(아버지)를 위해 얼마(4만 5천전)를 들여 무엇(석궐)을 만들었는가 하는 정보다.

또 다른 석궐 하나를 살펴보자. 이번에는 선거가 치열해진 후에 만들어진 것이다. 후한 건화建和 원년(147)에 제작되어 무씨武氏 가족 묘역에 세워진 〈무씨사석궐명武氏祠石闕銘〉이다.

정해년丁亥年인 건화建和 원년(147) 초하루가 경술일庚戌日인 3월 4일 계축癸丑. 효자 무시공武始公·동생 수종綏宗·경흥景興·개명開明은① 석공石工 맹리孟李와 맹리의 동생 묘卯로 하여금② 이 궐闕을③ 만들게 하였다. 경비는 전錢 15만萬이다.④ 손자인 종宗은① 돌사자를③ 만들었는데 경비는 전 4만이 들었다.④ 개명의 아들인 선장宣張은 제음군濟陰郡에 입사하였다. 나이 25세에 조부군曹府君이 효렴으로 선발하여 돈황장사敦煌長史를 제수하였으나, 병을 얻어 요절하였다.⑤ 싹이 꽃을 피웠으나 열매 맺지 못하니 오호 슬프도다. 세상 남녀 모두 마음 아파하도다.⑥
〈무씨사석궐명〉

지상에 세워졌음에도 불구하고 지하에 매장되었던 묘기류의 구성과 매우 흡사한 것은 바로 앞에서 살펴본 〈남무양공조궐제명〉과 동일하다. 내용을 살펴보아도 가족 관계(손자 선장)에 대한 서술이 있기는(⑤) 하지만 가장 중요한 내용은 묘주를 위해 ①누가(아들 무시공·수종·경흥·개명과 손자 종) ②누구를 고용하여(맹리와 맹리의 동생 묘) ③무엇을 만들었는가(궐과 돌사자), ④가격은 얼마인가 하는 것(전 15만과 4만)이다. 묘주, 즉 누구를 위해서라는 내용이 생략되어 있지만 효자라는 표현으로 인해 묘주는 제작자의 부모(손자 종에게는 조부모)라는 것을 알 수 있다. 요컨대 죽은 조상을 위해 많은 비용을 들인 자신들의 효성을 사회적으로 드러내기 위해 만든 것이다.

그런데 이 〈무씨사석궐명〉에는 〈남무양공조궐제명〉에서 볼 수 없었던 요소가 하나 더 등장하며 지상으로 올라온 기념비에 변화가 시작되었음을 보여준다. 바로 손자인 선장에 관한 서술이다. 정확한 나이와 사망일을 알 수 없는 선장은 처음에는 제음군의 연속椽屬(지방 관청의 하급 관리)으로 입사하였다가 25세에 조부군(돈황태수로 추정)에 의해 발탁되어 돈황장사가 되었다. 병을 얻어 요절하긴 하였지만 그 집안에서 아마도 가장 높은 관직에 오른 존재일 것으로 추정된다. 지금까지 묘기에 가족이 등장하기는 하였지만 그들은 철저히 제작 비용을 담당하는 출연자일 뿐이었다. 그러나 여기서 등장하는 선장은 묘주도 아니고 이 석궐 제작에 비용을 낸 사람도 아니다. 물론 이 석궐이 가족 묘역에 설치된 기념물이기에 죽은 가족 구성원 누구에 대한 기술도 가능했을 것이다.

하지만 군의 연속을 거쳐 효렴으로 발탁되어 장사가 된 인물은 쉽게 나올 수 없는 존재일 것이다. 그런 존재가 집안에 있었다는 것이 돌에 기록되어 많은 사람들이 볼 수 있는 노천에 세워진다면 그 가족 구성원 혹은 후손들이 지역 사회에서 명성을 얻는 데 도움이 되지 않을까? 특히 그가 세상 남녀 모두가 가슴 아플 정도로 그의 요절을 안타까워할 인물이라면. 이 석궐은 지극한 효성을 다하는 자식에 이어 공적인 영역에서 능력을 인정받았던 손자를 등장시키며 그 집안이 지역 사회

지배자를 배출할 수 있음을 증명했던 것이다. 이러한 시도가 다른 묘기들에도 영향을 미쳤을 것임은 자명하다.

물론 묘기에는 제작에 소요된 비용이나 당대 유명한 석공을 고용하여 제작한 사정이 여전히 간각되었다. 효성을 표현하는 방식은 변하지 않았던 것이다. 일반적으로 묘기에는 묘주에 대한 자세한 설명이 기록되지 않았었다. 그곳은 육친을 잃고 상심에 찬 가여운 효자들의 세계였다. 그러나 사회의 변화로 인해 묘기 역시 변화할 수밖에 없었다. 묘주의 공적 이력에 대한 자세한 설명이 부가되기 시작한 것이다. 건강建康 원년(144)에 제작된 〈문숙양식당화상제기文叔陽食堂畵像題記〉에는 조사曹史, 행정시연行亭市掾, 향색부鄕嗇夫, 정연廷掾, 공조功曹, 부문학연府文學掾(이상 모두 지방 관청의 연속)을 역임했던 묘주의 이력이 기술되었다. 영흥 2년(154)에 제작된 〈향타군석사당제기〉에는 묘주의 관직(그는 가부주리家父主吏라는 관직을 역임했다), 향년享年(90세), 사망 연월(154년 5월), 사망 원인(갑자기 병이 들어 점차 식사량이 줄었으며 마침내 일어나지 못하게 되었다), 품성(충성스럽고 효성스러워 어려 부모를 잃자 예에 따라 상복을 입고 애도하였다), 이력 등이 서술되어 있다. 묘주의 공적인 생애가 길게 기록된 것이다. 그런데 이미 지상에는 묘주를 주인공으로 하고 그의 공적인 이미지를 기록한 석각이 존재하고 있었다. 바로 묘비墓碑다.

지하에 남겨진 기념비

묘비에 대한 이야기로 넘어가기 전에 마지막으로 남은 문제를 해결하고자 한다. 다름 아닌 여전히 지하에 남은 묘기에 관한 것이다. 모든 묘기가 석궐 혹은 묘궐의 형태로 지상으로 올라온 것은 아니다. 대부분의 묘기들은 여전히 지하에 남았고, 지난날과 같이 효성스런 자손들의 대변인 역할을 충실히 수행하였다. 특히 묘주가 이렇다 할 공적인 이력을 갖지 못한 경우 묘기의 주인공은 묘주가 아닌 묘기 및 기념물의 제작 비용을 댄 자손들이 되었다. 그런데 여기 기존 묘기와 구별되는 또 다른 형식의 묘기가 있다. 그 묘기의 주인은 여성이었다.

영평永平 7년(64) 7월 21일 한漢 좌장군左將軍 · 특진特進 · 교동후膠東侯의 다섯 번째 아들인 가무중賈武仲이 사망하니 나이 29세였다.①-1 부인 마강馬姜은② 복파장군伏波將軍 · 신식충성후信息忠誠侯의 딸이며 명덕황후明德皇后의 언니다.①-2 딸 넷을 낳았고,①-3 그녀의 나이 23세 때 가군賈君이 사망하였다. 부인은 고매한 절개를 독실하게 지키면서 여러 세월에 걸쳐 힘써 노력하여 어린 딸들을 키워내었으니, 선조에 대해 광□光□를 한 것이다.③-1 마침내 두 딸은 현절원顯節園의 귀인貴人으로 올라갔고, 차녀는 격후鬲侯 주씨朱氏, 그 다음 차녀는 양천후陽泉侯 유씨劉氏에게 시집갔다.①-4 존귀한 이들이 떠들썩하게 모이고, 은총과 봉록俸祿은 문전에 가득하게 되었으니 모두가 부인의 덕택이었다. 부인은 귀감이 될 만한 어머니의 덕으로 종족들을 아울렀다.③-2 춘추春秋 73세④ 연평延平 원년(106) 7월 4일에 사망하였다.⑤ 황상皇上께서 애도를 표하시고, 양궁兩宮 부의賻儀로 비기秘器를 하사하시어 예에 따라 장례를 치르게 하셨다.⑥ 9월 10일 망문芒門에 있는 옛 묘역에 안장하였다.⑦ □□자손들에게 묘주의 공덕이 드러나지 않을 것을 두려워하여 돌에 새겨 기록한다.⑧…

〈후한연평원년(106)마강묘기後漢延平元年馬姜墓記〉

후한 연평延平 원년(106)에 제작된 이 묘기의 구성을 살펴보면 ①-1 가족 관계 1: 배우자, ②묘주, ①-2 가족 관계 2: 부친과 여동생, ①-3 가족 관계 3: 딸들, ③-1 묘주의 이력과 품행, ①-4 가족 관계 4: 딸과 사위, ③-2 묘주의 품행 ④향년 ⑤사망 연월일 ⑥부증賻贈(장례를 돕기 위해 보낸 물건) ⑦장례일과 장지 ⑧각석의 목적으로 되어 있다. 여타 묘기들과는 확실히 차이가 느껴진다. 우선 묘주의 품행, 향년, 사망일, 부증, 장례일, 장지 등이 기록되어 묘주의 생애를 기록하는 것에 초점이 맞춰진 것을 알 수 있다. 앞에서 살펴본 것처럼 묘기에서 중요한 것은 묘주가 아니었다. 이 묘기가 제작된 106년경에는 모든 석각을 막론하고 이처럼 묘주에 대한 자세한 정보가 기록된 것은 아직 등장하지 않았다. 무덤과 관련한 건축물 제작을 둘러싼 사정을 전하는 기존 묘기와 이 기록물의 가장 큰 차이는 묘주를 주인공으로 삼았다는 것이다.

남성이 아니어서 관직과 같은 공적인 경력은 존재하지 않지만 그녀는 전한 이래 명족名族이라고 할 수 있는 무릉茂陵(지금의 섬서성陝西省 흥평시興平市) 마씨 집안에서 출생하여(개국 공신인 그녀의 부친은 농서 태수隴西太守를 지내고 복파장군에 오른 마원馬援이다. 황후의 부친인 까닭에 낙양성洛陽城 운대雲臺에 28명의 공신의 초상이 걸릴 때 제외되었다) 좌장군·특진·교동후인 가복賈復(낙양성 운대에 초상이 걸린 28명의 공신 중 한 사람이다. 공신 서열 3위에 해당한다)의 다섯째 아들인 가무중에게 시집간, 그야말로 돌에 적어 남들에게 자랑해도 손색이 없는 집안 출신이다(그녀의 막내 동생은 후한의 두 번째 황제 명제의 황후가 되었다). 그 뿐인가 그녀의 딸들도 궁에 들어가 귀인이 되거나 후국侯國의 비妃가 되었다. 선대와 같이 고관高官을 지낸 이가 없다고 해도 막강한 가문의 힘에 의해 여전히 명족으로 군림하고 있었음을 알 수 있다. 확실히 이런 집안이라면 얼마를 들여 이 묘기를 제작했는지

따위는 적지 않아도 될 터였다.

그리고 이 정도의 집안이라면 지하가 아닌 지상의 기념물(묘비를 말한다. 다음 장에서 자세히 다룰 것이다)을 만들어 불특정 다수로 하여금 그 위대한 가문의 힘을 열람하게 했을 것 같다. 그렇다면 왜 굳이 지하에 남겨 놓았을까? 이와 관련해서 생각해 볼 수 있는 것이 묘주의 성별이다. 지금까지 발견된 지상에 세워진 기념비인 묘비의 주인 중 여성이 없었다는 것은 〈마강묘기〉가 지하에 존재하는 이유에 대한 방증이 될 것이다. 그렇다면 이 석각은 왜 만들어졌을까?

이 질문의 답은 가족 관계에 대한 기술이 줄 수 있을 것이다. 일반적으로 묘기에 기록된 가족들은 대부분 무덤이나 혹은 묘기가 안치된 사당 건축에 필요한 자금의 출연자로 등장한다. 혹은 사망한 가족이 있을 경우 묘주와 함께 등장하기도 한다. 그런데 이 묘기에 등장하는 가족들에게서는 출연자로서의 모습이 보이지 않는다. 물론 이들이 이 묘기를 만들었을 것이다. 그러나 그들은 자신들이 얼마를 지불했는지를 적지 않았다. 또한 마강의 묘기에는 배우자를 비롯하여 네 딸들은 물론이고 부친, 그리고 사위들에 대해서 언급하고 있는데 대부분 생존해 있는 이들이다. 기존 묘기가 비용을 담당한 출연자 또는 죽은 가족만을 서술했던 것과는 다르다.

마강의 가족들은 사회적으로 상당한 지위에 있는 이들로, 특정 가문과의 결합에 의해 만들어진 위대한 가계家系의 살아있는 증인들이다. 기존의 묘기와는 달리 〈마강묘기〉의 제작 목적은 자손의 효성을 드러내고 과시하는 것에 있지 않았다. 대신 〈마강묘기〉에는 "자손들에게 묘주의 공덕이 드러나지 않을 것을 두려워하여 돌에 새겨 기록한다."는 구절이 새겨져, 이 석각의 제작 목적이 가족에게 묘주인 마강의 덕성德性을 기억시키기 위함이라는 것을 분명히 하고 있다.

이것은 이 묘기가 일종의 문풍門風·가풍家風을 기록한 종족법의 기록지 역할을 담당했을 가능성을 알려준다. 이러한 문풍과 가풍이 기록된 묘기는 상총례가 진행될 때마다 그곳에 모인 가족과 종족에게 공개되어 종족법의 역할을 담당하였을 것이다. 많은 연구자들이 이 묘기에 대해 어떤 이름을 붙일 것인가를 두고 논쟁을 벌였고, 지금까지도 확정되지 않은 것은 이렇듯 기존 묘기와는 다른 제작 목적 때문일 것이다. 즉 기존 묘기가 주로 무덤과 같은 상장喪葬 건축물에 대한 기록지였다면, 〈마강묘기〉는 묘주 및 종족법에 대한 기록지의 성격이 강했다고 할 수 있다. 이 때문에 〈마강묘기〉는 이후 묘주에 대한 상세한 정보와 종족법을 기록한 지하의 기념물인 묘지墓誌로 불리기도 한다(묘지에 대해서는 3장에서 자세히 서술).

돌에 종족법을 간각하여 후손들에게 전하고자 했던 묘기는 〈마강묘기〉가 처음은 아니다. 후한 건무建武 28년(52) 제작된 〈삼로휘자기일기三老諱字忌日記〉는 흔히 〈삼로비三老碑〉로도 불리는데, 여기에는 조부모와 부모의 이름과 기일이 기록되어 있다. 그 이유는 다음과 같다. "고조이신 삼로로부터 우리 아홉 손자가 멀리 떨어지지 않음을 생각하여 피하는 바를 드러내지 않는다면 후세가 말과 행동에 금기를 범하게 될 것이다. 우리들 비롯한 바의 위엄과 □를(을) 귀중히 여기며 정중히 후손들에게 이르노니 바라건대 선조의 덕행에 부합하도록 하라念高祖至九子未遠, 所諱不列, 言事觸忌. 貴所出嚴及□, 敬曉末孫, 冀副祖德焉.]." 즉, 가문 안에서의 피휘법避諱法을 밝히고 자손들에게 조상의 제사를 모시는 데 필요한 정보를 주고자 한 것이다.

물론 〈마강묘기〉와 〈삼로휘자기일기〉 두 석각의 각석 목적에는 차이가 있다. 전자가 묘주를 추모하고 그의 덕성을 자손에게 기억시키는 것이 목적이라면, 후자는 조상의 기일과 이름을 잊지 않고 그 피할 바를 범하지 않게 하기 위한 것이다. 그러나 이 둘 모두 가족을 대상으로 한다는 점에서 사적이며 폐쇄적이란 특징을 갖는다. 따라서 이들 석각에 각석된 내용을 가족법·종족법으로 파악해도 무리는 없을 것이다.

후손에게 조상의 제사를 성실히 모실 것을 당부하고 가문의 피휘법을 밝히고자 했던 석각으로 후한 연희 8년(165)에 제작된 〈무우묘기繆紆墓記〉(연구자들은 이것을 〈무우묘지〉로 부른다. 〈마강묘기〉에 대해서는 묘기, 석각, 묘지 등 이견이 있지만 〈무우묘기〉에 이르면 의견이 일치된다)가 있다. ①묘주의 이름(휘諱), ②묘주의 자字(성인 남자의 본이름 외에 부르는 호칭), ③묘주의 이력, ④향년, ⑤사망 연월일, ⑥장례일, ⑦배우자 정보(사망 연도, 향년, 사망일, 장례일), ⑧가족 관계 ⑨묘주의 인품, ⑩무덤의 구조, ⑪각석의 목적, ⑫이장移葬의 이유로 구성되어 있다. ⑦을 제외한 ①부터 ⑨까지는 묘주에 대한 자세한 기록으로 당시 지상에서 유행하고 있던 묘비의 구성 요소와 같다. 지하에 매립되었으나 묘비로부터 영향을 받았을 것임을 추측할 수 있다.

그러나 이 석각이 근본적으로 묘기로부터 발전한 것임을 방증하는 증거 역시 존재한다. 바로 ⑩, ⑪, ⑫다. ⑩은 무덤 구조에 관한 것이다. 무덤의 구조나 무덤 내부에 그려진 화상畫像에 대한 기술은 전형적인 묘기류의 특징이다. 대표적으로 〈원가원년(151)화상석제기〉에는 묘주에 대한 설명이 전무한 대신 묘 안에 안치되어 있는 화상석에 대한 기술이 자세하다. 다음으로는 ⑪각석의 목적이다. 조상의 제사를 제대로 봉양하고 『춘추春秋』의 의리에 따라 존자尊字(조상의 이름)를 피할 것을 당부하고 있다[不忘春秋之義, 改諱辟尊字]. 불특정 다수에게 묘주의 공적을 드러내고 찬양하는 것과는 달리 집안 내에서 지켜야 하는 가족법·종족법이 간각된 것이다. ⑫이장의 이유 역시 마찬가지다. 이는 조상의 무덤을 이장한 것에 관한 내용으로 집안 구성원들에게 이장의 원인을 밝혀 이후 무덤을 조성함에 있어 피해야 할 사항들을 전하고 있다. 이 역시 이 석각이 구성원들에게 가족법·종족법의 내용을 밝히고 주지시키는 것을 목적으로 하고 있음을 알려준다. 묘기에서 무덤 건축에 대한 정보가 사라지며 새로운 석각으로의 변화가 준비되고 있음이다.

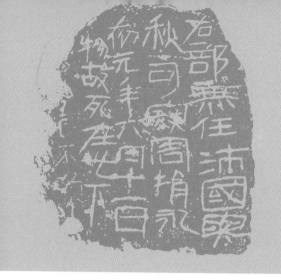

묘비

[2장] 명성을 새긴 돌

묘비의 의미

이제 묘비 이야기를 해보자. 일반적으로 무덤 앞에 세우는 비석인 묘비는 죽은 사람의 성명, 행적, 사망일 등을 새겨 넣는 것으로 알려져 있다. 그런데 이러한 묘주의 신상명세 외에도 그를 애도하거나 그의 일생을 예찬하는 내용이 새겨지기도 한다. 후자의 경우 흔히 '묘비명墓碑銘'이라고 부른다. 사전의 도움을 받아보자.

묘비는 비문碑文 내용에 따라 산문체인 서序와 운문체인 명銘이 있는 것을 묘갈墓碣이라 하였고 명없이 서로만 쓰인 것을 묘표墓表라고 하였다.
『알기쉬운 한국건축 용어사전』

묘비 : 무덤 앞에 세우는 비석. 죽은 사람의 신분, 성명, 행적, 자손, 출생일, 사망일 따위를 새긴다.

묘비명 : 묘비에 새긴 글. 죽은 사람에 대한 경력이나 그 일생을 상징하는
　　말 따위를 새긴다.

『국립국어원 표준국어대사전』

　우선『표준국어대사전』의 내용을 정리해 보자. 사전에 따르면 묘비는
무덤 앞에 세우는 비석이다. 그 위에는 죽은 사람에 대한 내용이 기록된
다. 그 글은 묘비명이라 부르는데, "경력이나 그 일생을 상징하는 말
따위를 새긴다." 여기서 경력이라는 것은 아마도 '죽은 사람의 신분,
성명, 행적, 자손, 출생일, 사망일 따위'에 해당할 것이다. 그렇다면
'일생을 상징하는 말 따위'는 무엇일까?

　『알기쉬운 한국건축 용어사전』(이하『용어사전』)에 따른다면 비문은
두 가지로 나뉜다. 산문체인 '서', 운문체인 '명'. 산문체의 서는 다름
아닌 죽은 자의 이름을 비롯한 신상명세일 것이다. 그렇다면 운문체의
명이란 '일생을 상징하는 말'이 아닐까? 죽은 자의 일생을 운문을
이용하여 서술했다 하는 것으로 보아 그를 위한 송가頌歌일 가능성이
높다. 한편『용어사전』에서는 서만 있는 것을 묘표라고 하고, 서와
더불어 명까지 있는 것을 묘갈이라고 하였는데, 이 설명은 적절하지
않다. 왜냐하면 묘갈은 묘비의 형태와 관련한 용어로 머리碑首 부분이
둥근 것을 말하는 것이지 내용에 따른 분류가 아니기 때문이다.

　서, 즉 묘주의 신상명세만 기록된 것을 묘표라고 한 것은 그것이
표지標識의 성격을 가졌기 때문일 것이다. 예를 들어 묘비의 선구,
혹은 최초의 묘비로 거론되는 전한前漢 하평河平 3년(기원전 26)에 제작
된 〈표효우각석麃孝禹刻石〉은 "하평 3년 8월 정해(1일) 평읍□리 표효우
[河平三年八月丁亥平邑□里麃孝禹]."라고 하여 묘주의 사망 연월일과 본적,
그리고 성명만이 적혀있어 전형적인 묘표의 모습을 보인다.

그런데 이 석각을 묘비라고 하지 않고 보다 포괄적이며 모호한 표현인 각석이라 부른 것은 최근 연구자들의 묘비에 대한 규정 때문이다. 최근 연구들은 묘비 구성 요소를 ①묘비의 제목(표제標題 또는 비액碑額), ②묘주의 이름(휘諱) ③자字, ④본적, ⑤가족 관계(가계家系 혹은 세계世系), ⑥품행, ⑦관력官歷을 포함한 이력, ⑧사망 연월일, ⑨향년享年, ⑩추증追贈, ⑪입비일(대체로 장례일) 등을 적은 서 부분과 묘주를 애도하는 운문의 송사頌辭인 ⑫명사銘辭 부분으로 나눈다. 그리고 그 중 명사의 존재 유무를 완성된 묘비의 지표로 파악한다. 묘비의 중요한 역할을 무덤의 묘주가 누구인가를 밝히는 것보다는 묘주의 생전의 업적을 기리는 '송덕頌德'으로 이해하는 것이다. 이러한 입장에 따르면 〈표효우 각석〉은 묘비로 구분할 수 없을 것이다. 각석이란 모호한 이름이 붙은 이유다.

그러나 나열한 열두 가지 요소를 모두 충족하는 정형화된 묘비는 흔치 않다. 이들 구성 요소는 어느 한순간에 완비된 것이 아니라 시간에 따라 묘비의 발전 속에서 구비되었다. 처음부터 모든 요소를 갖춘 묘비가 등장한 것은 아니다. 그래서 이 열두 가지 요소를 모두 충족하는 것만을 묘비로 규정한다면 오히려 묘비의 역사적·사회적 발전 과정을 간과하게 될 것이다. 그 최초의 모습으로부터 시작해보자.

최초의 묘비

고대 중국인들은 묘비가 후한 시기 출현했다고 보았다. 이 시각의 근거를 제공한 것은 후한의 유희劉熙(후한의 경학가經學家, 훈고학자訓詁學者)가 찬술한 일종의 백과사전인 『석명釋名』이란 책이다. 유희는 이 책에서 묘비를 '신하와 자식이 그 군주와 부친의 공덕을 서술하여 돌 위에 새긴 것'이라고 하였다. 이 입장은 묘비에 대한 가장 유력한 견해가 되었고 한참 뒤 북송北宋의 대학자 구양수歐陽修(1007~1072. 북송의 문학가) 역시 후한 이후 비문이 등장하게 되었다고 하며 유희의 견해를 계승하였다. 전통 시기부터 "묘주의 공덕을 서술하여 기린다."는 점을 묘비의 가장 중요한 역할로 이해한 것이다.

현대 학자들도 공덕의 서술을 묘비의 가장 중요한 요소로 보는 경우가 많다. 명사를 묘비 완성의 지표로 보는 입장은 이로부터 기인한 것이다. 그러나 지나칠 정도로 공덕의 서술만을 강조한 나머지 역사적 사실을 왜곡하는 경우가 발생하기도 하였다. 예를 들어 후한 영화 2년(137)에 제작된 〈배잠비裴岑碑〉를 최초의 묘비로 보는 것이 그것이다. 〈배잠비〉는 돈황태수敦煌太守였던 배잠이 돈황군敦煌郡(지금의 감숙성甘肅省 돈황시)의 군사들을 이끌고 흉노匈奴 호연왕呼衍王 등을 격파하고, 금성金城(지금의 감숙성과 청해성青海省 경계 일대)·돈황·장액張掖(지금의 감숙성 장액시)·주천酒泉(지금의 감숙성 주천시) 네 군의 환란患亂을 제거한 공을 기념하기 위해 건립된 비다. 사정에서 알 수 있는 것처럼 〈배잠비〉는 묘 앞에 세운 묘비가 아니라 전쟁이 일어났던 곳에 세운 전적비戰績碑, 즉 공적비功績碑다. 공덕의 서술을 극단적으로 강조하다보니 생긴 잘못이다.

묘비의 최초 모습은 어떠했을까? 이에 대해 단서를 주는 것은 정현鄭玄(127~200. 후한의 경학가)의 『의례주儀禮注』와 『예기주禮記注』다. 정현은 묘비의 기원을 두 계통으로 설명하였다. 하나는 종묘 옆에 제사에 쓰일 희생犧牲을 묶어 놓기 위해 세웠던 기둥이고, 다른 하나는 매장을 위해 파 놓은 구덩이 옆에 있었던 기둥인데 이것은 구덩이에 관을 내릴 때 사용한 것이다. 그 중 후자를 흔히 풍비豐碑라고 한다. 북송

손종감孫宗鑑(북송의 경학가)의 설명은 좀 더 명쾌하다. "주周가 쇠락한 후, 전국·진·한 시기 모두 비를 이용하여 관을 묶어 구덩이로 내렸다. 비는 나무로 만들기도, 혹은 돌로 만들기도 하였다. 장례를 마친 후 무덤에 비가 남았지만 뽑아내지 않았다. 그 후 점차로 그 위에다 묘주의 성명과 작위, 지역(본적)을 써 넣었다. 후한 시기에 이르러 마침내 문사文辭를 짓게 되었다."(『동고잡록東皐雜錄』) 그에 따르면 최초의 묘비는 표지의 의미가 강했고, 후한 시기 비로소 명사(문사)가 구비되었던 것이다.

또 다른 기록을 보자. 『주례周禮』에는 "만일 길에서 죽은 자가 있다면 매장하고 갈碣(푯말)을 세우는데, 매장한 날짜를 적는다."라는 구절이 있다. 여기서 갈이 표지의 역할을 담당했던 것은 의심할 바가 없다. 그런데 갈을 길에서 죽음을 당했을 때만 세웠던 것은 아닌 것 같다. 『한서』에서는 이 갈을 '성명을 적는 것'이라고 하였고, 『한서』에 주석을 단 당의 안사고顔師古(581~645. 당의 경학가, 역사가)는 "갈은 말뚝이다. 무덤에 세우고 죽은 자의 이름을 적는다."고 주해하였다. 이상의 해설을 참조하면 갈은 무덤을 만든 후 무덤 앞에 세웠던 무덤의 표지라고 할 수 있다.

한편 『한서』에는 갈과 비슷한 역할을 하는 표表가 등장한다. 표는 무덤을 만들고 묘주의 이름을 적어 놓는다는 점에서, 갈과 같은 것으로 생각된다. 요컨대 전한 시기에는 무덤을 조영한 후 무덤 앞에 묘주의 성명이나 작위 혹은 출신 지역을 적어 놓은 표지를 세웠던 것으로 보이는데 이것이 묘비의 초기 모습일 것으로 생각된다. 그렇다면 표표의 성격을 가진 〈표효우각석〉을 묘비의 초기 형태로 보지 못할 이유가 없을 것이다. 요컨대 최초의 묘비는 무덤 표지석이라는 기능을 가지면서 출현하였음을 알 수 있다.

묘비의 외형

사실 〈표효우각석〉을 묘비로 보지 않는 이유가 그것이 표지의 성격을
지녔기 때문만은 아니다. 외형적인 문제도 있었다.

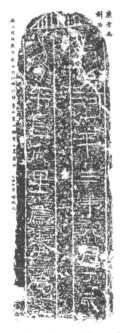

그림 2 〈표효우각석〉 탁본*　　　그림 3 〈표효우각석〉 (홍승현ⓒ)

〈그림 2〉와 〈그림 3〉에서 확인할 수 있는 〈표효우각석〉의 외형은
우리가 알고 있는 묘비의 형태를 띤 것처럼 보인다. 그러나 한비漢碑의
외형을 연구한 하마다 다마미濱田瑞美의 입장은 다르다. 하마다 다마미
는 천穿과 훈暈(〈그림 4〉 참조)을 묘비의 외형적 필요 요소로 들었다.

---

* 北京圖書館金石組,『北京圖書館藏 中國歷代石刻拓本匯編 第一冊 戰國 秦 漢』(鄭州:
　中州古籍, 1989), 14쪽.

하마다 다마미 이전 일찍이 츠카모토 야쓰시塚本靖도 천과 훈을 한비의 형태적 특징으로 이해하였다. 묘비에 난 구멍인 천은 장례 시 구덩이에 관棺을 내릴 때 관을 묶은 끈을 통과시키는 용도였다. 한편 훈은 원수형圓首形 비의 비수碑首 부분에 존재하는 물결무늬 의장意匠으로 관을 구덩이에 내릴 때 관을 묶은 밧줄이 잘 미끄러지거나 이탈하지 않게 하는 기능을 한다.

그림 4 〈공겸비孔謙碑〉(홍승현ⓒ)　　　그림 5 〈사신비史晨碑〉(홍승현ⓒ)

그러나 묘비 중에는 구멍이 없는 것도 있으며, 훈은 원수형 비에만 있고 규수형圭首形 비에는 없는 것이어서 형식적으로 반드시 구멍과 훈이 있어야 묘비라고 할 수는 없다. 예를 들어 원수형 비인 〈사신비史晨碑〉(〈그림 5〉)는 천도 훈도 없는 대표적인 비라고 할 수 있다. 따라서 형식적인 측면만으로 〈표효우각석〉을 묘비로 파악하지 않을 이유는 없을 것이다.

이력의 서술-묘비의 정형화 1

앞서 제시한 열두 개의 구성 요소를 어느 정도 갖춘 정형화된 묘비의 등장은 아무리 빨라도 140년대에 이르러서다. 순제(재위 125~144) 한안漢安 2년(143)에 제작된 〈북해상경군비北海相景君碑〉는 열두 개의 구성 요소 중 ①묘비의 제목, ④본적, ⑥품행, ⑦이력(대체로 관력), ⑧사망 연월일, ⑫명사를 구비하였다. 곧이어 환제桓帝(유지劉志. 재위 146~168) 건화建和 원년(147)에 만들어진 〈무반비武斑碑〉는 〈북해상경군비〉의 구성 요소에 ②묘주의 이름, ③자, ⑤가족 관계가 더해졌다. 그리고 연희延熹 원년(158)의 기년紀年을 가진 〈정고비鄭固碑〉에 이르면 ④본적, ⑩추증, ⑪입비일(대체로 장례일)을 제외한 여타 요소가 완비된다.

묘비의 구성 요소가 완비되는 추세를 보면 먼저 115년부터 묘주의 관력, 본적, 가계, 품성 등의 요소가 뚜렷한 증가세를 보인다. 즉, 묘주 이름과 사망일 등을 적은 간단한 묘표에서 묘주의 공적 및 관력 서술과 가계 서술이 더해진 상태로 발전하였다. 그리고 그 뒤를 이어 마지막으로 송사인 명사가 더해졌다. 그 정형화의 과정을 복원해 보자. 이를 위해 여남汝南 원씨袁氏 집안의 묘비들인 〈원안비袁安碑〉·〈원창비袁敞碑〉·〈국삼로원량비國三老袁良碑〉를 살펴보고자 한다. 우선 92년에 제작된 〈원안비〉다.

사도공司徒公 여남汝南 여양女陽 원안袁安 소공召公, 『맹씨역孟氏易』을 전수받았다. 영평永平 3년(60) 2월 경오일庚午日(25), 효렴으로 낭중郎中에 제수되었다. 4년 11월 경오일(5), 급사알자給事謁者에 제수되었다. 5년 4월 을□乙□, 동해군東海郡 음평현장陰平縣長으로 옮겼다. 10년(67) 2월 신사일辛巳日(16), 동평군東平郡 임성령任城令으로 옮겼다. 13년 12월 병진

司徒公汝南女陽袁召公、授易孟氏【學】、永平三年二月庚午、以孝廉除郎中、四【年】十一月庚午、除給事謁者、五年四月乙□、遷東海陰平長、十年二月辛巳、遷東平【任】城令、十三年十二月丙辰、拜楚郡【太】守、十七年八月庚申、徵拜河南尹、【建】初八年六月丙申、拜太僕、元和三年五【月】丙子、拜司空、四年六月己卯、拜司徒、孝和皇帝加元服、詔公爲賓。永元四年【三】月癸丑薨。闰月庚午葬。

그림 6 〈원안비〉*

일丙辰日(14), 초군태수楚郡太守를 배수하고, 17년(74) 8월 경신일庚申日(9), 조정에서 불러 하남윤河南尹을 배수하였다. 건초建初 8년(83) 6월 병신일丙申日(6) 태복太僕을 배수하였다. 원화元和 3년(86) 5월 병자일丙子日(3), 사공司空을 배수하였다. 4년 6월 기묘일己卯日(13), 사도司徒를 배수하였다. 효화황제孝和皇帝 원복元服 시에 조령詔令으로써 공을 빈賓으로 삼았다. 영원永元 4년(92) 3월 계축일癸丑日(14), 사망[薨]하였다. 윤삼월 경오일(2)에 장사지냈다.

〈원안비〉

이 비는 후한 최대 문벌門閥 중 하나인 예주豫州(지금의 하남성과 안휘성 일대) 여남군 원씨의 일원인 원안의 묘비다. 원안의 집안인 여남 원씨는 후한 말 기주冀州(지금의 하북성河北省 남부 일대)를 근거지

---

* 毛遠明 校注, 『漢魏六朝碑刻校注 第一冊』(北京: 線裝書局, 2009), 59쪽.

로 삼았던 군웅群雄의 한 사람인 원소袁紹(?~202. 후한 말의 정치가)의 집안이다. 원안은 여남 원씨 집안에서 최초로 삼공三公(사공司空, 사도司徒 역임)이 되었다. 이후 여남 원씨 집안은 두 사람의 사공司空(원창袁敞, 원봉袁逢)과 각 한 사람씩의 사도(원외袁隗)와 태위太尉(원탕袁湯)를 배출하며, 초일류 집안이 되었다.

처음 원씨 집안은 후한 창업에 참여한 공신 집단 및 삼보三輔(관중關中을 셋으로 나눈 경조京兆, 좌풍익左馮翊, 우부풍右扶風. 지금의 수도권에 해당)의 명문 집안들과 더불어 유학적儒學的 능력에 의해 후한 초기 삼대三代(광무제光武帝·명제明帝·장제章帝)의 정치를 담당하면서 성장하였다. 그러다 화제和帝(유조劉肇. 재위 88~105) 시기 외척이었던 보정輔政(황제가 통치를 할 수 없는 특별한 상황에서 황제를 대신하여 황제권을 행사하는 대신) 두헌竇憲(?~92. 후한의 정치가, 권신權臣)과 삼보 인사들이 권력의 중핵으로 활동하자 이들과 대립하며 『맹씨역孟氏易』이라는 학문적 능력과 더불어 반외척反外戚의 태도를 취하며 정부의 중요 세력이 된다. 원안은 이러한 여남 원씨 집안의 기반을 놓은 이로 그로부터 원씨 집안의 성장이 가시화되었다. 〈원안비〉의 특징은 묘주의 사적, 특히 관력이 자세히 서술되었다는 것이다.

또 다른 원씨 집안의 묘지인 〈원창비〉도 살펴보자. 다음은 원초元初 4년(117) 제작된 〈원창비〉다.

자는 숙평叔平, 사도공□□□司徒公□□□.…□월 경자일更子日, 하남윤의 아들로 [태자사인太子舍人]시에 제수되었다.…5월 병술일丙戌日, 낭중郎中에 제수되었다. [영원永元] 9년(97)…(황)문시랑(黃)門侍郎에 [제수되었다.] 10년(98) 8월 정축일丁丑日(16),…10월 갑신일甲申日, 시중侍中을 배수하였다.…보병교위步兵校尉, 연평延平 원(년)(106),…[장작대]장將作大匠을 배수하였다.] 그해 10월 정축일丁丑日, 동래東萊[군태수郡太守를 배수하였다.]…
병술일丙戌日, [조정에서] 불러 태복을 배수하였다. [영초永初 5년(111),…
[원元초初 2년(115) 12월 경술일庚戌日(그믐), [사공司空을 배수하였다.]…
[4년(117) 4월 무신일戊申日(5),] 사망薨하였다. 그달 신유일辛酉日(18)에
장사지냈다.(대괄호 안의 내용은 『후한서』를 이용하여 보충)

〈원창비〉

　화제~안제(재위 106~125) 시기에 관직 생활을 했던 원안의 아들 원창은
문음門蔭(조부나 부친의 공적)에 의해 태자사인이 된 후 낭중을 거쳐
최후에 삼공의 하나인 사공에까지 오르며 부친 못지않은 화려한 관력을
자랑한다. 워낙 결락이 많아 구체적인 사항을 알 수는 없지만 두세
줄 남짓한 『후한서』의 내용을 보충하는 데 도움을 준다. 소실된 부분에
다른 내용이 더 있을 수는 있겠지만 문맥의 흐름상 원창의 관력이
서술되어 있었을 것으로 생각된다.
　〈원창비〉 역시 〈원안비〉와 마찬가지로 묘주의 관력이 자세히 서술
되었다는 특징이 있다. 묘비에 묘주의 관력이 이토록 자세히 서술되어
야 할 이유는 무엇이었을까? 일단 우리는 이 묘비들의 목적이 제작자
의 지극한 효성을 표현하는 것이 아님을 알고 있다. 살펴본 것처럼
제작자의 지극한 효성을 표현하는 도구는 이미 존재하고 있었기
때문이다. 실제로 이 묘비들에는 제작자들에 대한 정보가 전혀 없지
않은가!
　후한 시기 다른 지역에 비해 진류·여남·영천 세 군에서 인물평론이
활발했던 것은 1장(「효로 다스리는 천하孝治天下」)에서 살펴보았다.
이 세 군에는 우수한 인재가 많아 효렴 선발의 경쟁은 물론이고 조정에
서 인재를 선발하는 벽소辟召를 통해 조정으로 진입하려는 노력 또한

字[叔]平、司徒公□□
□月庚子、以河南尹子除
□五月丙戌、除郎中、九年
[黃]門侍郎、十年八月丁丑、
十月甲申、拜侍中
步兵校尉、延平元
匠、其十月丁丑、拜東
丙戌、徵拜太僕、五年
初二年十二月庚戌
薨、其辛酉葬。

그림 7 〈원창비〉*

어떤 곳보다 치열했다. 따라서 자연스럽게 인물평에 대해 민감해질 수밖에 없고 인물평이 활발해졌을 것이다. 후한 중기(원안과 원창의 활동 시기에 해당) 여남군의 인사들이 본격적으로 대두한 것을 생각하면, 이 시기 여남군에서 선거를 위한 인물평이 이미 본격적으로 행해지고 있었을 것임을 추측할 수 있다.

그렇다면 원씨 집안 역시 이 치열한 경쟁 속에서 보다 유리한 고지를 점유하기 위해 노력했을 것이고, 그러한 노력이 삼공을 배출한 집안의 이력을 '돌에 새겨', '영구히', '불특정 다수에게 공개'하는 방식으로 표현되었을 가능성은 충분할 것이다. 물론 한대 인재 선발이 위진魏晉 시기의 그것과는 달리 개인의 능력에 의해 행해졌다고는 하지만 고급 관료 집안의 자제들이 인재 선발 과정에서 유리했음을 부정할 수 없을 것이다. 따라서 가문의 관력을 상세히 기술한 입비 행위가 당시 선거에 영향을 미쳤을 것임을 쉽게 추정할 수 있다. 또한 이러한 입비 행위는 지역 사회에서 원씨 집안의 영향력을 극대화하는 데도 일조했을 것이다. 이 문제를 좀 더 살펴보기 위해 원안의 조부 원량의 묘비를

---

* 毛遠明 校注, 앞의 책, 90쪽.

분석해 보자.

가계의 서술 — 묘비의 정형화 2

원량은 여남 원씨 집안을 명족의 반열에 올려놓은 인물로 그로부터 저성著姓(명망 있는 성씨) 여남 원씨가 시작한다고 해도 과언이 아니다. 원량은 효렴으로 발탁된 후 낭중郞中, 알자謁者, 장작대장將作大匠, 승상령丞相令, 광릉태수廣陵太守, 의랑議郞, 부절령符節令, 국삼로國三老를 역임하였다. 그의 묘비에는 이러한 묘주의 관력이 상세히 기술되었다. 더하여 그의 묘비에는 앞서 〈원안비〉와 〈원창비〉와는 달리 그 선조와 관련한 서술이 전체 묘비 내용의 반 이상 등장한다. 가계(세계) 부분만을 소개하면 다음과 같다.

선조는 순舜 임금의 후예로 대대로 봉군封君이 되었다. 주周가 흥하자 우알보虞閼父가 도정陶正이 되었고, 계승자 만滿이 진후陳侯가 되었다. 현손玄孫 도도濤塗에 이르러 처음으로 씨氏를 만듦에 부친의 자字로써 성姓을 세워 원袁이라 하였다. 노魯 희공僖公 4년(기원전 657) □가(이) 대부大夫가 되고, 애공哀公 11년(기원전 484) 파頗가 사도司徒…. 그 후예 중 혹 제齊의 무枑로 옮긴 자가 있었으나, 원생袁生 홀로 진陳에 머물렀다. 진秦의 난리를 만나 황하黃河와 낙수洛水 사이에 은거하였고, 고조高祖가 항우項羽를 격파하니 식寔은 그 책호冊號를 따랐다. 천하가 안정되자 부락扶樂으로 돌아가 살았다. 효무제孝武帝 정화征和 3년(기원전 90), 증손 간幹이 도적 공선용公先勇을 참수斬首하여 황문랑黃門郞에 배수되고 관내후關內侯에 봉해졌는데 식읍食邑이 향鄕 6백 호戶였다. 후에 금자金紫를 하사받고 수성修城의 □(으)로 옮겼다. 간이 죽고 아들 경經이 이었다. 경이 죽고 아들 산山이 이었다. 3세 동안 국國을 후손에게 물려주었으나 왕망 때 끊어졌다. 군君(원량)은 곧 산의 증손이다.

〈원량비〉 중에서

〈원량비〉가 만들어진 것은 순제 영건永建 6년인 131년이다. 원량이 사망한 후에 그의 후손들에 의해 제작되었다. 원량의 생졸 연대는 명확히 알려져 있지 않지만 『후한서』에 따르면 전한 평제平帝(유간劉衎. 재위 1~5) 시기 명경明經(선거의 한 과목. 경학經學에 밝은 것)으로 발탁되어(묘비에 효렴으로 발탁되었다고 기술된 것과는 차이가 있다) 후한 광무제 건무建武(25~56) 초에 성무령成武令을 역임하였다. 이러한 경력에 따른다면 대략 그가 사망하고 백년 정도가 흐른 뒤에 제작된 묘비임을 알 수 있다. 백년이나 지나 묘비를 제작하여 세운 이유는 무엇일까?

〈원량비〉는 비액과 묘주의 품행, 추증과 장례일 등이 빠져있기는 하지만 명사를 구비한 비교적 정형화된 묘비라고 할 수 있다. 전체 비문의 절반 이상이 할애된 그의 가계는 여남 원씨 집안이 단순히 최근에 삼공을 배출한 신흥 고급 관료 집안이 아니라 그 뿌리가 순임금에게까지 거슬러 올라가는 유서 깊은 집안이었음을 말해준다. 또한 춘추 시기와 진한 시기를 거치며 대대로 명문가였음을 보여준다(물론 이 세계의 내용이 모두 사실인지는 확인하기 어렵다).

이 정도의 명문가라면 1장(「지하에 남겨진 기념비」)에서 살펴본 마강의 집안과 겨룰 수 있을 것 같다. 마강의 자손들은 마강의 덕성을 기억하기 위해 그의 생애를 돌에 새긴 특별한 석각을 만들었다. 그렇다면 원씨 집안의 자손들 역시 자신들의 가계를 돌에 기록하여 기억하기 위해 이 묘비를 만들었을까? 흥미로운 것은 원량을 위한 기념물은

〈마강묘기〉와는 달리 지상에 세워졌다는 점이다. 원씨 집안의 가계는 그 일가만이 아닌 지역의 모든 이들에게 공개되기 위해 기술된 것이다. 또한 가계 외에도 원량의 관력을 소상히 밝히면서 묘주의 공적인 이미지를 만들어 내고 있다. 요컨대 〈원량비〉는 자손들에게 종족법을 기억시키기 위해 제작된 것이 아니었던 것이다.

〈원량비〉가 처음으로 가계가 서술된 묘비는 아니다. 그러나 지금까지 묘비에 기술된 가계는 조부, 부친 정도가 일반적이었으며, 가장 멀리 올라간다 해도 전국 시기까지였다. 〈원량비〉처럼 전설 시대까지 거슬러 올라가 가계를 기록하는 경우는 없었다. 이 별난 가계에 대한 기술은 어떻게 등장하게 된 것일까? 이 문제를 당시 지방에서 지배력을 확대해 가던 호족豪族과 연결시켜 생각해 보자.

전한 후기 이후 대토지 소유를 매개로 사회 경제적으로 힘을 획득하기 시작한 호족들이 생겨났다. 지방 사회의 실질적 지배자였던 이들은 향거리선제를 통해 빠른 속도로 중앙 관계로 진출하였다. 그리고 후한이 건국되며 표방한 '유교국가儒教國家'라는 가치에 부응하여 유학을 적극적으로 습득하기 시작하였다. 호족 출신의 유생儒生이 대거 배출되었다. 이들은 지방 통치에 필요한 교양과 능력을 바탕으로 군현郡縣의 연사층掾史層(지방 관아에서 장관의 업무를 보좌하던 하급 관리. 이후 서리胥吏)을 독점하는 한편 중앙 관계로 진입하려고 하였다. 여론을 참조한 지방관의 추천에 의해 입사가 결정되는 제도 하에서 자신의 능력 뿐 아니라 집안의 수준을 적극적으로 선전할 필요가 생긴 것이다. 특히 시간이 지남에 따라 호족 안에서 등급이 나눠지고 그 등급에 따라 획득할 수 있는 관직이 고정되기 시작하면서 가문에 대한 서술은 더욱 중요해졌다.

묘주에 대한 간단한 정보뿐 아니라 묘주의 관력과 가계가 상세히 서술된 묘비의 등장은 후한 시기 지방 호족의 성장에 따른 하나의 현상이라고 할 수 있다. 물론 그것이 궁극적으로 선거에서 보다 유리한 고지를 점하고자 하는 노력의 결과라는 점은 두말할 필요가 없을 것이다. 지역 사회에서 영향력을 증대시키고 과시하며 지역 지배자의 위치를 공고히 해나가고자 했던 지역 호족들에게 묘비는 좋은 선전 도구였다.

입비의 목적

묘비 역시 자손들에 의해 제작되었지만 그 내용은 묘기와는 달랐다. 묘비를 제작한 자손들은 자신들의 효성을 드러내기 위해 묘비를 제작하지 않았다. 따라서 묘비를 효의 정도를 표현하는 수단이라고 이해한 지금까지의 연구들은 재검토되어야 할 것이다. 마찬가지로 그것이 화려한 장례, 즉 후장厚葬의 표현이라고 이해했던 견해도 재검토가 불가피하다.

입비가 후장의 실제적 표현인가 하는 문제는 오랫동안 논쟁거리였다. 부모의 장례를 치르고 파산했다는 기사가 『후한서』에 종종 등장하고, 부친의 장례를 치르고 남의 집살이를 했다는 기사도 보인다. 그 결과 입비 역시 분에 넘치는 장례의 폐해로 이해되었다. 그러나 장례의 폐해가 나열된 기사들을 살펴보면 흔히 그 폐해로 거론되는 것은 다양한 종류의 사치스러운 부장품이나 지나친 무덤의 높이였지 묘비의 건립은 아니었다.

이와 관련하여 최근에 흥미로운 연구 결과가 제출되었다. 하마다 다마미는 후한 시기 입비 비용을 대체로 만 2천 전에서 2만 전 사이로 추정하였다. 이것은 당시 소 한 마리 값, 혹은 노비 1인의 가격에 해당한다. 이렇게 보면 묘비를 제작하는 데 큰 비용이 드는 것처럼 느껴질 수도 있겠다. 그러나 당시 종복從僕(허드렛일을 하는 고용인)이 매달 1천 5백전을 벌었던 것을 감안하면 과연 이 가격이 사회적으로 백성을 피폐하게 할 정도의 금액이었을까 하는 생각이 든다. 특히 당시 묘비가 일반 백성이 아니라 지식인 혹은 지역의 지배자인 호족들에 의해 주로 건립되었기에, 묘비로 인한 파산은 상정하기 힘들다. 요컨대 입비 행위가 파산을 유발할 정도로 심각한 경제적 문제의 원인은 아니었을 것이다.

그럼 이번에는 묘비가 효성의 척도라는 점에 대해 생각해 보자. 효성을 표현하는 묘기가 있지만 묘비를 이용하여 효성을 표현할 가능성이 전혀 없지 않기 때문이다. 그러나 지금까지 확인된 묘비 안에서 '효자 ○○○'와 같은 표현이나 최소 몇 천전에서 최대 10만전이 넘는 소요 경비를 가족들이 부담했다는 기록은 찾을 수 없다. 〈원안비〉나 〈원창비〉에서 볼 수 있는 것처럼 자식들(혹은 후손들)이 만든 것이 분명하지만 묘비 안에서 그들의 존재를 확인하는 것은 불가능하다.

묘비가 효성을 표현하는 방식이라고 이해하는 것을 방해하는 가장 큰 이유는 묘비가 특정 시기에 집중적으로 만들어졌다는 점이다. 현재 기년이 확인되는 후한 묘비는 약 160여점이다. 그 중 59건이 환제(재위 146~168) 시기에 제작되었고, 76점이 영제靈帝(유굉劉宏. 재위 168~189) 시기에 만들어졌다. 80%가 넘는 수치다. 사실상 후한의 붕괴가 시작된 환·영제 시기 집중적으로 묘비가 건립된 이유는 무엇일까? 묘비가 효성을 드러내는 수단이라면 이 시기 적극적으로 효성을 드러내야할 필요는 무엇이었을까?

환·영제 시기는 한 왕조의 말기적 현상이 노골화되던 시기로 유교는 더 이상 통치 이념으로서 작동하지 못하였다. 인물평에 근거한 선거는 본질에서 멀어지며 헛된 명성에 좌우되기도 하였다. 조정의 권력은 야심에 찬 환관들에게 돌아갔다. 무능한 황제는 환관들의 꼭두각시가 되어 미신과 여자에 빠져 헤어나지 못하였다. 환관의 권력 농단을 규탄하는 지식인들의 항의가 이어졌고 환관들은 자신들을 비난하는 지식인들을 탄압하였다(당고黨錮 사건). 대대적인 투옥과 파면이 이어졌고, 그들이 가르쳤던 문생門生들(문생이 문하門下의 학생이라는 뜻을 가지고 있어 스승과의 직접적인 결합이 강조된 용어라면 제자는 좀 더 포괄적인 의미로 동일 학파에 속했거나 동일 학문을 학습한 이라는 의미를 지닌다. 처음에 양자는 분명하게 구분되지 않았으나 후한 말로 가면서 문생과 제자가 구분되기 시작하였다. 여기서는 분명히 양자를 구분할 필요가 없는 이상 제자라는 용어를 사용하였다)과 지난날의 하부 관속들(고리故吏)도 연좌되어 처벌받았다. 환관을 비난하던 지식인들은 붕당朋黨을 이뤘다는 모함을 받고 당인黨人이란 꼬리표를 단 채 낙향하였고, 심지어 처형을 피해 고향을 등지고 타지를 전전하는 이도 있었다. 많은 이들의 피선거권이 영구히 박탈되었다(금고형禁錮刑). 두 차례에 걸친 탄압은 수도 낙양의 지식인 사회를 붕괴시켰다. 이 시기에 효성으로 명성을 획득하려고 했다는 것은 상식적으로 이해하기 어렵다. 물론 사회가 혼란하다고 명성 획득의 노력이 포기된 것은 아니다.

인물평의 기준 변화

이와 관련해서 당시 유행하던 인물평에 대해 살펴 볼 필요가 있다. 후한 사회에 지속적으로 인물평이 유행했다 해서 그 인물평이 동일한 가치 기준에 의해 행해진 것은 아니다. 후한 중기까지 인물평의 주된 내용은 유교의 교양이었다. 자연히 그 대상은 주로 경학가經學家들이었다. 이것은 사회적으로 경학이 중시되면서 발생한 현상이다. 중기 이후 효렴과가 선거에서 가장 유력한 출세 코스가 되면서 효성에 의한 명성 획득이 사회적으로 중요해지기도 하였다.

그러다 환제 시기 이후부터 인물평은 주로 당인들이나 독행자獨行者 (세속을 초월하여 신념대로 행동하는 이)들에 대한 것으로 변화한다. 즉, 환제 시기가 되면 유교적 교양이나 효성이 명성을 획득하는 중요하고도 유력한 방법이 아니었다. 오히려 반환관적 태도, 세속에 초탈하여 권력을 우습게 여기는 태도(이 역시 반정부적 태도라고 하겠다)가 명성을 획득하는 방법이 되었다. 당인들과의 관계도 명성을 얻는 데 도움이 됐다. 백성들은 황제의 조정에서 관직을 유지하는 자들이 아니라 그곳에서 쫓겨난 이들을 '기절지사氣節之士(기개와 절조를 지닌 사인士人)'로 부르며 존경을 표하였다. 황제에게 처벌을 받은 범죄자가 영웅이 된 것이다. 백성이 황제와 그의 조정을 버린 것이다.

환제와 영제 시기 효성과 같은 유교적 덕목은 더 이상 명성 획득의 중요한 요소가 되지 못했다. 실제로 효렴과 출신 관료들의 비중은 초기 18%, 중기 44%, 후기 69%, 말기 26%로 말기가 되면 그 중요도가 급감한다. 오히려 황제 권력과 대치하는 당인의 명성이 사회적 권위를 보장해 주게 되었다. 한편 재야에서 황제 권력에 대항하는 한편 유학에 기초한 문화적 가치를 실현하며 명성을 얻은 명사名士들과의 관계도 중요했다. 인물평론으로 유명했던 명사 곽태郭太(후한의 문인)가 죽었을 때 자신과 곽태와의 관계를 드러내고자 하는 천여 명의 사인들이 모여 장례를 치르고 함께 비를 세웠다. 명사라고 하는 이들의 장례식에는 항상 사람이 넘쳐났고 비용을 갹출하여 비를 세웠다. 전문적으로 비문을 작성하는 이들이 등장하였고, 당대 최고의 문장가라고 할 수 있는 이들 대부분이 비문 작성을 경험하였다. 이런 행위들이 명성을 얻기 위한 행위였음은 쉽게 눈치챌 수 있다.

무엇보다 환·영제 시기 건립된 비들을 효성을 드러내는 도구로 이해할 수 없는 것은 이 시기 자식들을 비롯한 후손에 의해 세워진 비보다는 문생고리들에 의해 세워진 비들이 대다수라는 점 때문이다. 이것은 전통 시기 역사가에 의해 이미 지적되었다. 한위 시기의 석각 189종을 정리한 송의 홍괄洪适(1117~1184. 남송南宋의 정치가, 금석학자金石學者)은 그의 책『예석隷釋』에서 "한비는 대부분 문생고리에 의해 만들어졌다漢碑多門生故吏爲之.]."고 하였으며 구양수도 그의 유명한 책『집고록발미集古錄跋尾』에서 "후한 이후 문생고리의 다수가 서로 비를 세워 덕을 노래했다[自後漢以來, 門生故吏多相與立碑頌德矣予.]."고 하였다.

현재 남아 있는 〈공주비孔宙碑〉, 〈공표비孔彪碑〉, 〈노준비魯峻碑〉들은 문생고리들이 세운 전형적인 묘비들이다. 그 중에서 〈노준비〉의 경우 문생 320인이 자신들을 공자孔子의 제자 자유子游·자하子夏에 비견하며 노준에게 '충혜보忠惠父'라는 시호諡號를 올렸다. 장례와 추시追諡, 입비라는 세 가지 행위가 하나의 세트를 이루어 행해졌다. 이처럼 입비가 주로 묘주의 문생고리들에 의해 이루어졌다면, 당시 입비 행위는 한 집안의 장례 문화를 넘어 사회적 행위라고 할 수 있을 것이다. 입비 행위에 대한 새로운 시각이 필요하다.

문생고리, 새로운 제작자들

한비 대부분의 제작자인 문생고리는 스승이나 옛 상관(고주故主,

또는 구군舊君)들을 위해 묘비를 세웠다. 제자들이 스승을 위해 세웠던 묘비 중 비교적 이른 것으로는 〈알자경군묘표謁者景君墓表〉가 있다. 안제 원초元初 원년인 114년에 사망한 스승을 위해 14명의 제자와 1인의 지역 의사義士가 건립한 것이다. 이름은 묘표지만 원초 원년 5월 정묘일 丁卯日(7)에 사망한 알자謁者를 지냈던 임성현任城縣(지금의 산동성山東省 제녕시濟寧市) 출신의 경군景君의 죽음을 슬퍼하며 그 덕을 기리기 위해 세운다는 짧은 서와 명사를 갖추고 있어 묘비라고 할 수 있다. 이들은 왜 경군의 묘비를 만들게 되었을까?

후한 중엽 이후 선거가 치열해지는 것에 대해서는 이미 언급하였다. 관직의 수는 정해져 있지만 시간이 갈수록 관리가 되고자 하는 이들이 증가하면서 나타난 필연적 현상이다. 특히 지역에 유학이 침투하면서 지역 사회에서도 유학적 능력에 의해 관계官界에 나가고자 하는 지식인 층이 형성되며 관직에 대한 수요는 한층 증대되었다. 수도와 각 군국郡國 에 태학太學과 군국학郡國學이라는 교육 기관이 있었지만, 수요를 충족하 기에는 역부족이었다. 특히 군국학은 설치되지 않은 지역도 있었고, 그 수준도 높지 않아 자연히 사학私學이 번성하게 되었다. 향론에 근거한 추천에 의해 인재가 선발되는 향거리선제의 특성상 유명한 스승 아래서 공부하는 것이 절대적으로 유리하였다. 군의 경계를 넘어 유명한 스승 밑에서 공부하기 위해 유학遊學하는 풍조가 성행하였다.

사학의 스승들은 하나의 경전 혹은 여러 경전에 통달한 이들로 흔히 자신의 출신지에서 백 명 전후 또는 수백 명 정도의 제자들을 거느리고 학문을 전수하였다. 물론 더 적은 수의 제자를 거느리는 경우도 있었으나, 그 수가 수천수만에 이르는 경우도 존재하였다. 이 경우 모든 제자들이 스승으로부터 직접 학문을 전수받는 것은 불가능 하였다. 스승에게 수업을 들을 수 있는 사람들은 한정되었고 대다수의 제자들은 스승에게 수업을 들은 자신의 선배들을 통해 간접적으로 스승의 학문을 전수받을 수밖에 없었다. 스승을 대신하여 집단 교육을 담당했던 이들은 흔히 도강都講이라고 불렸는데 수업 연수가 길고 학문의 수준이 높은 이들로 특별히 스승을 가까이서 모실 수 있었다. 이러한 조건 하에서도 유명 스승의 문하생이라는 이름을 얻기 위해 많은 이들이 모여들었고, 심지어는 학생 명부名簿에 이름만이라도 올리고자 하는 이들도 있었다.

사학이 발전하고 뛰어난 스승을 모시려는 경향이 강해지면서 스승과 제자 사이의 인격적 결합이 강화되고, 스승에 대한 제자의 복종과 헌신이 사회적으로 일반적인 현상이 되었다. 그러나 제자의 복종과 헌신은 스승의 추천을 받아 관리가 되고자 하는 엽관獵官(관직을 사냥한다는 뜻으로 관직을 얻으려고 갖은 방법으로 노력함을 의미) 행위에 다름 아니었다. 사학의 번성으로 인해 스승과 제자 사이에 은의감恩義感이 발생한 것이라 보기도 하지만 후한 말 문학가인 서간徐幹(170~217)이 당시 스승에 대한 제자의 태도를 비굴하기가 '비첩婢妾의 태도'와 같다고 하며, 그 이유를 '관계에 나가기 위한 것[圖仕進]'(『중론中論』「견교譴交」)이라고 한 것은 문생의 복종과 헌신이 의도를 가진 것임을 꼬집은 것이다.

문생에 의한 묘비 제작은 문생이 관리가 되는 유력한 방법으로 성격이 변화되면서 발생하였다. 요컨대 스승의 추천에 의해 관리가 되는 길이 넓어지자 스승과 제자 사이가 추천자와 피추천자의 관계가 되었다. 점차 그들의 관계는 일종의 군신 관계처럼 변해갔고, 그 결과 스승에 대한 제자의 복종과 헌신이 일반화된 것이다. 한대 사대부들의 궁극적 목표가 입사入仕였기에 이러한 현상은 선거의 경쟁이 심해지는 후한 말기로 가면서 더욱 극심해졌다. 문생들은 스승을 위해 복종과 헌신을 표현해야만 하였다. 스승의 장례 때 비용을 갹출하여 비를 세우며

'스승에 복종하는 충성스런 문생'의 이미지를 만들었다.

이것은 지방관의 하부 관속도 마찬가지다. 지방관이 선거의 추천권을 가진 이상 지방관에게 충성을 표시해야 했다. 후한 선거에 관한 한 연구에 따른다면 지방에서 효렴이나 현량賢良 · 방정方正 · 무재茂才(모두 선거의 과목) 등으로 추천된 이들은 대부분 군현郡縣의 속리屬吏인 연사들로, 일반 처사處士(벼슬하지 못한 사인)들이 추천되는 경우는 거의 없었다고 한다. 이는 지방관에 대한 하부 관속의 충성이 적극적으로 표현될 필요를 의미할 것이다.

충성은 주로 묘비를 통해 표현되었지만 '거사비去思碑('거사'는 지방관이 떠난去 후 지방민이 그를 '그리워한다思'는 의미다)'라는 기념비로도 표출되었다. 평판이 좋았던 지방관이 사망하거나 이직하는 경우 지역 사회의 고리들은 돈을 출자하여 그의 덕을 기리는 '덕정비德政碑'를 세웠는데, 바로 '거사비'의 다른 말이다. 이들 역시 비용을 갹출하여 비를 세우며 '상관에 복종하는 충성스런 부하'의 이미지를 만들었다. 문생도 고리도 아닌 이들, 묘주나 이직하는 지방관과 특별한 관계를 맺지 못했던 이들은 처사나 의사義士, 심지어는 고민故民(다스리던 지역의 백성이란 의미)의 이름으로 경비를 부담하기도 하였다(〈알자경군묘표〉를 건립한 1인의 의사가 그 경우다).

이러한 행위가 지역 사회에서 명성을 획득하기 위한 것이었음은 자명하다. 황제의 조정과는 무관한 지식인들 사이에서 공유된 도덕과 행동을 통해 재야에서 명성을 쌓아, 황제의 조정으로 들어가려는(그것이 지금 황제의 조정이나 한 왕조의 조정이 아니라 해도 상관없다) 모순된 상황들이 벌어졌다. 좋게 말해 명성주의 사회라고 할 수 있겠지만, 반정부적인 재야의 기준에 의해 지식인들이 행동하는 것은 어떻게 봐도 왕조의 말기적 현상이라고밖에는 할 수 없지 않을까!

묘비의 뒷면[碑陰]

묘비의 제작자들에 대한 이야기를 이어가보자. 묘기의 경우에는 비용의 출연자와 그 출연된 기금으로 제작된 상장喪葬 건축에 대한 정보가 기록되어 있어 제작자가 누구인지 분명하게 파악할 수 있다. 그러나 우리가 알아본 묘비의 구성 요소 중에 제작자는 없었다. 그럼 어떻게 〈알자경군묘표〉를 14명의 제자와 1인의 의사가 건립한 것을 알 수 있을까?

흔히 비의 앞면은 비양碑陽이라고 하고, 뒷면은 비음碑陰이라고 부른다. 비에 대한 관습적 규범이 없던 초기에는 비문이 길어질 경우 비양을 지나 비음까지 비문을 적기도 하였다. 그러나 곧 비에 대한 사회적 약속이 생기며 비문은 비양, 즉 비의 앞면에 기록하는 것이 원칙이 되었다. 그리고 비음, 비의 뒷면은 비워 놓는 것이 일반적이었다. 그런데 어느 순간 비음에까지 문자가 새겨졌다. 물론 묘주에 대한 내용은 아니다. 후한 시기 묘비의 뒷면이 무엇으로 채워졌는지를 가장 적나라하게 보여주는 비는 164년에 제작된 〈공주비〉다.

모두 62명의 이름이 새겨져 있는데 문생 42명, 문동門童(나이 어린 제자) 1명, 고리 8명, 고민 1명, 제자 10명의 이름이다. 아마도 이들이 〈공주비〉 제작에 필요한 비용을 분담했을 것이다. 그러나 〈공주비〉는 제작자들이 얼마의 비용을 담당하였는지에 대해서는 우리에게 정보를 주지 않고 있다.

묘비 제작에 비용이 얼마나 들었는가를 잘 보여주는 사례는 〈노준비〉다. 고리, 문생, 의사 42명에 의해 제작된 〈노준비〉는 제작자들이 얼마를 분담했는지를 세심하게 기록하였다. 많게는 천 전부터 적게는 이백 전까지 묘비 제작의 비용을 분담했던 사정을 고스란히 기록하고

門生鉅鹿癭陶張雲、字子平。
門生鉅鹿癭陶趙政、字元政。
門生鉅鹿廣宗捕巡、字升臺。
門生東平寧陽韋勳、字幼昌。
門生魏郡館陶張上、字仲舉。
門生魏郡館陶張時、字子表。
門生魏郡館陶王時、字子表。
門生魏郡陰安張典、字少高。
門生魏郡魏孟忠、字待政。
門生魏郡魏李鎮、字世君。
門生魏郡魏吳讓、字子敬。
門生魏郡館陶彣儉、字元莭。
門生魏郡陶鄉瑱、字仲雅。
門生魏郡鄴暴香、字伯子。
門生魏郡東武陽梁淑、字元祖。
門生魏郡東武陽梁表、字公方。
門生東郡衛公國趙恭、字和平。
門生東郡東武陽凌穆、字奉德。
門生東郡樂平桑演、字仲厚。
門生東郡樂平靳京、字君賢。
門生東郡樂平梁布、字叔光。
門生東郡樂平桑顯、字伯異。

門生陳留平丘馬規、字伯昌。
門生安平下博張祺、字叔松。
門生安平下博張朝、字公房。
門生安平下博蘇觀、字伯帶。
門生安平堂陽張琦、字子異。
門生北海安丘齊納、字榮謀。
門生北海都昌呂升、字山甫。
門生北海劇秦麟、字伯麟。
門生北海劇盧浮、字遺伯。
門生北海劇薛顥、字勝輔。
門生北海劇高冰、字季超。
門生濟南梁鄒趙震、字叔政。
門生濟南梁鄒徐璜、字幼㣧。
門生濟南東平陵吳進、字升臺。
門生甘陵廣川李都、字元章。
門生甘陵貝丘賀曜、字升進。
門生魏郡清淵許祺、字升明。
門生魏郡館陶史崇、字少賢。
門生魏郡館陶孫忠、字府彣。
門生東郡樂平盧脩、字子莭。
門生任城任城□□、字景漢。

門童安平下博張忠、字公直。
故吏北海都昌逢祈、字伯憙。
故吏北海都昌瑩章、字彣理。
故吏北海都昌稱、字彣長。
故吏北海都昌呂規、字元規。
故吏北海費魚淵、字漢長。
故吏泰山華母樓顥、字世光。
故吏泰山南城禹規、字宣舉。
故吏泰山南武陽蕭誨、字伯謀。
故民泰山費淳于黨、字季道。
故吏北海劇陸遲、字孟陽。
弟子陳留襄邑樂禹、字宣舉。
弟子下邳下邳朱班、字宣□。
弟子東平寧陽周順、字承□。
弟子沛國小沛周升、字仲甫。
弟子魯國彣陽陳褒、字聖博。
弟子汝南平興謝洋、字子讓。
弟子山陽瑕丘丁瑤、字實堅。
弟子魯國戴璋、字元珪。
弟子魯國丌王政、字漢方。

그림 8 〈공주비〉 비음*

있다. 비용의 분담이 경제적 부담을 덜기 위한 것이 아님은 쉽게 추측할
수 있다. 모두가 얼마간의 비용을 부담하며 죽은 노준과의 관계를

* 毛遠明 校注, 앞의 책, 241쪽.

故吏河內裵管懿幼遠千
故吏九江壽春陳龔伯麟五百
故吏九江壽春任琪孝長五百
故吏東郡頓丘許踰伯過五百
門生沛國譙丁直景榮千
門生南陽新野魏顯文臺五百
門生汝南邵陵于商朝公五百
門生渤海高成呂圖世階千
門生東郡濮陽殷敦登高千
門生平原般路龍顯公五百
門生平原西平昌壬端子行五百
門生陳留尉氏胡永高五百
門生陳留尉氏胡昱仲表五百
門生濟陰定陶棣眞子然五百
門生城樊兒雄大平五百
門生平原樂陵路福世輔三百
門生魏郡斥丘李牧君伯三百
門生魏郡繁陽壬輔子助三百
門生任城任城周普妙高三百
門生任城任城吳盛子興三百
門生勃海重合梁悋叔節三百

門生河東蒲反李□□時三百
門生河東蒲反陽成□文智三百
門生汝南汝南鄭立□節三百
門生東郡臨邑夏侯弘子松二百
門生東郡博平孫謙□□二百
門生東郡樂平邢顯□□二百
門生東郡樂平邢顯□季二百
門生魏郡內黃馬萌子□□二百
門生魏郡犁陽壬□少□二百
門生汝南瀗強尹徒超□二百
門生汝南瀗強尹徒叔□二百
門生河間阜成東鄉晨子□二百
門生河間阜成東鄉恭公□二百
門生勃海南及劉盛興□□二百
門生勃海南及劉扶節□□二百
門生平原西平劉本景高二百
門生平原般張謙伯讓二百
門生陳留尉氏夏統子思二百
門生濟陰乘氏許仁伯德二百
門生濟陰離狐周維元興二百
義士梁國寧陵史强强良二百

그림 9 〈노준비〉 비음*

드러낸 것이다. 묘비를 통해 죽은 자의 공적을 기록함과 동시에 그것을
제작한 이들의 이름도 드러내고자 한 것이다.

명사의 완비—묘비의 정형화 3

그렇다고 문생고리들이 묘비 제작에 필요한 비용만 댄 것은 아니다.

---

* 毛遠明 校注, 앞의 책, 353~354쪽.

그들은 죽은 자에게 시호를 바치기도 하였다. 그런데 시호는 전통적으로 임금이 죽은 자를 위해 내리는 것이었다(이것은 흔히 군주의 권리로 표현되었다). 시호가 필요할 경우 임금에게 청하면 임금이 내려주었다. 사전적으로도 '시諡'는 '생전의 행적에 의해 군주가 내려주는 칭호'라는 의미를 가지고 있다. 요컨대 사사로이 자신들끼리 주고받을 수 있는 것이 아니다. 그런데 후한 말이 되면 민간에서 죽은 자를 위해 사사로이 시호를 바치는 행위가 공공연해졌던 것이다.

또한 그들은 죽은 스승이나 상관을 위해 묘비명을 짓기도 하였다. 바로 명사가 이들 손에 의해 처음 등장하게 된다. 묘비 중 비교적 이른 기년을 가진 〈알자경군묘표〉에 처음으로 죽은 이의 덕을 기리는 송덕의 명사가 등장하게 된 것이다(명사가 포함된 묘비 중 현재까지 발견된 묘비로서는 가장 이른 기년을 가졌다). 유감스럽게도 묘비의 파손으로 결락된 부분이 너무 많아 해석은 불가능한 상태다. 다만 '수인修仁(인을 닦다)', '언신행독言信行篤(말에는 신의가 있었고 행동은 신실했다)', '겸렴謙廉(공손하고 청렴했다)', '효친충군孝親忠君(부모에게 효성스럽고 군주에게 충성스러웠다)' 등의 유가적 가치를 표방한 용어가 사용된 것을 발견하는 것은 어렵지 않다. 누가 봐도 유가적 교양을 갖춘 이에 의해 명사가 작성되었음을 알 수 있다. 다시 말해 유가적 소양을 갖추고 있던 이들이 자신들의 학문적 능력을 드러내는 수단으로 명사를 이용한 것이다. 유학에 정통함이 관리 등용의 중요한 자격이었던 후한 시기 스승이나 상관에 대한 추모의 마음을 드러냄과 동시에 자신들의 학문적 능력을 보일 수 있는 명사는 선거에 영향을 미칠 수 있는 좋은 수단이 되었을 것이다.

그러나 〈알자경군묘표〉의 명사에서 유가 경전經典의 경구經句를 사용한 흔적은 발견되지 않는다. 그러다 128년에 제작된 〈왕효연묘비王孝淵

墓碑)에는 온화한 모양을 표현하는 '태태물망怡怡勿忘'과 같은 『논어論語』의 구절이 인용된다. 물론 〈왕효연묘비〉의 명사 역시 아직은 온전한 유교 세계의 모습을 갖추지는 못하였다. 유가 경전의 경구가 인용되기도 하였지만 한편으로는 도가道家의 세계를 표현하는 '청약淸約'이나 '절검節儉', '진퇴進退', '응명應命' 등의 표현도 눈에 띈다.

명사가 유교 경전에 의해 완전한 모습을 갖추는 것은 140년대 들어서다. 한안漢安 2년(143)에 세워진 〈북해상경군비北海相景君碑〉의 명사 안에는 『논어』는 물론이고, 『시詩』, 『상서尙書』, 『예기禮記』 등에서 가져온 글귀가 보인다. 명사 부분이 아닌 서 부분에서도 역시 『논어』, 『시』, 『역易』, 『예기』 등의 경전의 글귀가 인용된 것이 발견된다. 이러한 경향은 후대로 가면 더욱 분명해져서, 건화建和 원년(147) 세워진 〈무반비武斑碑〉의 비문에는 명사는 물론이고 묘주의 이름과 사망일을 제외한 모든 부분(세계, 묘주의 품성, 관력의 서술 부분)에서 『논어』를 위시하여, 『시』, 『상서』, 『좌전左傳』, 『맹자孟子』의 구절들이 다수 인용되거나 혹은 변용되어 사용되었다.

물론 한말 비문의 작성이 오직 선거와 직결된 것만은 아닐 것이다. 이 시기 집단적인 조문弔問 행위 및 입비, 사사로운 사시의 헌상 등은 재야에서 독자적인 사회를 형성하고 황제 권력과 대치적 명성을 영위하고 있었던 사대부와 관련 있는 복잡한 의도를 가진 행위였을 것이다. 따라서 후한 시기 비문의 작성을 일괄적인 잣대로 해석할 수는 없을 것이다. 다만 명사의 등장이라는 것이 당시 선거와 관련하여 유가적 소양의 표출, 그리고 그로 인한 명성 획득이라는 특정한 목적과 밀접한 관련이 있는 것을 부정할 순 없을 것 같다.

조조와 금비령

후한 헌제獻帝(유협劉協. 재위 189~220) 건안建安 10년(205) 조조曹操(155~ 220. 후한 말 정치가. 조위曹魏 건립 후 무제武帝로 추증)는 후장과 묘비의 건립을 금지하는 법령을 내린다. 이른바 '금비령禁碑令'이다. 이 금비령 에 대해서는 더 이상의 자세한 내용이 사서에 나오지 않기에 그 의도를 정확하게 파악하기 어렵다. 지금까지 연구자들은 후장과 입비가 동시 에 금지된 것을 들어 묘비를 세우지 못하게 하는 금비령을 후장 금지의 일환으로 이해하였다. 그러나 동일하게 입비를 금지했던 서진西晉의 사례를 참조하면 조조의 금비령이 어떤 의도를 가진 명령이었는지 알 수 있다.

> 진晉 무제武帝 함녕咸寧 4년(278) 다시 조서를 내려 말하였다. "석수石獸 와 비표碑表는 사사로이 미덕을 기리는 것이므로 허위를 조장하고 재물 을 축내어 백성을 해롭게 함이 이보다 큰 것은 없다. 일체 이를 금지한다. 금령을 위반하는 자는 비록 사면령이 내리더라도 비명碑銘을 무너뜨리 도록 하라."
>
> 『송서宋書』「예지禮志」

우리는 이 기사를 통해 조조의 금비령이 후장 금지의 일환이 아님을 추측할 수 있다. 기사에 의한다면 묘비를 세우는 것은 재물을 축내는 일 이전에 '사사로이 미덕을 기리는' 일이다. 그리고 그 행위는 사회적으 로 '허위를 조장'하는 문제를 일으킨다. '사사로이 미덕을 기리는 것'에 대해 말한다면 후한 말 문생고리에 의해 민간에서 자율적으로 행해졌던 입비와 시호의 헌상 등을 빼놓을 수 없을 것이다. 요컨대 금비령은 입비 그 자체가 아니라 입비를 둘러싼 재야의 자율성에 대한 정부의 대응이라는 성격을 갖는다고 할 수 있다. 이와 같은 추측이 타당한지 금비령 반포 전야를 복원해 보자.

건안(196~220)이라는 연호의 시간은 '조조의 시간'이라고 해도 좋을 만큼 조조가 강력한 세력으로 성공적인 변신을 이뤄낸 시기다. 그 중에서도 건안 5년(200)은 조조에게 대회전의 시간이라고 할 만큼 중요하다. 바로 관도官渡(지금의 하남성 중모현中牟縣) 전투가 벌어졌던 해다. 잘 알려져 있는 것처럼 그때까지 북중국의 사실상의 패자霸者는 원소였다. 반동탁反董卓 연합군이 꾸려질 때만 해도 조조는 원소의 한 구성 성분에 불과했지만 관도 전투에서 예상을 깨고 조조가 승리하면 서(관도전은 지극히 약한 병력[至弱]으로써 지극히 강한 적[至强]을 상대했던 전투로 평가된다) 북중국의 주인은 조조가 되었다. 그러나 관도전에서 승리하기는 하였지만 조조에게도 고민은 있었다.

다름 아니라 원소는 죽었지만 그의 아들들이 남아 여전히 하북 일대를 장악하고 있었던 것이다. 그들의 주력은 원씨 집안의 문생고리들이었는데, 4대에 걸쳐 5명의 재상을 배출했던 명문가답게 문생고리들이 천하에 퍼져있었다. 관도전 이후 원소의 근거지인 기주를 평정하는 데까지 5년이 걸린 것은 이러한 사정과 무관하지 않다. 당시 원씨의 문생고리들은 심정적으로만 원씨들에게 기울어져 있었던 것이 아니었다. 그들은 원소 집단의 중핵으로서 동탁에 대한 집단행동도 불사했으며, 조조와의 대결에서는 무력 부대로서 활약하였다. 원소가 죽고 난 후에도 원씨의 문생과 고리들의 일부는 큰 아들인 원담袁譚(?~205. 후한 말의 장수) 휘하에, 일부는 셋째 아들 원상袁尚(?~207. 후한 말의 장수) 휘하에 종군하여 조조와 대립하였다. 그 때문에 관도전 후 5년이 지난 건안 10년(205)이 돼서야 조조는 가까스로 기주를 완전히 평정하게 된다.

기주를 평정하는 조조에게 원씨의 세력을 와해시키고 그들을 자신의 진영으로 흡수하는 것은 필수적인 일이었다. 하지만 당시 기주는 그리 호락호락 조조에게 투항할 상태는 아니었다. 기주의 사대부들은 서로 당파를 달리하여 한 치의 양보도 없이 대립하였다. 때로는 서로를 참소讒訴하여 죽음에 이르게까지 할 정도였다. 관도전 패배 후 전풍田豊(?~200. 후한 말 책사策士, 원소의 막료幕僚)은 봉기逢紀(?~202. 후한 말 책사, 원소의 막료)의 수차례에 걸친 참언에 의해 죽임을 당하고, 역시 관도 전투 중 순우경淳于瓊(?~200. 후한 말의 장수, 원소의 부장)의 패배를 예견하며 지구전을 주장하던 장합張郃(?~231. 후한·조위의 장수)은 곽도郭圖(?~205. 후한 말 책사, 원소의 막료)의 참언에 의해 목숨을 위협받고 적진인 조조 군영에 귀순하였다.

따라서 관도전 이후 조조는 원소의 아들들을 격파하는 한편 종래 기주의 기풍을 해체하기 위한 조치를 강구하였다. 기주의 풍속 쇄신과 능력에 따른 인재 선발을 명령한 것은 그 조치의 하나였다. 그런데 원상에 이어 205년 원담마저 격파하며 기주 평정을 눈앞에 둔 조조를 긴장시키는 예기치 못한 사건이 발생한다. 바로 원씨 고리들이 원담을 위해 장례를 치르겠다고 요청한 것이다.

원소의 장자인 원담은 장자임에도 원소가 삼남인 원상을 총애하여 후계자로 삼으며 백부의 양자가 된다. 202년 원소 사망 후 기주의 사대부들은 원담 지지파와 원상 지지파로 나눠졌다. 심배審配(?~204. 후한 말 책사, 원소의 막료)와 봉기는 원상을 추대하였고, 신평辛評(후한 말 책사, 원소의 막료)과 곽도는 원담을 추대하였다. 죽은 부친의 유산을 차지하기 위해 혈육 간 전쟁이 일어나는 것은 시간 문제였다. 이때 조조가 황하를 건너 원씨들을 공격하여 업성鄴城(지금의 하북성河北省

임장현臨漳縣)까지 육박해왔다. 어떻게 가까스로 조조의 공격을 막아내 조조가 철군하기는 하였지만 두 형제간의 갈등은 더욱 첨예해졌다. 특히 병력도 제대로 받지 못하고 주요 전투에서 배제되었던 원담은 결국 원상을 공격하였다. 이때 업성을 공격하였으나 실패한 원담은 발해군渤海郡 남피현南皮縣(지금의 하북성 남피현)으로 도주하였다.

원상이 비록 승리를 했지만 원담이 살아있는 한 위험이 사라진 것은 아니다. 원상도 가만히 있지는 않았다. 군대를 몰고 형 원담을 치기 위해 발해까지 쳐들어왔다. 원담은 대패하였고 결국 원수라고 할 수 있는 조조에게 손을 내밀었다. 직접 출병한 조조에 의해 원상은 완파되 었고, 원상은 형인 유주자사幽州刺史(자사는 1급 지방 행정 구역인 주州의 장관. 유주는 지금의 북경시와 하북성 북부 일대) 원희袁熙(?~207. 후한의 장수, 원소의 둘째 아들)에게 도주하였다. 한편 원상을 몰아내고 기주를 차지한 원담은 남은 병사를 거두고 조조와 마지막 일전을 치르게 되었다.

조조에게 귀부했을 당시 조조는 그의 아들을 원담의 딸과 혼인시켜 인척의 연緣으로 그를 묶어 두려고 하였으나, 형제를 죽이면서까지 권력을 차지하려고 하는 이에게 정략에 의해 맺어진 귄계기 중요할 리가 없었다. 204년 조조는 원담의 딸을 돌려보내고 친히 원담을 공격해 왔다. 원담은 평원국平原國(지금의 산동성 평원현 일대)을 나와 용주龍湊 (지금의 산동성 덕주시德州市 동북)에 주둔하며 조조에게 맞서고자 했으 나, 제대로 싸워보지도 못하고 남피로 도주한다. 205년 그곳에서 조조와 격돌한 원담은 한 번의 전투에서 승리를 거두지만 결국은 조조에게 패하여 목숨을 잃게 된다.

남피에서 조조와 원담이 대결할 당시 원소의 고리였던 왕수王修는 당시 낙안樂安(지금의 산동성 고청현高靑縣)에서 식량 운반을 담당하고 있었다. 그는 원담이 위급하다는 말을 듣고 원담을 도우러 갔지만 고밀현高密縣(지금의 산동성 고밀현)에 이르러 원담이 사망했다는 소식을 듣고 말에서 내려 곡哭을 하였다. 그리고 곧바로 조조에게 가서 원담의 시신을 거두어 장례치를 수 있기를 청하였다. "원씨의 두터운 은혜를 입었으니, 만일 원담의 시신을 거두어 염殮을 할 수 있다면 이후 찢겨 죽는다 해도 한이 없을 것입니다."(『삼국지三國志』「왕수전」) 조조로서는 허락할 수밖에 없는 노릇이었다. 겉으로야 태연한 척, 왕수의 뜻이 가상하다고 했지만 속으로는 위험천만하다고 생각했을 것이다.

당시 장례식이 단순한 장례식이 아니라 조정과 무관한(심지어는 조정에 반하는) 재야의 자율적 질서가 확인되는 정치적 공간이었음을 조조가 모르지는 않았을 것이다. 아니 입비 행위가 철저히 정치적 행위임을 간파한 이가 바로 조조였다. 조조는 문생과 고리들에 의해 석비가 세워지는 것이 유행이었던 당시 많은 이들이 참석하는 장례식에서 원담의 살아생전 공적을 찬양하는 석비를 세우는 행위가 정치적으로 상당한 위협이 될 것임을 알았다. 그러나 아직 사대부들의 협조가 절실했던 조조는 노골적으로 이를 금지할 수 없었을 것이다. 따라서 장례를 허락하기는 했다. 하지만 최소한의 장치를 해둘 필요가 있었다. 이때 후장을 포함하여 입비에 대한 금령이 내려진 것이다. 조조의 진정한 의도는 전자인 후장이 아닌 후자인 입비를 금지하는 것이 아니었을까? 조조는 왕수의 장례 요청을 허가한 것과는 달리 이후 원상의 죽음과 관련하여 "삼군三軍(보병步兵, 기병騎兵, 전차병戰車兵을 말하는 것으로 군대의 통칭) 중에서 감히 그를 위해 곡을 하는 자가 있다면 참수하겠다."(『삼국지』「무제기武帝紀」)는 명령을 내린다. 이것은 원씨들에 대한 어떠한 감정적, 정치적 표현도 불허하겠다는 의지다.

조조의 금비령은 당시 재야에서 행해지던 사사로운 정치적 행위의 금지라는 성격을 지닌다. 그것은 황제와 대치하며 재야에서의 명성 획득을 목표로 하는 사대부들의 집단적 행위에 대한 금지며, 조정의 규제를 무력화하는 사대부들의 자율적 규범에 대한 제재다. 강력한 중앙 집권적 국가를 꿈꾸는 황제라면(물론 조조가 황제가 되지는 못했지만 그의 지위와 사고는 이미 황제였을 것이라고 생각한다) 누구나 마찬가지였을 것이다. 그래서 금비령이 서진에 계승되어 법제화된 것은 지극히 당연하다. 그렇다면 금비령에 맞서 불멸을 보장하는 또 다른 형식의 돌이 유행하는 것도 당연할 것이다.

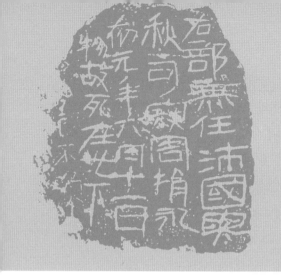

[3장]

종족법을 새긴 돌

금비령 이후

조조에 의해 금비령이 내려지고 서진 왕조에 의해 입비 금지가 법제화
되면서 후한 말 구름처럼 세워졌던 묘비는 자취를 감추었다. 그러나
선조의 덕행을 칭송하고 더불어 자신의 이름을 알리고자 하는 애초의
욕망이 사라진 것은 아니었다. 그렇다면 묘비를 대신할, 금령에 위배되
지 않는 대체물의 등장은 자연스러운 일이 아닐 수 없다. 급한 대로
지상에 세우던 묘비를 작게 만들어서 무덤에 넣으면 어떨까? 아니
일찍부터 사용하였던 묘기를 이용하는 것은 어떨까?

묘기라는 도구가 있었음에도 당시인들이 선택한 것은 묘비를 작게
만들어 무덤 속에 넣는 것이었다. 왜일까? 아마도 1장에서 살펴본
것처럼 묘기는 무덤 건축에 대한 기록물이지 묘주의 공덕을 기리기
위한 공적인 기록물이 아니었기 때문일 것이다. 무덤 속으로 들어간
묘비는 '묘지墓誌'라는 새로운 이름으로 불리게 되었다. 묘지에 대한

가장 전통적인 해석은 "묘 앞에 세워진 것을 비碑나 갈碣·표表라 하고, 무덤 안에 묻은 것을 지명誌銘이라 한다."(『지명광례誌銘廣例』)는 청淸의 학자 양옥승梁玉繩(1745~1819. 청의 역사가)의 해석이다. 이 견해에 따른다면 지상에 세워지지 않고 지하에 매설埋設되었다는 것이 두 석각을 구별하는 큰 기준인 셈이다. 그렇다면 위치 말고는 차이가 없었던 것일까? 묘비와 묘지의 역할은 동일했던 것일까?

묘지는 [사자死者의] 세계世系·[졸장卒葬] 연월年月·성명과 자字·작爵과 지역 등을 정확히 적어서 [후대 발생할지 모르는] 능묘陵墓의 변천에 방비하고자 하는 것이다.

『문장변체文章辨體』

명明의 학자 오눌吳訥(1372~1457. 명의 문학가)에 따른다면 묘지와 묘비는 단순히 존재하는 위치만의 차이를 갖는 것은 아니다. 묘지는 묘비와 다른 역할을 담당하고 있었다. 묘비가 묘주에 대한 송덕을 목적으로 제작되었다면, 묘지는 피장자被葬者에 대한 간략한 정보를 적어 묘 안에 함께 묻어 훗날 발생할지 모르는 능묘 변천(무덤 근처의 지형이 변화하여 무덤을 찾지 못하게 되는 상황 또는 먼 훗날 후손들에 의한 이장 등)에 대비하기 위해 만들어졌다. 묘지는 지하에 매장한 표지, 즉 묘표의 의미가 강하다고 봐야 할 것이다.

당대唐代 문집인 『봉씨문견기封氏聞見記』에는 이와 관련된 사실이 기록되어 있다. "조위曹魏의 시중侍中이었던 무습繆襲이 부모의 무덤을 개장하면서 무덤 아래에 표제를 적은 판板 형태의 문서를 넣었다. 원래의 취지는 천년이 지나고 무덤이 바뀌더라도 후세 사람들로 하여금 알게 하기 위함이었다." 이러한 기록에 기대지 않는다 해도 시간의 흐름이 무덤과 그 주변을 변화시킬 것임을 상상하기는 어렵지 않다. 봉분도 깎여 나가 낮아질 수 있으며, 세대가 지날수록 묘주에 대한 기억도 희미해질 것이다. 후에 이장이라도 하게 되면 최소한 누구의 무덤인지는 알아야 하는데 이를 증언할 사람조차 없을 때는 어떻게 해야 할까? 이런 고민의 산물이 표지의 성격이 강한 묘지의 출현이었을 것이다.

하지만 묘지를 이렇게 간단하게 이해할 수만은 없을 것 같다. 같은 책에 이와는 다른 설명도 존재하기 때문이다.

> 묘지명墓誌銘이라 함은 지誌도 있고, 명銘도 있기 때문이다.…그러나 지명誌銘이라 해도 지만 있고 명이 없는 것이 있고, 혹 명만 있고 지가 없는 것도 있으니 [모두] 별체別體다. [그래서] 묘지墓誌라고 하면 지만 있고 명이 없는 것이요, 묘명墓銘이라 하면 명만 있고 지가 없는 것이다.
>
> 『문장변체』

요약하면 묘지명으로도 불리는 묘지는 지誌와 명銘을 모두 포함하는 것이나 경우에 따라 그 중 하나만을 갖는 경우가 있다는 것이다. 그렇다면 이러한 해석은 어떻게 가능했던 것일까? 아마도 묘지 역시 어느 한순간이 아니라 시간의 흐름 속에서 완성되었기 때문일 것이다. 정형화되기 전 일부의 구성 요소만을 보유한 것이 있었을 것이며, 이와 달리 모든 구성 요소를 갖춘 것도 있었을 것이다. 이렇듯 묘지가 다양한 모습을 띠게 되니 자연히 그 해석도 지만 있는 것, 명만 있는 것(현재 발견된 당대唐代까지의 묘지 중 명만 있는 것은 없다. 다만 관습적으로 지가 먼저 서술되고 명이 나중에 서술되는 것과는 달리 명이 제일 먼저 서술된 사례는 존재한다), 지와 명이 모두 갖춰진 것 등으로 구분될 수밖에 없었을 것이다.

그럼 무엇이 지고, 무엇이 명인가? 지는 일반적으로 '기록하다'는 뜻을 갖는데 명사로서는 '사실을 기록한 글'이란 의미를 가지며 '표지'라는 뜻도 있다. 그렇다면 앞에서 말한 세계, 졸장연월, 성명과 자, 작, 지역(본적) 등과 같은 묘주에 대한 기본 정보를 지라고 할 수 있을 것이다. 명은 이미 살펴본 것처럼 간단히 말한다면 운문의 송사라고 할 수 있다. 묘지가 운문의 송사인 명을 포함한 것을 묘지명이라 한다면 묘지명은 결국 우리가 알고 있는 서와 명으로 구성된 묘비와 다를 것이 없을 것이다. 능묘 변천에 대비했던 표지의 성격이 강했던 묘지가 운문의 송사를 갖게 된 것은 어떤 이유에서였을까? 이 역시 기원을 찾아 확인할 필요가 있겠다.

묘지의 두 가지 기원

현재 묘지의 기원에 대한 연구자들의 의견은 일치하지 않는다. 가장 큰 이유는 묘시의 형태와 내용이 다양하기 때문이다. 그러나 크게 두 종류로 구분하는 것이 가능한데, 그 중 하나는 전지磚誌(벽돌에 쓰인 글), 와지瓦誌(기와에 쓰인 글), 제기題記(기념물에 쓴 글로 조금 짧은 것은 제자題字로 불렸다. 화상석에 쓰였으면 화상석제기나 화상석제자로 불렸으며, 사당에 설치된 것이면 사당제기 혹은 식당제기 등으로 불렸다) 등과 같은 묘기류(무덤에서 나온 기록물)를 묘지의 기원으로 보는 견해다. 애초 묘지 제작의 목적이 무덤의 주인이 누구인가를 알려주는 것이라면 무덤이나 사당에 설치되었던 묘기류를 묘지의 초기 형태라 보지 못할 이유는 없을 것이다.

묘주에 대한 정보 제공을 목적으로 무덤 안에 매장되어 있던 묘기류는 묘비가 지상에 세워지던 시기에도 여전히 제작되어 무덤 안에 묻혔다. 이들 묘기는 비록 지상에 세워지지는 않았지만, 차츰 묘주의 이름과 본적, 장례 일자, 사망 일시, 가족 관계는 물론이고 묘주의 공덕에 대한 송사 등이 기록되었다(물론 묘지 건축에 관련한 정보나 소요 경비 등과 같은 상장 건축에 관한 내용도 여전히 기록되었다). 묘주의 공적에 대한 송사가 기록된 것은 당시 유행하고 있던 지상의 묘비로부터 받은 영향의 결과일 것이다.

묘지의 또 다른 기원으로 지적되는 것은 금비령 이후 지하로 들어간 묘비다. 지상에 묘비를 세울 수 없게 되면서 대신 지하에 설치된 묘비를 묘지의 전신으로 본 것이다. 형태적으로 크기는 작지만 묘비와 같아 특별히 '비형묘지碑型墓誌'로 불린다. 묘비와 같이 제목(지액誌額 또는 표제標題)이 있거나, 경우에 따라서는 비수碑首 부분에 천穿(구멍)이나 훈暈(물결무늬 의장)을 가진 것도 있다. 심지어는 제목에 '묘비'라고 쓰인 것도 존재한다.

대표적으로 서진西晉 영평永平 원년(291)에 제작된 〈관락묘지菅洛墓誌〉는 훈을 가진 비형묘지로 제목에는 '묘비'라는 표현이 보인다(〈그림 10〉). 태강太康 8년(287)에 만들어진 〈왕군묘지王君墓誌〉는 전형적인 규수형圭首形 묘비의 모습을 하고 있으며 천을 가지고 있다(〈그림 11〉).

〈관락묘지〉는 그 내용과 구성 또한 후한 시기 유행했던 묘비와 거의 차이가 없다. 이해를 위해 잠시 살펴보자.

【지액】 진의 대조待詔와 중랑장中郎將을 역임한 서군徐君의 부인 관씨菅氏의 묘비.①

【서】 부인의 휘는 낙洛이고② 자는 승勝이며③ 대군代郡 사람이다.④ 부인은 정숙하고 진실하며 청정하면서도 온화하였고 공경스럽고 성실하

그림 10 〈관락묘지〉 비수 부분*   그림 11 〈왕군묘지王君墓誌〉**

였으며 맑고 식견이 있었다.⑤ 나이 열일곱에 바야흐로 서씨에게
시집갔다. 본래 효성이 독실한 가문 출신인데다가 [그 스스로도]
예양禮讓에 뜻을 두어 시부모를 공경히 받들고 남편을 받들어 섬김에
[시집 온 처음부터 [생을] 마칠 때까지 41년 간 그 겸양한 뜻과 유순한
행실로 줄곧 말 한마디의 어긋남과 태만한 행동의 과실이 없었다.
집안일을 가지런히 다스림에 부리는 사람들은 숙연해졌다. 이로써
시댁에서는 그 뜻을 시모하였고, 친정에서는 그 행실을 귀히 여겼다.⑥
마땅히 [주周 나라의 위대한 부인들인] 태강太姜과 대임大任과 같은
천수를 누리시어 길이길이 늙지 않으셔야 했는데, 나이 58세,⑦ 태강泰
康 11년(290) 5월 27일 돌아가셨다.⑧ 영평 원년(291) 2월 29일,⑨
낙수洛水의 서남쪽에 합장하였다.⑩ 큰 사위 숭崇은 사모하는 마음과
지극한 슬픔을 감당할 길 없어 미력하나마 묘비를 세우고 남기신
행적을 대략 기록한다.⑪

---

*　北京圖書館金石組 編, 『北京圖書館藏中國歷代石刻拓本滙編 第二冊 三國 晉 十六國
　南朝』(鄭州: 中州古籍, 1989), 54쪽.
**　北京圖書館金石組 編, 위의 책, 51쪽.

【명사】 그 명사는 다음과 같다. 하늘이 낳으시고 산악이 내리셨도다. 아 부인의 품은 덕은 맑고 담백하였다. 총명하여 안으로 식견을 갖추었으며 사람을 대함에 정성을 다하셨다. 어진 자는 장수한다 하였으니 마땅히 백수를 누리셔야 했거늘 하늘이 돕지 않아 수명이 중간에 기울어졌다. 점을 쳐서 묘역을 이곳으로 삼아 영원히 저승에서 머무시게 하였다. 남겨진 고아는 울부짖고 인척들은 눈물을 흘린다. 천추만세 후 언제나 다시 뵐 수 있으리오, 아, 슬프도다!⑫

우선 구성 요소를 살펴보면 ①제목(지액), ②휘, ③자, ④본적, ⑤품행, ⑥이력, ⑦향년, ⑧사망일, ⑨장례일, ⑩장지, ⑪건비자, ⑫명사로 되어 있다. 여성이라 관직 관련 이력이 없고, 추시追諡나 추증追贈이 없다. 대신 17세에 혼인하여 41년간 시부모를 봉양하고 남편에게 내조했던 일들이 기록되어 있다. 기존 묘비와 비교하였을 때 외형적인 면이나 내용적인 면에서 차이를 찾기 힘들다. 차이라면 ⑪건비자 부분을 들 수 있다. 후한 묘비의 경우 건비자들을 비음, 즉 묘비 뒷면에 새기는 것이 일반적이었다. 서 부분에서 건비자가 드러나는 것은 묘기류 등에서 쉽게 찾아 볼 수 있다. 묘비를 세우지 못하게 되면서 묘비의 외형과 구성 요소를 그대로 간직한 채 지하로 내려왔지만, 다른 한편 계속 지하에 머물러 있었던 묘기의 요소도 반영한 것이다. 따라서 묘지가 묘비의 영향을 받은 것은 분명하지만 무덤 혹은 묘주에 대한 표지나 기록이었던 묘기가 묘지에 미친 영향도 부정할 수는 없을 것이다.

구경꾼 없는 기념비

〈관락묘지〉는 맏사위가 건비자로 기록되어 있다. 구경꾼을 잃은 석각에 기꺼이 비용을 내고 자신의 이름을 새겨 묘주에 대한 충성심을 보이고자 하는 이는 없었을 것이다. 오직 가족만이 그런 일을 감내했을 것이다. 지하로 들어간 비, 즉 묘지가 가족들만의 기념비가 되는 것은 정해진 수순이었다(그래서 묘지에 가족법이나 종족법이 새겨지는 것은 자연스럽다).

묘지의 변화 중 가장 극적인 것은 명사의 소멸이다. 서진 묘지를 분석한 한 연구는 묘비의 형태를 띠고 있는 19건의 묘지를 분석한 후 명사를 포함하지 않는 묘지가 13건으로 전체 68%가 넘는다는 사실을 밝혀냈다(연구에서 다루는 33건의 서진 묘지 전체를 대상으로 하면 81%가 명사를 포함하지 않는다). 죽은 자의 공적과 건비자의 명성을 위해 불특정 다수에게 공개하는 것을 목적으로 했던 묘비가 남에게 보여지지 않게 된다면, 과연 누가 많은 비용을 소비하면서 공들여 명사를 짓겠는가! 죽은 자를 주모하고 자신의 유가적 소양을 드러낼 수 있는 명사는 독자를 상실하며 사라지게 된 것이다. 흥미롭게도 묘비 완성의 지표가 제일 먼저 사라진 것이다. 묘비와는 달리 가족 혹은 종족에게, 그것도 장례일에만 공개되는 묘지의 성격이 석각의 서사성과 문학성을 감소시켰던 것이다.

따라서 서진 시기 대부분의 묘지는 후한 시기 묘비보다 내용이 간략하다. 예를 들어 서진 태강 3년(282)에 제작된 〈풍공묘지馮恭墓誌〉는 "진 태강 3년 2월 3일 기유, 조국 고읍도관령과 태중태부를 역임한 자가 원각인 풍공. 아들의 이름은 영이며, 둘째 아들 이름은 징, 막내아들 이름은 귀다晉故太康三年二月三日己酉趙國高邑導官令太中大夫馮恭字元恪. 有子曰

寧, 次曰徵, 次曰貴]."라고 하여 묘주에 대한 짧은 기록과 가족에 대한 간략한 소개만이 적혀 있다. 그러나 시대의 변화에 의해 그 내용이 간소화되기는 하였지만 〈풍공묘지〉는 형태면에서는 여전히 전형적인 묘비의 모습을 갖추고 있다. 형태는 규수형으로 하관 시 끈을 통과시키기 위해 뚫어 놓은 묘비의 전형적인 특징인 천도 있다.

현재 확인할 수 있는 30여개의 서진 묘지를 보면 지문이 가장 짧은 것은 태시泰始 원년(265)에 제작된 〈장광묘지張光墓誌〉로, 11자에 불과하다(태시원년, 남양군 출신의 장광. 자는 효광이다泰始元年, 南陽張光. 字孝光). 묘주의 성명, 자, 본적, 장례일(실제로는 연도만이 기록되어 있고 구체적인 월일은 기록되어 있지 않다)만 기록되어 있다. 태강太康 8년(287)에 만들어진 〈소화지묘지蘇華芝墓誌〉는 13자로 묘주의 성명, 본적, 장례일이 새겨져 있다(청하군 출신의 소화지. 태강 8년 9월 4일淸河蘇華芝, 太康八年, 九月四日). 대체로 100자를 넘지 않는 묘지가 주종을 이룬다. 여전히 기존의 관습대로 명사를 기록한 것들도 있지만 명사의 소멸을 하나의 추세로 보는 것에는 무리가 없다. 하지만 한편으로 500자 심지어는 1,000자를 훌쩍 넘는 긴 내용의 묘지도 존재하며 서진 묘비의 역사적 · 시대적 특징을 말해주고 있다.

가족 관계의 강조와 귀족제 - 서진 묘지

서진 묘지 중 가장 긴 것은 1,630자에 달하는 〈화방묘지華芳墓誌〉다. 묘주인 화방은 서진의 유주자사幽州刺史 · 표기대장군驃騎大將軍(서열 2위의 장군호)을 지낸 박릉공博陵公 태원太原(지금의 산서성 태원시) 왕씨 집안 왕준王浚(252~314)의 처로, 그녀 역시 조위와 서진에서 고관을 배출한 명문가 출신이다. 특히 그녀의 증조부인 화흠華歆(157~232)은 평원平原 (지금의 산동성 평원현) 화씨를 명가의 반열에 올린 장본인으로 후한 왕조에서는 상서령尚書令을 역임하였고 후한 말 군웅들이 할거할 때 원술袁術(?~199. 후한 말의 군웅), 손권孫權(손오孫吳의 개국 군주. 재위 229~252) 을 거쳐 조조를 섬겼다. 조위 건국 후 재상의 하나인 사도司徒와 태위太尉 를 역임하였다. 〈화방묘지〉에는 다른 묘지와는 비교할 수 없는 긴 가족 관계, 즉 가계가 기록되어 있다.

〈화방 묘지〉에 기술된 가족 관계

남편▷ 진晉 사지절使持節 · 시중侍中 · 도독유주제군사都督幽州諸軍事 · 영호오환교위領護烏丸校尉 · 유주자사幽州刺史 · 표기대장군驃騎大將軍 · 박릉공博陵公 태원太原 진양晉陽 왕준王浚, 자字는 팽조彭祖

남편의 증조부▷ 한漢 사지절使持節 · 호흉노중랑장護匈奴中郎將 · 안문태수雁門太守 왕유王柔, 자는 숙우叔優
남편 증조부의 첫 번째 처▷ 송씨宋氏
남편 증조부의 두 번째 처▷ 이씨李氏

남편의 조부▷ 위魏 동군태수東郡大守 왕기王機, 자는 산평産平
남편 조부의 첫 번째 처▷ 곽씨郭氏
남편 조부의 두 번째 처▷ 포씨鮑氏

남편의 종증조부從曾祖父▷ 대군부군代郡府君 왕택王澤
남편의 종조부從祖父▷ 동평부군東平府君

남편의 종조부▷ 사공司空·경릉목후京陵穆侯 왕창王昶

남편의 부친▷ 사지절使持節·산기상시散騎常侍·사공司空·박릉원공博陵
元公 왕침王沈, 자는 처도處道
남편 부친의 처▷ 영천潁川 순씨荀氏

남편의 첫 번째 전처▷ 제음濟陰 문찬文粲, 자는 세휘世暉
전처 문씨 소생 딸▷ 왕소王韶, 자는 소영韶英. 남편 영천潁川 조대산棗臺産.
태자중서자太子中庶子인 대산의 부친
전처 문씨 소생 딸▷ 왕려王麗, 자는 소영韶榮. 남편 제음濟陰 변치인卞稚仁.
정위廷尉인 치인의 부친
전처 문씨 소생 딸▷ 왕칙王則, 자는 소의韶儀. 남편 낙안樂安 손공연孫公淵.
평남장군平南將軍인 공연의 부친
전처 문씨의 조부▷ 광록훈光祿勳 문화文和, 자는 숙역叔懌
전처 문씨 조부의 첫 번째 처▷ 장씨張氏
전처 문씨 조부의 두 번째 처▷ 해씨解氏
전처 문씨의 부친▷ 온현령溫縣令 문의文猗, 자는 자과子課
전처 문씨 부친의 처▷ 의양義陽 손씨孫氏
전처 문씨의 외조부▷ 정북사마征北司馬 손조孫朝, 자는 공종恭宗. 처 번씨
樊氏
전처 문씨의 큰 외삼촌▷ 건평태수建平大守 손부孫溥, 자는 현평玄平. 처
맹씨孟氏
전처 문씨의 둘째 외삼촌▷ 태자서자太子庶子 손초孫超, 자는 현숙玄叔. 처
등씨鄧氏
전처 문씨의 셋째 외삼촌▷ 남양태수南陽大守 손주孫疇, 자는 현회玄回. 처

최씨崔氏

전처 문씨의 막내 외삼촌▷ 남안태수南安太守 손계孫啓, 자는 현명玄明. 처
색씨索氏

남편의 두 번째 전처▷ 하동河東 위수衛琇, 자는 혜영惠瑛

전처 위씨의 조부▷ 위魏 상서尚書·문양향경후聞陽鄉敬侯 위기衛覬, 자는
백유伯覦. 처 □씨□氏

전처 위씨의 백부▷ 시중侍中·행태자태보行太子太保·사공司空·치양공菑
陽公 위관衛瓘, 자는 백옥伯玉. 처 동씨董氏, 임씨任氏

전처 위씨의 부친▷ 산기상시散騎常侍·문양향후聞陽鄉侯 위식衛寔, 자는
숙시叔始. 처 유씨劉氏

전처 위씨의 외조부▷ 하동태수河東大守 유□劉□

묘주▷ 평원平原 화방華芳, 자는 경화敬華

아들▷ 박릉세자博陵世子 왕주王冑, 자는 도세道世

아들▷ 왕예王裔, 자는 도현道賢

증조부▷ 위魏 태위太尉 화흠華歆, 자는 자어子魚. 처 등씨滕氏

조부▷ 위魏 시어사侍御史 화병華炳, 자는 위명偉明. 처 임씨任氏

부친▷ 시어사侍御史·안향정후安鄉亭侯 화연華衍, 장주長冑. 처 유씨劉氏

오빠▷ 예장왕문학豫章王文學·안향정후安鄉亭侯 화풍華酆, 자는 경시敬始

오빠▷ 서안령西安令 화기華璣, 자는 경형敬珩

언니▷ 화초華苕, 자는 선화宣華. 남편 영천潁川 순태장荀泰章. 사도司徒인
장의 부친

외조부▷ 상서尚書·숙성백肅成伯 패국沛國 유분劉芬, 자는 함원含元. 처
무씨武氏

큰 외삼촌▷ 남중랑장南中郞將 유수劉粹, 자는 순하純蝦. 처 순씨荀氏

둘째 외삼촌▷ 태상太常 유굉劉厷, 자는 종하終蝦. 처 화씨華氏

막내 외삼촌▷ 광록훈光祿勳 유한劉漢, 자는 충하沖蝦. 처 정씨程氏

　묘지 내용의 대부분이 가족 관계에 대한 것이다. 우선 남편의 집안인 태원 왕씨 집안 대부분의 사람들이 기록되었다. 남편을 비롯하여 남편의 부모는 물론이고 그의 조부, 조부의 두 명의 처, 증조부, 증조부의 두 명의 처, 종증조부와 종조부가 기술되어 있다. 이에 더하여 남편의 두 명의 전처, 전처들의 부모, 심지어는 전처들의 조부모와 외조부모, 외삼촌들까지 기술하고 있다. 어느 모로 보나 이런 기록을 묘주를 추모하고 그의 공덕을 찬미하기 위한 장치로 볼 수는 없을 것 같다.

　그런데 조금만 주의를 기울이면 이 묘지에 기록된 가족 관계가 사실은 서진 시기 문벌門閥들의 혼인 관계도임을 알 수 있다. 묘주인 화방의 증조부 화흠을 시작으로 하는 평원 화씨의 막강한 가계는 물론이고, 남편 왕준의 태원 왕씨 집안의 구성원에 대한 정보, 심지어는 태원 왕씨와 혼인으로 결합되어 있는 제음濟陰(지금의 산동성 정도현定陶縣) 문씨文氏, 하동河東(지금의 산서성 하현夏縣) 위씨衛氏 집안에 대한 정보까지 꼼꼼하게 적고 있다. 우리는 이 묘지를 통해 평원 화씨는 태원 왕씨 혹은 제음 문씨, 하동 위씨 정도의 집안과 결혼할 수 있다는 것을 알 수 있다. 이것은 제음 문씨, 하동 위씨도 마찬가지다. 태원 왕씨가 아니라면 최소한 평원 화씨 정도와는 통혼해야 하는 것이다. 요컨대 이 묘지는 특정 집안이 어느 집안과 통혼할 수 있는지를 규정한 폐쇄적 혼인 관계도를 기록하고 있는 셈이다.

　후한 말 사회가 혼란해지고 황건적의 반란까지 더해지면서 지방

향촌 사회는 완전히 파괴되었다. 일반 백성은 물론이고 대토지를 소유한 호족들도 고향을 등지고 뿔뿔이 흩어졌다. 여론의 장이 사라졌다. 그 결과 여론에 근거하여 지방관이 명성을 획득한 지역민을 추천하는 기존의 선거 제도(향거리선제)는 제대로 작동할 수 없었다. 이 문제를 해결하고자 새롭게 왕조를 세운 위 나라 문제文帝 조비曹丕(재위 220~226)는 새로운 제도를 마련하였다. 지역의 사정을 잘 아는 그 지역 출신인 중정관中正官을 지역에 내려 보내 적합한 인재를 선발하게 하였는데, 인재를 선발할 때 모두 9등급으로 품계를 매겼기 때문에 구품중정제九品中正制라고 부른다(9품에 의해 관료를 선발한다고 해서 구품관인법九品官人法으로도 불린다).

사실 지역의 여론을 청취하여 인재를 선발한다는 점에서는 한대 향거리선제와 차이가 없다. 다만 한대는 회피제回避制(관리의 출신지 부임을 금지하는 제도)에 의해 타지역 출신의 태수太守(군수)가 추천권을 가지고 있었던 것과 달리, 그 지역 사정에 밝은 본군本郡 출신의 중정관이 향품鄕品이라는 품계를 주는 것이 다를 뿐이었다. 아니 확실히 다른 점이 있었다. 개인의 노력성과 능력을 평가한다고 하였지만 암묵적으로 가문의 수준도 평가하였다. 그 결과 태수의 가문에서는 태수가 배출되었고, 삼공三公(재상)의 가문에서는 삼공이 나왔다. 가문의 등급(가격家格)이 정해지면서 대대로 높은 품계를 받는 집안을 문벌세족門閥世族(대체로 2·3품. 1품이 있었으나 거의 받는 사람이 없어 사실상 2품이 최고 품계로 작동하였다)이라 부르고 그렇지 못한 낮은 품계의 집안은 한문寒門(대체로 4품 이하)이라 불렀다. 문벌의 자제들이 출사하는 관직이 고정되었다. 한문이 아무리 똑똑하다고 해도 대부분 군태수를 넘지 못했다. 이러한 상황은 서진을 지나 동진東晉, 남조南朝까지도 크게 변화하지 않았다(유송劉宋 이후 군인 황제가 등장하여 한문을 적극적으로 기용하기는 하였지만 가격이 고정되어 특정 집안이 고위 관직을 독점하는 것에는 변함이 없었다).

쉽게 추측할 수 있는 것처럼 문벌 세족은 한문과 통혼通婚하지 않았다. 심지어 격이 맞지 않는 가문 간의 혼인은 혼주婚主의 관직 박탈의 원인이 되기도 하였다. 남제南齊 시기 세족이었던 동해東海(지금의 산동성 담현郯縣) 왕씨王氏 집안의 왕원王源이 아들을 한문인 만씨滿氏 딸과 혼인시키자 당시 어사중승御史中丞(감찰관. 주로 탄핵문을 작성하였다)이었던 심약沈約(441~513. 역사가)은 왕원을 탄핵하는 상소를 올렸다.

가문들 사이에 서열이 매겨졌고, 서열에 따른 사회적 지위와 행동 규범이 정해졌다. 유송과 남제의 명장名將으로 알려져 있는 진현달陳顯達(427~500)은 유송 시기 군공軍功으로 풍성후豊城侯에 봉해졌으며, 남제 때는 강주자사江州刺史(강주는 지금의 강서성江西省 남창시南昌市), 시중侍中, 정남대장군征南大將軍, 태위太尉 등을 역임한 명실상부한 중신重臣이었다. 재물도 많이 모아 부유함으로도 손꼽힐 정도였다. 그러나 한미한 집안 출신이었던 그는 자제들에게 "주미선塵尾扇(사슴의 꼬리를 매달아 만든 깃털 부채)은 낭야琅邪(지금의 산동성 교남시膠南市) 왕씨와 진군陳郡(지금의 하남성 태강현太康縣) 사씨謝氏 집안이 사용하는 물건이다. 너희는 이 물건을 사용하지 말라."고 당부한다. 지위와 부를 자랑하지 않는다는 진현달의 처세술일 수도 있겠으나, 우리는 여기서 가문의 서열이 고정되고 그에 따라 신분과 행동이 규정되는 귀족제 사회의 일면을 볼 수 있다.

"관부에는 부장簿狀(관리의 신분이나 이력을 적은 장부)이 있고 가정에는 보계譜系(족보)가 있어, 관리를 선발할 때는 반드시 부장에 따르고 가정의 혼사는 반드시 보계에 따른다."(『통지通志』 「씨족氏族」)는 기사는 양진兩晉·남조 시기 혼인이 비슷한 수준의 집안끼리 행해졌음을 말해

준다. 소량蕭梁의 대장군大將軍(서열 1위의 장군호) 후경侯景(?~552. 북위北
魏·동위東魏·소량의 장수)이 무제武帝(소연蕭衍. 소량의 초대 황제. 재위 502~
549)에게 남조 최고의 세족인 (낭야) 왕씨와 (진군) 사씨와의 혼인을
부탁하자, 무제가 왕씨와 사씨는 지체 높은 집안高門이니 주씨朱氏와
장씨張氏 이하에서 혼처를 구하라고 한 일은 당시 상황을 잘 말해준다.

무덤 속에 묻혀 종족과 가족들만의 기념비가 된 묘지에는 종족법
또는 가족법이 기록되어 가문의 등급을 유지하고 고정화하는 데 일조하
게 된 것이다. 영강永康 원년(300)에 제작된 〈장랑묘지張朗墓誌〉의 "무덤
안에 각석을 세워 우리의 가풍을 기록하고자 한다刊石玄堂, 銘我家風."는
기록은 묘지의 역할이 무엇인지 잘 말해주고 있다.

피난지의 묘지-동진 묘지

동진東晉 시기 묘지는 우선 형태면에서는 전환기며 정형화 단계에
들어섰다고 할 만하다. 서진 묘지가 지상의 묘비로부터 형태적인 측면
을 계승한 것과는 달리 소형비 형태를 띠는 동진 묘지는 거의 찾아
볼 수 없다. 비교적 초기에 제작된 원수형圓首形의 〈장진묘지張鎮墓
誌〉(325년 제작)와 〈온식지묘지溫式之墓誌〉(371년 제작)를 제외하고는
모두 장방형長方形을 띠고 있다. 원수형을 띠고 있다 해도 제목이 기술된
것은 없다. 구성 요소 면에서도 한비漢碑와의 유사성은 없다. 서진
묘지가 보여주었던 한비와의 사이의 과도기적 성격이 사라진 것이다.
재질에도 변화가 생겨 돌石이 아닌 벽돌塼이 사용되었다.

이러한 변화는 동진이 장강長江을 넘어 강남에서 건국한 왕조라는
점과 관련이 있다. 중국 밖에 거주하던 이적夷狄들이 대거 중국 안으로

들어와 차례로 16개 국가를 세운 십육국十六國 시기가 시작되면서 중원의 통일 왕조였던 서진은 흉노匈奴와 갈족羯族 연합군에 의해 멸망하였다. 서진이 멸망한 후 서진의 황족인 사마예司馬睿(동진 원제元帝. 재위 317~322)는 강남으로 이주하여 새로운 왕조를 개창하는데, 서진을 계승한다는 의미에서 국호를 진晉이라고 칭하였다. 이것이 역사가들이 서진과 구분하여 동진(수도를 지금의 남경南京인 건강建康에 두면서 서진의 수도보다 동쪽에 위치한 것이 이유다)으로 부르는 피난 정권인 진이다.

이적의 침입을 피해 많은 이들이 피난 행렬에 합류하였고, 남쪽으로 이주한 이들이 주축이 되어 동진 정부가 만들어졌다. 따라서 동진 정부의 국시國是는 '북벌北伐'이었고, 북중국으로의 귀환이 유일한 희망이었다. 그러나 북중국으로의 귀환은 쉽게 이루어지지 않았고 타향에서 불귀의 객이 되는 이들이 늘어났다. 하지만 두고 온 고향에 대한 향수는 죽어서라도 돌아가겠다는 강한 집념으로 표출되었고, 강남에 마련한 무덤에는 '가장假葬'이라는 이름을 붙여 임시적 조치임을 분명히 했다. 곧 고향으로 돌아갈 것이기에.

임시로 만든 무덤에 지난날과 같이 격식을 갖춘 묘지를 집어넣을 필요는 없었을 것이다. 재질은 글자를 새기기 쉬운 벽돌이 선택되었다. 물론 남중국의 토질이 북중국과는 달라 돌을 이용한 묘지 제작에 어려움이 있었던 것도 있었지만, 고향으로 돌아가며 이장移葬할 것을 염두에 둔 임시적인 조치라는 점이 크게 작용했을 것이다. 그래서인지 몰라도 동진의 묘지에는 흔히 조적祖籍(조상의 본적)으로 불리는 북중국의 본적지가 기술되었다. 남성의 경우 자신의 본적은 물론이고 처의 본적을 기술하였으며, 여성 또한 자신의 본적과 더불어 남편의 본적을 기술하였다. 본래 거주지로부터 유망하여 강남에서 살고 있는 북인北人

진의 예장내사豫章內史를 지낸 진국陳國 양하현陽夏縣 출신의 자字가 유여幼輿인 사곤謝鯤. 태녕泰寧 원년 (323) 11월 28일 건강현建康縣 석자강石子岡에 임시로 장사葬事지냈다[가장假葬]. 양대가陽大家 묘의 동북쪽 4장丈거리 되는 곳에 위치한다. 처는 중산中山 유씨劉氏다. 아들 상尙은 자가 인조仁祖다. 딸은 진석眞石이다. 동생 포褒는 자가 유유幼儒고, 동생 광廣의 자는 유림幼臨이다. 옛날 묘들은 형양현榮陽縣에 있다.

〈사곤 묘지〉

그림 12 〈사곤묘지〉(홍승현ⓒ)

들이 자신의 뿌리를 잊지 않고, 이장이라는 능묘 변천에 대비하여 자신들의 본적을 기술한 것이다.

위의 묘지는 북에서 남으로 피난 온 일류 귀족 진군陳郡(후한 시기 진군이었으나 이후 진국으로 바뀐다) 사씨 가문의 묘지 중 하나다. 묘지 안에는 지금 행해진 장례가 임시라는 것을 분명히 하는 '가장'이란 표현이 등장한다. 또한 지금 거주하는 곳이 건강현(매장지인 석자강은 지금의 강소성江蘇省 남경시인 건강현 남쪽에 위치한 취보산聚寶山으로, 당시 건강에 살고 있던 귀족들의 무덤이 조성되어 있다)이라는 것과

그림 13 "벽돌에 글자를 새겨 표지로 삼는다[刻塼爲識]."는 구절이 새겨진 〈왕단호묘지王丹虎墓誌〉 (홍승현ⓒ)

함께 진국 양하현(지금의 하남성 태강현)이 조상 대대로의 본적이라는 것도 서술되어 있다. 현주소와 본적이 함께 기록된 것이다. 처의 본적인 중산국(지금의 하북성 영수현靈壽縣)도 기록되어 있다. 그리고 마지막으로는 선산이 형양현(지금의 하남성 정주시鄭州市)에 있다는 것을 밝히고 있다.

피난지에서 죽음을 맞았지만 반드시 고향으로 돌아가 정식으로 장례를 치를 날이 있을 것이라는 희망이 묻어난다. 멀지 않은 어느 날 무덤의 이장이 있을 것이다. 그런데 시간이 지나 무덤 근처의 지형이 변하여 무덤을 찾지 못하는 일이 발생하지는 않을까? 그때를 위해 묘지 안에 사곤의 무덤이 양대가(사곤의 큰 고모로 추정)의 무덤에서 동북쪽으로 4장(9.8m) 거리만큼 떨어져 있다고 무덤의 위치를 기록해 두었다. 표지로서의 역할이 강조된 묘지임을 알 수 있다. 실제로 동진 묘지 안에는 "따라서 돌에 글자를 새겨 표지로 삼는다[故刻石爲識]." "벽돌에 글자를 새겨 표지로 삼는다[刻塼爲識]."는 표현들이 등장한다.

사라진 명사와 새로워진 가족 관계의 서술

동진 묘지의 첫 번째 특징이 이장을 염두에 둔 표지로서의 역할 강화라면, 두 번째 특징은 명사의 완전한 소멸이다. 현재 확인된 동진 묘지 중에서 명사를 가진 묘지는 단 한 건도 보고된 것이 없다. 구경꾼이 사라짐으로써 명사가 자취를 감추게 되는 것은 서진 시기 이미 시작되었다. 따라서 여전히 지하에 매납[埋納]되는 동진의 묘지에 명사가 기술되지 않는 것은 자연스럽다고 생각할 수 있다. 하지만 당시 상황을 염두에 두면 동진 묘지에 명사가 보이지 않는 것은 의외다. 그 이유는 동진 시기에는 사람들이 묘지에 기술된 명사를 볼 수 있었기 때문이다.

동진의 유명한 문사[文士]로 손작[孫綽](314~371)이라는 이가 있었다. 동진 시기 한다하는 문벌 쳐 놓고 손작의 손을 빌리지 않은 이가 없을 정도로 문장에 뛰어났던 자였다. 동진 최고의 재상 혹은 장군이었던 왕도[王導] (276~339)·치감[郗鑒](269~339)·유량[庾亮](289~340)·환온[桓溫](312~373)의 비문이 그에 손에서 나왔다. 그런데 손작의 비문과 관련하여 사서에는 "연후에 돌에 새겼다然後刊石焉."(『진서晉書』「손작전」)고 하여 비문이 작성된 후 어느 정도 시간이 흘러 비에 각석되어 세워졌음을 알 수 있다. 먼저 작성된 비문은 사람들에게 공개되었고 손작의 뛰어난 솜씨로 인해 많은 사람들이 그에게 비문을 부탁하게 되었다. 모든 비문이 간각되어 세워진 것은 아니다. 글로만 남겨지기도 하였는데, 그것은 하나의 문학 장르가 되어 사람들에게 읽혔다. 이쯤 되면 동진의 묘지는 준비된 구경꾼이 있었던 셈이라고 할 수 있다. 그럼에도 동진 묘지에 명사의 귀환은 끝내 이루어지지 않았다.

그 이유를 정확하게 설명하는 것은 현재로서는 불가능하다. 다만 동진 사회가 묘지를 이용하여 죽은 자를 추모하고, 그 추모의 행위를 통해 명성을 높이는 행위를 굳이 필요로 하지 않았던 것은 아니었을까 조심스럽게 추정해 본다. 우리는 후한 말 문생고리들이 묘비를 세워 죽은 스승 또는 상관의 공적을 예찬하면서 한편으로 사회적 명성을 얻으려고 노력했던 것을 기억한다. 그리고 그 명성을 얻으려 했던 행위가 궁극적으로는 선거에 영향을 미쳐 관료가 되기 위한 노력의 일환이었던 것도 알고 있다. 그런데 만일 가문의 지위가 고정되고 그로 인해 관료로 출사할 수 있는 자격 역시 정해져 있는 사회라면, 특정 집안이 특정한 관직을 맡아 사실상 세습하고 있는 사회라면 누가 굳이 명사를 지어 명성을 획득하려고 노력하였을까? 특히 그들이 최고 가문의 구성원이었다면.

동진 최고의 가문이었던 낭야 왕씨(왕씨와 사마씨가 함께 천하를 공유한다王與馬共天下는 말이 있을 정도로 사마씨와 함께 동진을 건국했다고 평가받는 집안) 혹은 진군 사씨가 벼슬을 위한 명성을 구하기 위해 백방으로 노력하는 모습은 상상하기 어렵다. 아마도 그들 집안

안에서 명성을 구하기 위해 노력하는 자가 있다면 "젊은 나이에 출세에 눈이 멀었다."고 비난 받았을 것이다. 동진 시기의 일은 아니지만 낭야 왕씨 집안의 문필가였던 왕적王寂이 남제 명제明帝(소란蕭鸞. 재위 494~498)에게 〈중흥송中興頌〉을 지어 바치려 하자 그 형이 왕적을 향해 어린 나이에 출세하지 못해 전전긍긍한다고 하며 세간의 비난을 받을 것이라 꾸짖은 일화는 유명하다.

동진 묘지의 또 다른 특징은 새로운 가족 관계의 서술이다. 〈화방묘지〉에서 볼 수 있는 것처럼 자세한 가족 관계의 서술은 서진 시기에 이미 시작되었다. 그러나 동진 묘지에 보이는 가족 관계의 서술은 서진 묘지의 가족 관계와는 차이가 있다. 우선 동진 묘지는 서진의 그것과 비교했을 때 묘주 자신의 정보는 축소되고 대신 가문의 계통인 세계와 가족 관계에 대한 서술이 더욱 증가하였다. 특히 묘주의 품행에 대한 기록은 전무하다. 이것은 동진의 묘지가 서진 묘지보다 가족 혹은 종족의 기록물의 성격이 강해졌다는 것을 의미한다.

세계의 기록도 서진 시기에 비해 가까운 조상에 관한 것으로 국한되었다. 예컨대 서진 시기 묘지에는 서주西周 시기까지 거슬러 올라가 선조를 적은 경우가 있지만, 동진의 경우 조부가 가장 오래된 선조로 기록되는 것이 일반적이다. 이것은 서진 말부터 시작된 일가를 중심으로 하는 문벌독립화門閥獨立化 현상과 관계가 있다. 이미 명성을 획득한 문벌 안에서 탁월한 개인이 등장했을 경우 이를 중심으로 하는 가족 관계가 중시되면서 문벌독립화라는 현상이 나타났는데, 전란으로 인해 가문의 일부 성원만 남쪽으로 내려오면서 그 현상은 좀 더 심화되었다.

그 결과 동진 묘지에는 일가 중심의 가족 관계가 자세히 기록되게 되었다. 일가 중심의 가족 관계를 기술하는 것이 중요해지자 가족 안 수평적 관계에 대한 서술이 증가하였다. 예컨대 부친과 모친 이외에도 형과 동생, 형수와 제수는 물론이고 조카에 대한 정보까지 상세하게 기록하고 있는 것을 볼 수 있다. 이것은 당시 집안의 재산이 적서嫡庶의 차별 없이 형제간에 균등하게 분할되어 상속된 것과도 관련이 있다. 양진 시기 모두 귀족제 사회라고 평가받지만 두 시대의 차이가 묘지에 고스란히 반영되어 있었던 것이다.

명사의 귀환-유송 묘지

앞에서 동진 묘지에 끝끝내 명사가 귀환하지 못한 것과 관련하여 가문의 등급이 고정되고 그로 인해 특정 가문이 특정 벼슬을 독점, 세습할 수 있었던 환경이 만들어졌던 것을 연관하여 생각해 보았다. 추정에 불과하지만 어느 정도 타당성이 있을 것이라 생각하는 것은 유송 시기 묘지에 명사가 재등장한 것과 관련한 일련의 사회 환경의 변화 때문이다.

현재 유송 시기 묘지는 모두 6점이 보고되어 있는데, 특징적인 것은 표제標題, 즉 제목에 해당하는 지액이 등장하고 사라졌던 묘주의 품행에 관한 기술, 그리고 명사가 재등장한 것이다. 그 중에서도 명사의 귀환이 주목된다. 동진 묘지가 명사를 가진 것이 하나도 없는 반면 유송 묘지는 반 수 이상에서 명사가 등장한다. 심지어 일반적으로 가장 나중에 서술되는 명사가 제일 먼저 서술된 묘지도 등장한다(〈유송대명8년 (464)유회민묘지劉宋大明八年劉懷民墓誌〉). 동진 묘지가 표지의 성격이 강했다면 유송의 묘지는 마치 후한 시기 죽은 자의 공덕을 기리고 살아있는 자의 명성을 획득하기 위해 만들었던 묘비와 흡사해진 것이다. 물론 유송 묘지는 그 출토 건수가 적어 이들 사례만 가지고 단정하기는 어렵지만 묘주에 대한 송덕이 다시 강조되기 시작했다고 추정할 수는 있을 것이다. 그렇다면 어떤 사회적 필요가 유송 묘지의 변화를 초래했을까?

유송의 묘지는 외형적으로 장방형을 유지하면서(이제 묘지의 외형은 방형으로 고정화된다) 전체적으로 동진의 그것보다 커진다. 재질 역시 벽돌이 아닌 돌로 변화한다. 이것은 왕조의 성격이 변화한 것과 관련 있다. 앞서 우리는 동진 묘지가 글자를 새기기 쉬운 벽돌을 이용하여 제작되었으며 능묘 변천에 대비하여 표지의 성격을 강하게 띤 사정에 대해 살펴보았다. 그런데 유송 시기가 되면 이 문제가 해결된다.

북중국을 이적에게 빼앗기고 강남으로 이주한 이들에 의해 건국된 동진은 말 그대로 유우정권流寓政權(피난 정권)이었다. 따라서 국시는 '북벌'이었다. 귀향의 염원이 만들어낸 구호였지만 결과적으로 이것은 동진의 존재 이유가 되었다. 모든 정치적 행위를 정당화하는 근거가 되었다. 북에서 내려온 이들의 특권을 보장하는 데도 이 구호가 사용되었다. 야심에 찬 장군들은 자신의 권력 강화를 위해 북벌을 주장하고, 때로는 북벌에 나서기도 하였다.

유송을 건국한 무제武帝 유유劉裕(재위 420~422)는 동진 말 북벌에 성공하며 옛 수도들인 낙양洛陽(지금의 하남성 낙양시)과 장안長安(지금의 섬서성 서안시西安市)을 차례로 탈환하는 데 성공한다. 그야말로 중원 회복이 목전에 있었다. 그러나 그는 갑작스럽게 군대를 돌려 철수한다. 여러 해석이 있을 수 있겠으나 이미 강남에 안착한 이들 안에서 북으로의 회귀가 포기된 것이다. 수많은 귀족들이 이미 강남에서 장원莊園을 소유하고 있었고, 북중국에서와 마찬가지로 기득권을 향유하고 있었다. 굳이 이적과 전란으로 피폐해진 황량한 북녘 고향으로 가고 싶지 않았던 것이다. 유유의 회군을 비난한 조정의 신료도 있었지만 그들 역시 북벌의 짐을 벗어던지고 피난 정권에서 강남 국가로의 전환을 내심 반겼을 것이다. 이제 이장을 염두에 둔 표지로서의 역할을 담당했던 묘지의 수명은 끝났다. 묘지의 크기와 재질이 변하는 순간이다.

자연히 묘지문의 길이가 늘어났다. 동진 묘지의 경우 가장 긴 묘지문은 왕건지王建之의 묘지로 275자에 달한다. 대부분의 묘지는 100자가 안 되었다. 그러나 유송의 묘지들은 비교적 짧다고 하는 〈송걸묘지宋乞墓誌〉도 100자를 넘기고 〈명담희묘지明曇憘墓誌〉는 660자, 〈사충묘지謝琉墓誌〉는 681자에 달한다. 글자 수에서 보면 서진 묘지만큼 늘어난 것이다. 즉, 유송의 묘지는 이장이 포기되면서 묘표로서의 역할에서 더 나아가 개인의 공덕에 대한 표창表彰이라는 역할을 다시 부여받은 것이다.

명사의 귀환은 무제 유유로 인해 가능해졌다. 동진 왕조는 유작자有爵者가 사망할 경우 그의 적자嫡子가 계승하게 하였고, 적자가 없을 경우에는 근친자近親者에게 작위를 계승하게 하였다. 작의 세습권을 최대한 보장해 준 것이다. 그러나 송 무제는 동진 왕조에서 받은 작의 세습을 인정하지 않았다. 오직 송 왕조에 공적이 있는가 혹은 자신에게 충성을 다하는가 하는 기준에 의해서만 작을 수여하였다. 요컨대 가문 혹은 가문의 누군가에 의해 출세가 보장되거나 특권이 유지되는 시대는 종언을 고한 것이다. 스스로 공적을 쌓고 능력을 드러내야 하는 시대가 다시 도래한 것이다. 가문의 힘이 왕조를 압도하던 시기가 지나면서 가문의 우월함을 표현하는 기록물보다는 황제와 왕조에 충성하는 개인의 공적을 드러내는 기록물이 필요해졌다. 묘지의 명사가 후한 시기처럼 그 역할을 하게 된 것이다. 묘지에서 명사의 발달은 사회적으로 영달하고자 하는 치열한 정치적 행위의 결과라고 할 수 있다.

그렇다고 문벌 가문이 영향력이 사라졌다고 단정하는 것은 성급하다. 여전히 유송 시기에도 특정 가문의 사회적 지위나 영향력은 유지되었다. 서진~동진 시기를 거치며 정형화된 가계와 가족 관계에 대한 번잡한 서술이 유송 묘지에 변함없이 온존하는 것은 그 반증일 것이다. 그러나 유송 시기를 '귀족제의 내면적 붕괴'의 시발점으로 이해하는 것처럼 유송 황제들의 일련의 황권 강화책에 의해 문벌 사족의 영향력이 약화되었다는 점은 부정할 수 없을 것이다. 특히 황제가 자신의 권력을 강화하기 위하여 기용한 능력 있는 한문들로 인해 유력 문벌 가문의 구성원이라 할지라도 국가와 사회에 공업을 쌓아야 하는 사회적 분위기가 조성되었다. 이러한 사회적 분위기가 유송 시기 묘지에 사자의 공덕을 찬양하는 명사를 재등장시켰을 것이다.

호인들의 장례와 표지

현재 남조에서 출토된 묘지의 수와 북조北朝에서 출토된 그것의 수를 살펴보면 남조 115점, 북조 1,211점으로 압도적인 차이를 확인할 수 있다. 그 때문에 장례 문화와 관련하여 '남조의 묘전석각墓前石刻, 북조의 묘지명墓誌銘'이라는 표현이 등장하기도 하였다. 강남 지역에서 묘지 대신 무덤 앞에 세우는 돌사자나 해태 등이 많이 발견되었기 때문이다. 숫자상으로만 보면 북조에서 묘지가 완성되고 유행했다고 결론내리는 것이 자연스럽다. 한족漢族에 의해 만들어진 묘지가 남조의 왕조들이 아닌 호족胡族 왕조인 북위北魏에서 유행한 것과 관련하여 지금까지 많은 연구자들이 관심을 가졌다.

어째서 북위에서 묘지가 유행했을까? 이와 관련하여 호인胡人들 특유의 장례 문화가 지적되었다. 일정한 거주지가 없이 목초지를 따라 움직이는 유목민의 특징상 무덤을 쓰지 않고 모든 것을 지하에 묻는 방법('잠매潛埋'라고 부른다)을 사용하는데, 이때 사람들 눈에 띄는 묘비는 적합지 않았고 땅 속에 묻는 묘지가 적합했다는 것이다. 설득력 있는 해석이다. 그러나 잠매라는 특별한 방식의 장례 문화가 바뀌는 북위 후기에도 여전히 묘지가 성행한 것은 어떻게 설명해야 할까? 또한 아무도 보지 못하게 모두 땅 속에 묻는다면서 송덕을 담당하는 명사가 발달한 것은 무슨 이유일까?

북위 묘지는 낙양 천도를 기점으로 명확하게 구분된다. 먼저 낙양 천도 이전 묘지들을 살펴보자. 이 시기는 평성平城(지금의 산서성 대동시大同市)에 수도를 두고 있던 시기로 편의상 평성 시기라고 부르고자 한다. 평성 시기의 묘지는 모두 26점이 확인된다. 우선 이 시기 묘지의 특징으로는 묘주에 관한 간략한 정보를 제공하는 짧은 묘지문墓誌文을 들 수 있다.

〈질간갈후묘지叱干渴侯墓誌〉

천안天安 2년(466) 병오년丙午年 초하루가 갑신일甲申日인 11월 26일 기□己□일. 장안長安 출신, 경조군京兆郡 장안현長安縣의 백성民 질간간후叱干渴侯의 총명冢銘.

〈어현명묘지魚玄明墓誌〉

황흥皇興 2년(468) 무신년戊申年 초하루가 계묘일癸卯日인 11일 19일 신유일辛酉日. 안서장군安西將軍·옹주자사雍州刺史, □강공□康公 어현명魚玄明의 명銘.

〈진영부부묘지陳永夫婦墓誌〉

위대한 대大代 왕조 연흥延興 6년(476) 병진년丙辰年 초하루가 기미일己

未日인 6월 7일 을축일乙丑日. 원옹주元雍州 하북군河北郡 안융현安戎縣의 백성 상서령사尚書令史 진영陳永과 부인 유부인劉夫人의 명기銘記.

〈송소조묘지宋紹祖墓誌〉

위대한 대[大代] 왕조 태화太和 원년(477) 정사년丁巳年. 유주자사幽州刺史 · 돈황공敦煌公인 돈황군敦煌郡의 송소조宋紹祖의 구柩.

몇 점의 평성 시기 묘지를 살펴보았는데, 하나같이 묘주의 장례일과 묘주의 본적, 그리고 관력만이 짧게 언급되어 있을 뿐이다. 관직을 갖지 못한 질간간후의 경우 본적과 백성이라는 기술만이 보인다. 묘지 라기보다는 묘표라는 표현이 더 어울림직한 내용들이다.

그런데 특이한 것은 장례일이 맨 처음에 등장한다는 것이다. 남조의 묘지들이 묘지의 제목을 쓰고 묘주의 이름과 본적을 서술하는 것과는 달리 제일 먼저 장례일을 기록하고 있다. 다음으로는 맨 마지막에 석각의 종류를 새겼다는 것이다. 〈질간갈후묘지〉에는 '~의 총명冢銘[民此干渴侯冢銘]', 〈어현명묘지〉에는 '~의 명銘[魚玄明之銘]', 〈진영부부묘지〉 에는 '~의 명기銘記[陳永并命婦劉夫人之銘記]', 〈송소조묘지〉에는 '~의 구柩[宋紹祖之柩]' 등과 같은 기술이 발견된다. 어떤 이유로 석각의 성격을 설명해 놓았는지 지금으로서는 알 수 없다. 다만 완성된 묘지에서 확인되는 명사를 가진 묘지는 한 건도 존재하지 않으며, 묘주에 대한 간략한 정보와 석각의 종류만이 기록된 평성 시기 묘지는 전형적인 초기 묘지의 역할인 표지, 즉 묘표로서의 성격을 강하게 띠고 있다고 말할 수 있다.

십육국 시기의 묘지

북위 묘지의 정형화 과정에 대한 논의 중 가장 격렬한 논쟁의 지점은 그것이 자체 발전의 산물인지, 아니면 남조로부터의 영향의 산물인지 하는 것이다. 이 문제를 해결하기 위해서는 북위 이전 북중국에 산재했던 십육국(중국 밖에 거주하던 유력한 다섯 이적夷狄들이 중국 내지로 들어와 차례로 16개국을 건립했다고 해서 붙여진 이름. 실제로는 다섯 종족이 넘고 국가도 16개국이 넘지만 북위 최홍崔鴻의 『십육국춘추十六國春秋』를 따라 관습적으로 16개국으로 표현된다)의 묘지들을 살펴보는 것이 도움이 될 것이다. 현재 십육국 시기 묘지는 열 점 남짓 확인된다.

우선 형태적인 면부터 살펴보면 10건 중 7건의 묘지가 원수형이다. 이는 십육국 시기 묘지가 후한 시기 유행했던 묘비로부터 변화했을 가능성을 말해준다. 이른바 '비형묘지'라고 부를 수 있을 것이다. 십육국 시기 묘지가 한비로부터 변화한 것을 증명해주는 것은 지액이 있다는 점인데, 지액은 묘비의 제목인 비액에 해당하는 묘지의 제목이다. 모두는 아니지만 원수형인 〈양서묘지〉, 〈양아광묘지〉, 〈여헌묘지〉, 〈여타묘지〉, 〈이초부인윤씨묘지〉(이하 〈윤씨묘지〉), 〈양부군묘지〉에서 지액을 발견할 수 있다.

그런데 〈윤씨묘지〉와 〈양부군묘지〉를 제외한 묘지의 지액이 재미있다. 보통 지액이라면 〈윤씨묘지〉나 〈양부군묘지〉와 같이 '~의 묘표' 정도가 되어야 할 텐데, '묘표'라는 글자만이 있을 뿐이다. 그래서 이것이 지액이 아니라 석각의 종류(혹은 성격)를 표현한 것인가 하는 생각이 든다. 마치 평성 시기 북위의 묘지에 석각의 성격이 기록된 것처럼. 따라서 평성 시기 북위 묘지가 십육국 시기 묘지를 계승한 것으로 보는 것이 타당할 것 같다. 특히 〈저거봉대묘지〉는 맨 마지막에 석각의

〈표 1〉 십육국 묘지 일람

	묘지명	내용
1	〈이외묘지李庵墓誌〉 전연前燕 영창永昌 3년(324). 장방형	연국燕國 계현薊縣 이외李庵. 영창永昌 3년 정월 26일 사망匸하였다.
2	〈호국정원후묘지護國定遠侯墓誌〉 전진前秦 건원建元 2년(366). 장방형	호국정원후護國定遠侯. 조상의 본적祖籍은 건창建昌. 북변에서 경비를 서다 부절을 지니고 단신으로 진격하여 말을 타고 적을 쫓다 포로로 잡혔다. 건원 2년 4월 초하루 사망身故하였다. 군사들이 흙을 져 날라 무덤을 만들었다.
3	〈양서묘지梁舒墓誌〉 전진 건원 12년(376). 원수형	묘표墓表. 양凉 왕조의 중랑中郞·중독호공국중위中督護公國中尉·진창태수晉昌太守를 지낸 안정군安定郡 오일현烏弌縣 출신의 자가 위인爲仁인 양서梁舒. 부인은 삼부록사三府錄事·장군중후掌軍中侯를 지낸 경조윤京兆尹 출신 송연宋延의 딸如로 이름은 화華고 자는 성여成予다. 건원建元 12년 11월 30일 성 서쪽 17리 지점에 장사지낸다. 양묘楊墓로부터 동으로 백보 떨어져 있으며 깊이는 5장 되는 곳이다.
4	〈양아광묘지梁阿廣墓誌〉 전진 건원 16년(380). 원수형	묘표墓表. 진秦의 영민추대領民酋大·공문장功門將을 지낸 흥진왕興晉王 사주司州 서천현西川縣 출신 양아광梁阿廣. 건원建元 16년 3월 10일 병술일丙戌日 사망終하였다. 그 해 7월 22일 정유일丁酉日 안정군安定郡 서북 소려천小廬川 대묘大墓에 장사지냈다. 선영 안에서만 거주할 수 있을 것이다. 무덤이 위치한 곳은 청암천靑巖川 동남쪽 30리다.
5	〈최흅묘지崔遹墓誌〉 후연後燕 건흥建興 10년(395). 장방형	연燕 건흥建興 10년, 창려태수昌黎太守 청하군淸河郡 무성현武城縣 최흅崔遹.
6	〈여헌묘지呂憲墓誌〉 후진後秦 홍시弘始 4년(402). 원수형	묘표墓表. 홍시弘始 4년 초하루가 을미일乙未日인 12월 27일 신유일辛酉日. 진秦의 요동태수遼東太守를 지낸 약양현略陽縣 출신 여헌呂憲을 상안현常安縣 북릉北陵에 장사지냈다. 성으로부터 20리 떨어진 곳이다.
7	〈여타묘지呂他墓誌〉 후진 홍시 4년(402). 원수형	묘표墓表. 홍시 4년 초하루가 을미일인 12월 27일 신유일. 진秦의 유주자사幽州刺史를 지낸 약양현 출신 여타呂他를 상안현 북릉에 장사지냈다. 성으로부터 20리 떨어진 곳이다.
8	〈이초부인윤씨묘지李超夫人尹氏墓誌〉 서량西涼 가흥嘉興 2년(418). 원수형	농서군隴西郡 적도현狄道縣 출신 이초李超의 부인 윤씨尹氏의 묘표. □□□양凉 가흥嘉興 2년 12월 19일.□□12월□□.
9	〈양부군묘지梁府君墓誌〉 386~421년 추정. 원수형	진군鎭軍[장군]을 지낸 양부군梁府君의 묘표.

116

10	〈저거봉대묘지且渠封戴墓誌〉 북량北涼 승평承平 13년(455). 원수형	위대한 양大涼 왕조의 승평承平 13년 을미년乙未年 4월 24일. 관군장군冠軍將軍 · 양도고창태수涼都高昌太守 · 도랑중대都郞中大를 지낸 저거봉대부군且渠封戴府君의 묘표.

그림 14 〈여타묘지〉[*]

그림 15 〈여헌묘지〉 탁본[**]

성격이 기록되었다는 점에서 평성 시기 묘지와 매우 흡사하다.

사실 '묘표'라는 두 글자를 지액으로 파악하기는 힘들다. 제목에 해당하는 지액은 그 묘지의 내용을 함축적으로 표현해야 할 것인데, 묘표라는 표현은 묘지의 성격은 될 수 있지만 제목은 될 수 없기 때문이다. 〈윤씨묘지〉의 경우에는 '농서군 적도현 출신 이초의 부인 윤씨의 묘표'라고 하고, 〈양부군묘지〉는 '진군장군을 지낸 양부군의 묘표'라고 하여 제목으로서 역할을 하고 있지만 나머지 경우 '묘표'라고만 적어 제목으로서 역할을 한다고 할 수 없다. 여하튼 묘표가 묘지의 성격을 표현하는 용어라면, 아마도 당시 이 묘지를 제작한 사람들은 자신들이

[*] 呂雪峰,「試談十六國時期書法刻石隸楷間雜的演化過程-以西安碑林《呂他墓表》刻石 爲引證」,『書法』2023-6, 185쪽.

[**] 路遠,「後秦《呂他墓表》與《呂憲墓表》」,『文博』2001-9, 64쪽.

〈표 2〉 십육국 시기 묘지의 구성

	묘지명	구성
1	〈이외묘지〉	본적+묘주 이름+사망일
2	〈호국정원후묘지〉	묘주 작위+본적+이력+사망일+무덤 제작자
3	〈양서묘지〉	지액+이력(관직명)+본적+묘주의 이름과 자+가족 관계(처의 부친의 이력+처의 이름)+장례일+장지(무덤 위치 포함)
4	〈양아광묘지〉	지액+이력(관직명+작위명)+본적+묘주 이름+사망일+장례일+장지(무덤 위치 포함)
5	〈최휼묘지〉	장례일+이력(관직명)+본적+묘주 이름
6	〈여헌묘지〉	지액+장례일+이력(관직명)+본적+묘주 이름+장지(무덤 위치 포함)
7	〈여타묘지〉	지액+장례일+이력(관직명)+본적+묘주 이름+장지(무덤 위치 포함)
8	〈이초부인윤씨묘지〉	지액(본적+가족 관계: 남편+묘주 성씨)+장례일…(3행 정도 결락. 장지 부분일 것으로 추정)
9	〈양부군묘지〉	지액…(묘지의 머리 부분만 발견)
10	〈저거봉대묘지〉	장례일+이력(관직명)+묘주 이름+석각의 성격

제작한 석각이 묘주와 무덤의 소재를 기록하는 표지 이상도 이하도 아니라고 생각했던 것 같다.

실제로 10건의 묘지는 모두 묘주의 사망일 혹은 장례일과 묘주에 대한 짧은 정보, 무덤의 위치 등만이 기록되어 있다. 묘주의 품성이나 묘주의 구체적인 이력(대체로 관직명과 작위명만이 기록되어 있다) 및 공적(〈호국정원후묘지〉에는 전쟁 중 포로로 잡혔던 사건이 기록되어 있는데, 이를 일반적인 묘주의 이력 및 공적으로 보기는 힘들다), 묘주를 위한 송사(명사) 등은 전혀 보이지 않는다. 금비령 이후 지하로 들어간 묘비가 서진~동진 시기를 거치며 묘표로서의 성격을 강화한 것처럼 북중국의 묘지 역시 같은 길을 걸었던 것 같다. 다만 십육국 시기 묘지에서는 서진과 동진의 그것에서 보이는 귀족제의 강렬한 표현인 복잡한 가족 관계에 대한 기술은 보이지 않는다. 동일한 기원을 가졌지만 사회의 성격에 따라 묘지의 기술에 차이가 발생한 것이다.

변화하는 묘지

표지로서의 역할을 충실히 했던 북위의 묘지가 명사를 갖춘 전형적인 묘지로 변화하는 것은 낙양 천도 이후다. 명사를 가진 천도 전 묘지로 475년에 제작된 〈원리묘지元理墓誌〉와 기년을 확인할 수 없는 〈유현묘지劉賢墓誌〉가 거론되기도 했지만, 두 묘지는 위각偽刻으로 판명되었다. 그래서 현재 명사를 갖춘 완비된 최초의 북위 묘지로는 효문제孝文帝(탁발굉拓跋宏. 재위 471~499) 태화 19년(495), 천도 직후에 제작된 〈풍희묘지馮熙墓誌〉를 들 수 있다. 〈풍희묘지〉 이전 명사는 아직 구비되지 못했지만 다른 구성 요소를 대부분 갖춘, 비교적 완비된 묘지로 473년에 제작된 〈신홍지묘지申洪之墓誌〉가 있다.

군君의 성은 신申이고 이름은 홍지洪之며 위군魏郡 위현魏縣 사람이다. 증조부 종鍾은 후조後趙에서 사도司徒를 지냈으며 동양공東陽公이었다. 조부 도생道生은 보국장군輔國將軍・연주자사兗州刺史를 지냈고 금향현후金鄉縣侯가 되어 자손들이 이로써 [그곳에 정착하여] 가家를 이루었다. [군은] 어려서 고달프고 순조롭지 못한 상황을 만나 형 직근령直懃令 건지乾之와 함께 위魏에 귀순하였다. 군은 학식과 재간이 있어 유능하고 총명하였으며 품행이 바르고 절조가 있었으며 의지가 굳고 민첩하였다. 효성스럽고 우애로웠으며, 인자하였고 온화하며 공경스러웠으며, 은혜롭고 화순하였다. 형제가 함께 살았는데 나이들어 머리가 희도록 함께 즐거워하였다. [이로 인하여] 집안이 화목하여 친족들의 모범이 되었다. 이로써 [나라가 군의] 재능을 헤아려 직무를 맡기니 비로소 동궁막제東宮莫堤를 제수하였다. 장차 혁혁한 공로를 드러내고 능히 오래도록 기억될 공적을 세울 수 있었으나 하늘이 내려준 수명이 짧아서 향년 57세로

위 연흥延興 2년(473) 10월 5일 수도에서 사망하였다. 집안의 옛 무덤 터는 너무 멀리 떨어져 있어 돌아가 매장하는 것을 행하기 어려웠다. 더구나 타향에서의 장례는 대개 시속時俗을 따르는 것임에야. 거북점과 시초풀점 모두 역시 상서롭다 말하였다. [따라서] 마침내 평성平城 상건 하桑乾河 남쪽에 무덤을 만들었다. 형체는 시간이 흐름에 따라 사라지지만 덕은 세월이 갈수록 분명해진다. [이에] 감히 이 돌에 [군의 덕을] 새겨 밝혀 썩지 않게 하노라.

〈신홍지묘지〉

이 〈신홍지묘지〉는 묘주의 성씨, 이름, 본적, 가계, 품행, 관력, 사망일, 향년, 사망지, 장지 등으로 구성되어 있다. 정형화된 묘지의 구성요소(①제목(표지 또는 지액) ②휘諱(이름) ③자 ④성 ⑤본적 ⑥가계 ⑦품행 ⑧관력을 중심으로 하는 경력 ⑨사망일 ⑩향년 ⑪사망지 ⑫시호와 비용 등과 같은 추증 ⑬장례일 ⑭장지 ⑮명사)를 기준으로 하면 제목, 자, 추증, 장례일, 명사가 없다. 낮은 관직의 소유자기에 조정으로부터 추증이 없는 것은 자연스럽다. 성씨와 이름이 기록되어 있어 묘주에 대한 기본 정보는 갖춰진 셈이다. 사정에 따라 사망일과 장례일 중 하나만 기록되는 경우도 많기에 장례일이 없는 것은 별다른 문제가 아니다. 요컨대 명사를 제외한 대부분의 내용이 구비된 묘지라고 할 수 있다. 묘표로서의 모습을 찾아보기 힘들 뿐 아니라 명사만 없지 묘주의 품행을 기술하면서 이미 송덕이라는 효과를 내고 있다.

그런데 이 〈신홍지묘지〉는 북위 묘지의 자체적 발전의 결과로 보기 힘들다는 문제가 있다. 그 이유는 북중국 출신의 신홍지가 남쪽으로 피난 가 유송에서 살다가 북위로 귀순한 자이기 때문이다. 그의 묘지에는 사망한 지역이 수도(평성)로 기록되어 있는데, 일반적으로 남조에서 북위로 귀순한 이들을 평성 근처 설치된 평제군平齊郡(북위가 유송으로부터 제 지역을 탈환하고 그곳에 살던 이들을 이주시키기 위해 469년에 설치한 군)으로 강제 이주시켰던 역사적 사실과 일치한다. 아마도 그는 유송의 문화를 향유하고 그 장례 문화에 익숙하였을 것이다. 따라서 〈신홍지묘지〉에 보이는 정형화는 남조의 영향으로 봐야 할 것이다.

북위 묘지의 정형화에 미친 남조의 영향을 부정하기는 힘들다. 〈풍희묘지〉의 묘지명은 당시 북위 황제였던 효문제가 직접 작성한 것이다. 황제가 묘지명을 작성하는 것과 관련해서 당시 북위 조정이 얼마나 술렁이고 정신이 없었을지 능히 짐작이 간다. 최고의 문필가들이 조력자가 되어 묘지명 작성을 도왔을 것이다. 연구자들은 그 당시 효문제에게 가장 큰 영향을 미쳤던 이로 493년 남제에서 망명한 왕숙王肅(464~501. 남제·북위의 관료)을 지목한다. 그는 묘지의 최신 경향을 북위 조정에 제공했을 것이다. 따라서 귀순자인 신홍지에 이어 망명자 왕숙의 존재 역시 북위 묘지가 남조 묘지로부터 영향을 받았을 가능성을 말해준다. 그러나 남조 묘지의 변화에서도 알 수 있었던 것처럼 묘지 구성 요소에 가장 큰 영향을 주는 것은 그 사회적 필요였다. 그렇다면 어떤 사회적 필요가 북위 묘지를 정형화로 이끌었을까?

북위 묘지는 대체로 503년을 기점으로 정형화되며 505년경에는 구성 요소가 거의 완비되고 그 순서 역시 고정화되는 것으로 파악된다. 명사는 그 이전부터 구비된다. 〈풍희묘지〉를 시작으로 499년에 제작된 〈원간묘지元簡墓誌〉·〈원필묘지元弼墓誌〉·〈원빈묘지元彬墓誌〉·〈한현종묘지韓顯宗墓誌〉, 500년에 제작된 〈원정묘지元定墓誌〉·〈원영종묘지元榮宗墓誌〉, 501년에 제작된 〈원우묘지元羽墓誌〉·〈조밀묘지趙謐墓誌〉·〈원징비이씨묘지元澄妃李氏墓誌〉, 502년에 제작된 〈목량묘지穆亮墓誌〉·〈이백흠묘지

李伯欽墓誌) 등은 모두 명사가 기술되어 있다. 묘지가 정형화되기 전부터 대부분의 묘지가 명사를 갖추고 있어, 명사가 없는 묘지를 찾는 것이 오히려 어려울 정도다.

우리는 묘지에 명사가 완비되는 것이 개인의 공적을 드러내고 기리기 위한 것임을 잘 알고 있다. 그렇다면 북위 묘지가 묘표로서의 모습을 버리고 송덕을 담당하는 명사를 갖춘 것은 북위 사회가 개인의 공적을 드러내야 하는 사회가 된 것을 의미할 것이다. 북위 사회의 무엇이 개인으로 하여금 공적을 드러내게 한 것일까? 잠시 북위 사회를 들여다 보자.

초원에서 화북으로, 다시 중원을 향해-효문제 이전 북위

북위를 건립한 선비족鮮卑族 탁발부拓跋部가 명확한 형태로 역사에 등장한 것은 3세기 조위 문제(재위 220~226) 시기다. 당시 추장酋長이었던 역미力微(북위 시조)는 탁발부를 중심으로 선비족을 연합하여 국가를 수립하고(220년), 지금의 내몽고자치구 성락盛樂에 근거지를 두었다(3세기 중엽. 258년경으로 추정). 그러나 그의 사후 부족 연합은 와해되었고 4세기 들어 역미의 손자 의로猗盧에 의해 다시 재건된다.

당시 서진 왕조는 혜제惠帝(사마충司馬衷. 재위 290~307)의 황후인 가후賈后(가남풍賈南風. 256~300)와 보정輔政인 양준楊駿(?~291. 서진의 대신, 혜제의 외조부)의 대립으로부터 촉발된 8명의 사마씨司馬氏 친왕親王들의 상호 공벌로 인하여 사실상 내전 상태에 처해있었다(8왕의 난). 이 기회를 노려 제일 먼저 중국 안으로 들어와 있던 흉노족匈奴族의 유연劉淵(전조前趙의 초대 황제. 재위 304~310)이 자립하여(304년) 국가를 세우며 십육국 시기가 개막된다.

　내란에 주변 유목족의 자립까지, 위기에 빠진 서진 왕조가 선택한 것은 적으로 적을 제압하는 '이이제이以夷制夷' 전술이었다. 선비족을 북변의 울타리로 이용하고자 하는 서진 왕조의 정책에 의해 의로는 세력을 확대하여 남하하였고, 중원의 대혼란 시기 산서성 중부에 고립된 병주자사井州刺史(병주는 지금의 산서성, 하북성·내몽고 일부) 유곤劉琨(270~318. 서진의 대신, 장수)을 원조하면서 서진으로부터 대공代公의 작위를 받는다(310년). 그리고 얼마 후 대왕代王의 작위를 받아 대국代國을 건설한다(315년). 그러나 의로 사후 부족장들의 세력 다툼으로 국가는 십육국 중 하나인 갈족羯族이 세운 후조後趙에 복속된다. 중원으로 진출하기는 하였지만 탁발부는 독립 왕조 국가 건설에는 실패한 것이다.

　탁발부의 부흥은 의로의 종손從孫이었던 십익건什翼犍(재위 339~376)에 의해 이루어진다. 후조의 수도 업鄴(지금의 하북성 임장현臨漳縣)에 인질로 가 있던 십익건은 이복형 예괴翳槐가 사망한 후 귀국하여 대왕의 지위를 세습한다. 업에 머무르며 중국 문명의 영향을 받았던 십익건은 유목 부족 국가를 중국식 왕조로 변화시키기 위해 노력하였다. 하지만 376년 저족氐族의 전진前秦에게 멸망되며 그의 노력은 미완으로 끝이 나게 된다.

　일시적이기는 하지만 북중국을 통일한 전진의 부견苻堅(재위 357~385)은 진정한 황제라 할 만하였다. "사방이 대략 평정되었으나 오직 동남쪽 한 모퉁이가 아직 왕화王化를 입지 못하고 있다. 내가 매번 천하가 하나 되지 못함을 생각하니 음식을 먹음에 밥맛을 그르치지 않음이 없었다.…땅이 넓지 않아서가 아니고 사람이 부족해서가 아니다. 다만 육합六合을 하나로 하여 창생을 구제하고자 함을 생각한 것이다."(『진서

晉書』「부견재기符堅載記」) 부견은 진시황 이래 가장 확장된 세계를 표현하는 육합(동서남북 사방에 하늘天과 땅坤을 더한 공간 개념. 흔히 우주宇宙와 혼용된다)이란 용어를 사용하며 자신이 그 육합의 유일한 지배자임을 선언하였다. 그의 심복이자 명재상이었던 왕맹王猛(325~375. 전진의 대신)의 간곡한 만류에도 불구하고 동진에 대한 정벌을 감행한 것은 그가 진정으로 진시황, 한무제와 동류同類임을 말해준다.

부견이 이상을 위해 모든 것을 쏟아 부었던 동진 정벌의 성패는 장강 중류 비수淝水(지금의 안휘성安徽省 합비시合肥市 남쪽)에서 결정되었다(383년). 비수전에서의 실패로 부견은 부하인 요장姚萇(후진後秦의 초대 황제. 재위 384~393)에게 살해되었고, 전진은 멸망하였다. 화북은 다시 분열 상태에 빠지게 되었고, 탁발부에게 기회가 찾아왔다. 십익건의 손자 도무제道武帝 탁발규拓跋珪(재위 386~409)는 386년 여러 부족의 추대를 받아 성락에 정도定都하고 국호를 위魏로 변경하였으며, 연호를 등국登國이라 하였다. 이후 유연柔然을 비롯하여 다른 부족들을 평정하며 장성 밑 오르도스 지역(원래는 몽골의 부족명인 동시에 그 부족이 짐거한 지역의 명칭. 현재 황하의 만곡부와 장성에 의해 둘러싸인 지역을 의미)에서 노동 인구와 가축을 획득하며 성장하였다. 호시탐탐 중원 진출의 기회를 노리고 있던 탁발부에 후연後燕 황제 모용수慕容垂(재위 384~396)의 죽음은 절호의 기회였다. 40만의 군대를 일으켜 황제의 기치 아래 중원으로 진출하는 탁발부는 일견 무모해 보이기도 하였다. 그러나 결과는 예상과 달리 북위의 대승이었고, 이후 후연은 남북으로 분할되는 지경에까지 이르렀다.

398년 평성으로의 천도는 본격적인 왕조 국가로의 출발이었다. 점령 부족들을 비롯하여 부락민들은 수도 주변으로 이주되었으며, 그들에게는 일정한 토지가 지급되었다. 부족장의 지배권은 박탈되었다. 한인 사대부들을 적극적으로 포섭하여 국가 체제를 중국식 율령 체제로 변화시키고자 하였다. 이때 도무제에 의해 발탁된 화북의 대표적인 명족의 후예로는 청하淸河(지금의 산동성 임청시臨淸市) 최씨崔氏의 최정崔逞(?~399)과 최현백崔玄伯(?~418), 발해渤海(지금의 하북성 남피현南皮縣) 봉씨封氏의 봉의封懿(?~417), 조군趙郡(지금의 하북성 한단시邯鄲市) 이씨李氏의 이선李先(335~429) 등을 들 수 있다(이들 중 청하 최씨는 탁발부 최고 8성에 대응한 한족 4성 중의 하나이며, 조군 이씨 역시 한족 5성을 꼽을 때 하나로 거론되는 명족이다). 탁발부는 빠른 속도로 북방의 유목 사회에서 남방의 농경 사회로 전화해 나갔다. 그러나 평성이라는 지역이 상징하듯이 아직 북위의 한 발은 초원을 딛고 있었다 (평성은 화북의 중심 도시로 향하는 중요한 지점이었지만 다른 한편 화북에서 몽골 고원으로 나가는 중요한 루트 상에 위치하기도 하였다). 아직은 정복지의 중국 문화에 적응하는 단계에 불과했던 것이다. 이제 북위 안에서 진정한 중국 문화의 창조자가 나올 차례였다.

효문제의 한화 정책

북위의 여섯 번째 황제 효문제 탁발굉(재위 471~499)을 따라다니는 수식어는 아마도 '한화漢化 정책'일 것이다. 선비족의 언어(호어胡語)와 의복(호복胡服), 성(호성胡姓)을 비롯하여 모든 선비족 풍습(호풍胡風)을 금지하는 한편 호족과 한족의 통혼을 적극적으로 장려하여 혈통을 변화시키는 극단적인 한화 정책을 추진한 것으로 평가받는다. 한화 정책에 대한 입장은 대략 두 가지로 요약할 수 있다. 그 중 하나는 다섯 살의 나이로 즉위한 효문제를 대신하여 섭정하던 문명태후文明太后

(풍태후馮太后. 442~490)의 영향을 받았다는 주장이다. 효문제의 조모이자 유모였던 풍태후가 한인인 관계로 풍태후에게 키워진 효문제가 자연스럽게 한화 정책을 추진했다는 것이다. 또 다른 입장은 한화 정책을 북위 사회 내부에 존재하던 한화에 대한 필요와 요구에 대한 적극적인 대응으로 이해한다. 유목 사회에서 농경 사회로 전화해 가던 북위 내부에서 분출한 완전한 왕조 국가 건설의 요구들이 한화 정책으로 표출되었다고 본 것이다.

양측 모두 나름의 설득력을 가지고 있는 것은 분명하다. 그러나 한 가지 더 고려해야 하는 것은 효문제 탁발굉이 선비 귀족들의 근거지에서 멀어져야 황제 권력이 확립될 수 있다고 여겼다는 점이다. 여기서 근거지와의 거리라는 것은 물리적인 것임과 동시에 의식적인 것을 의미한다. 한화 정책은 그런 그가 강한 황제권 수립을 위해 선택할 수밖에 없는 조처였다. 어쨌거나 중국식 통치 형태는 전통적인 초원의 분권적 관행보다 황제에게 더 강한 권력을 부여했기 때문이다.

그런 의미에서 호어, 호복, 호성의 철폐보다 더욱 강력하면서도 근본적인 한화 정책은 몰락 농민에게 농경지를 나눠주었던 균전제均田制(15세 이상의 성인 남자·부인·노비에게 일정량의 토지를 나누어 주고 이후 과역課役이 면제되는 나이가 되거나 사망 시에 국가에 반환하게 하였다)와 그 사전 작업으로 호적을 작성하기 위해 실시했던 삼장제三長制(5가家를 1린隣으로, 5린을 1리里로, 다시 5리를 1당黨으로 조직하고 각각 인장과 이장, 당장을 두어 호적 작성 및 조세 징수를 담당하게 하였다)였다고 할 수 있다. 따라서 효문제의 한화 정책은 이제 선비족 탁발부 안에서 황제 국가가 창출될 정도의 단계가 도래했음을 의미한다고 할 수 있을 것이다.

효문제의 한화 정책의 가장 상징적인 장면은 낙양(지금의 하남성 낙양시) 천도일 것이다. 태화太和 17년(493) 남제南齊 토벌을 명분으로 군사를 일으킨 효문제는 10월 낙양에 이르자 큰 비를 핑계로 남정을 멈추고 천도를 논의하게 한다. 이때를 대비하여 미리 낙양을 경영하였던 이충李沖(450~498. 북위의 대신) 등의 간곡한 권유에 따라 다음해 봄 낙양으로 천도에 성공하게 된다. 내몽고 초원에서 일어난 탁발부가 온전하게 농경의 땅에 두 발을 딛게 되는 순간이며, 중국식 왕조 국가로의 전화가 일단락된 순간이다. 그러나 효문제의 한화 정책은 여기서 그치지 않았다.

성족분정과 북위 묘지의 정형화

완전한 중국식 왕조 국가를 꿈꿨던 효문제는 남조와 같은 문벌 사회를 수립하고자 하였다. 그렇다고 그가 계획했던 문벌 사회가 무조건적으로 귀족들의 특권을 보장하고 왕조보다 가문을 우선시 하는 사회는 아니다. 그것은 그가 단행한 성족분정姓族分定(혹은 성족상정姓族詳定)의 성격으로부터 추정 가능하다. 성족분정은 태화 19년(495) 태조 도무제 이래 공훈이 뛰어난 목穆·육陸·하賀·유劉·누樓·우于·혜嵆·위尉의 8성을 선비 제1급의 귀족으로 정하여 한인 4성(청하淸河 최씨崔氏, 범양范陽 노씨盧氏, 형양滎陽 정씨鄭氏, 태원太原 왕씨王氏)에 비견하게 하고 비교적 직급이 낮은 관직에는 임용할 수 없게 한 것이다. 또한 원래 출신과 건국 이래 보유했던 관직의 고하를 고려하여 성족을 구분하였다. 간단히 말한다면 가문의 수준, 즉 가격家格을 결정하여 임관의 기준으로 삼았던 것이다.

이상의 내용은 북위의 성족분정을 자칫 남조 귀족제의 복제로 이해하게 하였다. 이는 역대 역사가들이 성족분정을 부정적으로 보며, 심지어는 북위의 몰락 원인으로까지 지목하는 것에서 알 수 있다. 물론 성족분정이 북위 사회에 귀족제를 도입한 것임은 분명하다. 그러나 북위의 귀족제는 남조의 그것과는 달랐다. 남조의 문벌이 정치권력 밖에서 독립적으로 성장하여 고정화되었다면 북위의 그것은 부족 시기의 지위와 더불어 황제와의 친밀도 및 제실帝室에 대한 충성심이 고려되어 황제의 힘에 의해 만들어졌다. 귀족제 사회라고 하지만 능력과 보유한 관직이 중요한 기준이 되었다.

보유하고 있던 관직이 중요한 기준이 된 점과 관련하여 주목되는 것은 효문제 태화 16~18년(492~494) 사이 진행된 대대적인 관인 고과考課다. 당시 고과의 대상은 종실, 외척, 선비 8성, 한인 4성을 망라하였다. 이때 종실이었던 원우元羽(470~501. 북위의 종실 대신)를 비롯하여 많은 이들이 나태, 불성실, 교만, 무능력, 파당 짓기 등의 죄목으로 해직과 강등, 면관, 봉급 박탈에 처해졌다. 이것은 북위가 남조처럼 문벌 사회였다 해도 남조와는 달리 개인의 능력이나 치적治積을 적극적으로 드러내야 하는 사회였음을 말해준다. 요컨대 북위 사회는 개인의 능력을 드러내고 그것을 칭송하는 송덕頌德 행위를 필요로 하였던 것이다.

효문제에 의해 실시된 성족분정은 한 시기에 일괄적으로 진행된 것은 아니다. 효문제 시기를 지나 선문제宣文帝(탁발각拓跋恪. 재위 499~515), 효명제孝明帝(탁발후拓跋詡. 재위 515~528) 시기를 거치며 완성되었다. 자연히 북위의 가문과 개인은 높은 등급을 받기 위한 노력을 지속해야 했을 것이다. 특히 성족분정은 주중정州中正이 인물평에 근거해 등급을 책정하는 방식이었기에 가문의 수준과 개인의 능력을 적극적으로 선전해야 했을 것이다. 낙양 천도 이후 북위의 묘지가 명사를 완비하며 정형화되는 것은 우연이 아니다.

그림 16 〈풍희묘지〉*

태사太師・경조군개국풍무공京兆郡開國馮武公의 묘지명墓誌銘.① 태사・경조군개국공의⑧ 성은 풍馮이요,④ 휘는 희熙며② 자는 진국普國이다.③ 기주冀州 장락군長樂郡 신도현信都縣 사람이다.⑤ 필공畢公 희고姬高의 후예로 연燕 소문황제昭文皇帝의 손자며 대위大魏 태재太宰 연 선왕宣王의 둘째 아들[中子]이고, 경목황제景穆皇帝의 사위며 문명태황태후文明太皇太后의 오빠이자 현조顯祖 헌문황제獻文皇帝의 큰외삼촌이다. 또 나라의 장인이 되셨다.⑥ 공은 강건한 빼어난 기운을 품고, 자비롭고 공순함으로써 신묘함을 갖춤을 드러내었다. [군의] 무공武功은 격동되고 미혹함 속에서 단속함을 헤아리고, 인仁은 온화하게 해가 떠오르는 중에 광명을 낳는 것 같았다.⑦ 집안이 무너지는 운명을 만났으나 서소西沼에서 명성이 점차 [높아지고] 훌륭하신 황후께서 기틀을 안정시키시니 또 북위 조정

---

* 劉連香,「北魏馮熙馮誕墓誌與遷洛之初陵墓區規劃」,『中原文物』2016-3, 83쪽.

[代淵]에서 약진하게 되었다. 당대에는 부친의 업業을 계승하고 후세에 대해서는 공업을 세워 빛나게 하셨다.⑧ 효는 가문의 멀리까지 비추고, 도道는 나라의 먼 곳까지 무성하였다. 현묘한 도를 정밀하게 깨닫고, 드러나지 않는 진리를 깊이 숭상하였다. [부처의] 깨달음을 흠모하여 고요한 평안함으로 돌아가고자 하였고, 초월함을 이해하여 [피안彼岸으로] 건너가고자 하였다.⑦ [그러나] 복록福祿은 아직 모이지 않았는데 하늘은 무너지고 어그러졌으니, 태화 19년 을해乙亥 초하루가 신미辛未인 정월 갑오甲午 24일⑨ 향년 58세로⑩ 대代의 평성平城 집에서⑪ 돌아가셨다[薨]. 시호는 무공武公이다.⑫ 그해 12월 경신庚申 26일,⑬ 하남河南 낙양洛陽의 북망산北邙山에 묻히셨다.⑭ 그 명사는 다음과 같다. 아름다운 광채는 희성姬姓에서 시작되었고, 뛰어난 공업은 진晉에서 밝게 드러났다. 풍馮 땅에 머물며 성씨를 삼았으며, 연燕에서 [지위가] 높아져 후대에까지 복운福運이 미치게 되었다. 금풍金風이 서방을 쓸어버리고 난운蘭雲이 동방에 고루 미쳤다. 기개는 서리와 폭풍을 넘어서고, 지혜는 모든 것을 싸안는 햇볕보다…. [지방의] 장관으로 나가서는 강태공姜太公과 같이 실로 백성들의 어려움을 편안히 하였고, 삼공三公으로 들어와서는 정자산鄭子産과 같이 참으로 대법大法과 화합하였다. 어질고 덕이 있는 훌륭하신 어머니와 짝이 되었으니 □은 빛나고 대지는 안정되었다. 조상의 음덕을 삼가 받들어 부마國姬[가 되었고] 근본을 깊게 하여 [그 후예가] 잇달아 고귀해졌다. 도는 지난날의 영화로움을 초탈하고, 명망은 시대의 준걸俊傑을 능가하였다. 고요한 통찰력이여, 높고 맑은 목소리여, 하늘이 어두워지며 보배는 사라졌고 내川가 그치며 진귀한 옥은 재가 되었다. 죽은 혼백이 무덤 안에 잠들었으니 슬픔을 머금고 [돌에] 새겨 고하노라.⑮

〈풍희묘지〉

이 묘지는 문명태후 풍씨(풍태후)의 형인 풍희馮熙(438~495. 북위의 대신)의 것으로 태화 19년(495), 즉 천도 직후에 제작되었다. 문명태후의 형이자 경목제景穆帝(탁발황拓跋晃. 428~451. 태무제太武帝의 장자, 문성제文成帝의 부친. 후에 경목제로 추존)의 딸인 박릉장공주博陵長公主의 남편이며 두 황후(효문유황후孝文幽皇后 · 효문폐황후孝文廢皇后)와 두 소의昭儀(풍희의 넷째 · 다섯째 딸)의 부친인 풍희가 북위 정계에서 차지하는 위치 때문인지는 몰라도 위 묘지명은 효문제가 친히 작성하였다. 구성 요소 면에서도 ①지액, ②휘, ③자, ④성, ⑤본적, ⑥가계(및 가족관계), ⑦품행, ⑧이력, ⑨졸일, ⑩향년, ⑪졸지, ⑫시호 및 추증, ⑬장일, ⑭장지, ⑮명사로 이루어져 완전한 모습을 보인다.

북위에서 구성 요소를 완비한 묘지가 출현한 것에는 남조로부터의 영향도 무시 못할 것이다. 특히 낙양 천도 직전인 493년 남조에서 망명한 왕숙은 북위에서 정형화된 묘지를 출현시킨 장본인일 가능성이 높다. 전통 시기 역사가들이 최초의 완비된 묘지로 판단하는 〈왕구묘지王球墓誌〉의 주인공인 왕구가 그의 조부다. 즉, 왕숙은 묘지 제작과 관련하여 남조 묘지의 정수를 알고 있는 인물이라고 할 수 있다. 연구자들은 그런 왕숙이 북위에 망명함으로 인해 남조 묘지가 북위에 전해졌다고 여겼다. 북위로 귀순한 후 북위의 의례儀禮와 전장典章(제도와 법률)을 정비하는 데 공헌했던 왕숙의 이력을 생각하면, 왕숙으로부터 북위로 남조 묘지에 대한 정보가 전해졌다고 보는 것은 설득력 있는 추정이다.

그러나 남조 묘지가 북위에 전해졌다고 해서 북위에서 정형화된 묘지가 등장하는 것은 아닐 것이다. 묘지 발전사가 말해주듯 묘지 정형화에 가장 큰 영향을 준 것은 사회적 필요였기 때문이다. 성족분정이 일회성 조치가 아니라 세 황제 통치 기간 동안 지속적으로 진행되었기에 좋은 등급을 받기 위한 노력 또한 지속되었을 것이다. 가계의 위대함과 개인의 능력과 치적이 묘지에 기록되는 것은 당연한 일이었을 것이다. 그렇게 북위 묘지는 정형화의 길을 걸었다.

호인의 묘지 기술

북위의 문벌 제도가 남조와는 달리 황제와의 친밀도나 제실에 대한 충성도에 규정되었기에 각 가문 혹은 개인은 가문의 위대한 가계 및 개인의 뛰어난 능력을 드러내야만 했다. 그렇다고 가문과 개인에 대한 선전 방식이 동일했던 것은 아니다. 호한胡漢의 차이, 등급의 차이가 선전에 영향을 미쳤을 것임을 상정하는 것이 상식적일 것이다. 일반적으로 한인漢人 관료는 개인의 이력과 성품, 즉 개인적 능력 부분을 강조하였고, 호인胡人들의 경우 가계家系, 특히 북위 왕조와의 관계를 강조하였다. 특히 이런 경향은 자신의 이력을 드러내기 어려웠던, 그러나 가문은 좋았던 여성에게서 두드러진다.

다음 묘지는 503년에 제작된 북위 헌문제獻文帝(탁발홍拓跋弘. 재위 465~471)의 빈이었던 후(후골)씨의 묘지로 그 중 가계와 이력 부분을 제시하였다. 여성인 관계로 이렇다 할 이력이 없다. 대신 가계에 대한 내용이 많은 분량을 차지하고 있다. 후부인의 묘지에서 가계는 묘주에 대한 다른 신상 정보-품행, 향년, 장례일, 장지 등-에 비하여 압도적인 분량을 차지한다. 그런데 그 가계 서술을 자세히 살펴보면 각 황제들과의 관계를 강조하여, 주로 북위 왕조에 대한 충성심을 드러낼 수 있는 방식을 채용하고 있음을 알 수 있다. 선비족의 경우 북위 왕조와의 관계를 강조하는 것이 유리했던 시대적 요청에 따른 결과일 것이다.

태화 16년(492), 효문제는 지금까지 용인되던 군호軍號(군대에서의 직위와 계급)의 세습을 불허하였다. 부친이 가진 군호를 아들이 계승하는 것이 불가능해진 것이다. 이는 왕조에 대한 개인의 충성과 공적만이 기존의 기득권을 보장받는 유일한 방법이라는 것을 말하는 것이었다(우리는 이와 유사한 사례를 이미 송무제 유유에게서 보았다). 그리고 태화 19년(495)에는 성족 분정을 통해 국가가 지배 집단의 서열을 확정하고자 하였다. 황제에 의해 사회적 질서가 구축되었던 것이다. 가문의 위대함을 적극적으로 선전할 사

그림 17 〈후부인묘지侯夫人墓誌〉 (홍승현ⓒ)

부인의 본래 성은 후골侯骨이다. 그 선조는 삭주朔州(지금의 내몽고자치구) 출신으로 대대로 부락의 추장이었다. 그 먼 조상이 북방에 있을 당시 항상 황제를 쫓아 공을 세운 것이 누대累代였다. 조부인 후만근侯萬斤은 제1품 대추장大酋長이었다. 부친 이막한伊莫汗은 세조 때 산기상시가 되었으며 평안후平安侯에 책봉되었고 이후 시중·상서尚書로 옮겼다가 곧 나가 임제臨濟에 주둔하였으며 일남군공日南君公에 책봉되었다. 효문황제孝文皇帝께서 낙양으로 천도하시면서 부인은 비로소 후씨侯氏 성을 하사받았다.

〈후부인묘지〉 중 가족 관계 및 이력 부분

회적 필요는 차고도 넘치는 상황이었다. 묘지에 북위 황실과의 관계를 적극적으로 드러내는 것은 선택이 아닌 필수였던 것이다.

하지만 한인=개인 능력, 호인=가계라고 단순화하는 것은 위험하다. 한인 중에서도 가문의 가격을 드러내는 것이 유리한 이들은 가계 부분에 치중하여 기술하였고, 선비 귀족 중에서도 고관高官을 역임한 이들은 자신의 이력을 서술하는 것에 충실하였다. 따라서 묘지 기술의 방법을 일괄하여 정의하는 것은 어렵다. 특히 선비족보다 사회적으로 불리한

위치에 있었던 한인들의 경우 자신들의 약점을 드러내지 않을 최선의 방법을 찾기 위해 노력했을 것이다. 한인들의 묘지를 살펴보자.

위대한 가계

홍농弘農 양씨楊氏는 당시 한인 4성으로 불리는 산동 귀족(대표적으로 청하 최씨, 범양 노씨)에 비해서는 낮은 가격을 가지고 있었다. 그러나 후한 이래 군망群望(군의 망족, 즉 군에서 세력과 명망이 높은 집안)으로 4대에 걸쳐 태위太尉를 배출한(사세태위四世太尉) 관중關中의 명족名族이 었다. 특히 서진에서 활약한 병柄·준駿·요珧·제濟 중 준·요·제는 '삼양三楊'으로 불리며 서진 정계를 장악하였다. 그중에서도 양준은 서진 무제의 장인으로 무제 사후 혜제의 보정이 되었다. 이후 북위에서 도 양파楊播(453~513. 북위의 대신) 형제가 고관에 올라 홍농 양씨는 역대 왕조에서 모두 고관을 배출하는 문벌로서 그 위세가 대단했다. 아래는 그 내단힌 홍농 양씨 중 양영楊穎이란 인물의 묘지다.

〈북위영평4년(511)양영묘지北魏永平四年楊穎墓誌〉

【지액】 위魏 화주별가華州別駕 양부군楊府君의 묘지명.

【휘·자·관적】 군의 휘는 영穎이고 자는 혜철惠哲로 홍농군弘農郡 화음 현華陰縣 동향潼鄉 습선리習仙里 사람이다.

【가계 1】 한漢 태위 양진楊震의 12세 후손이고 진晉의 상서령尚書令 양요楊 瑤의 7세 후손이며, 상곡부군上谷府君 양진楊珍의 증손이고 청하부군 清河府君 양진楊眞의 손자며, 낙주사군洛州史君 양의楊懿의 셋째 아들

이다.

【품행 및 이력】 군의 타고난 성품은 깊고 원대하였으니 뜻恴이 우뚝한 것은 하늘의 구름 같고, 정이 깊은 것은 특별한 반열이었으니 [세속의 하찮은] 풍속에 휘둘리지 않았다. 이에 효제孝悌는 총명했던 어린 시절부터 시작되었고 공검恭儉은 솜옷을 기어 입는 정도였다. 간공簡公이 돌아가셨을 때는 정사를 돌보지도 못하고 몸을 해칠 정도로 슬퍼하였다. 매일 행장行狀을 읽을 때마다 슬픔이 비처럼 쏟아졌다. 당시 사람들 모두 [군을] 증참曾參과 자고子羔에 비견된다 말하였다. 고조高祖 효문황제孝文皇帝께서 처음으로 벽옹辟雍을 세우셨을 때 중서학생中書學生으로 뽑혀 들어갔다. 학교에 선발되어서는 문재文才의 뛰어남이 범상치 않았다. 어려서는 도道를 좋아한다는 이름을 널리 알리고, 나이 들어서는 견실함을 다한다는 칭송을 받았다. 세월이 지나도 자신의 뜻과 일에 흔들림 없이 삼왕위진三王魏晉의 문장들을 기록하여 30권으로 만들었는데 모두 세상에 전한다. 대사농승大司農丞·평북부록사참군平北府錄事參軍을 역임하고 본주本州의 치중종사사治中從事史로 징소徵召되었고 잠시 후 별가別駕로 옮겼다. 군의 집안은 부유하고 고관高官이 거듭 났으니 형제들은 영화로움을 계승하였고 처가의 어른 여러 분은 지방 장관을 역임하였으며, 조정에 든 문생門生을 많이 두었고 재주가 있는 복첩僕妾을 거느렸다. 그럼에도 군의 성정은 순박하고 신실하였으며, 소박함으로 업業을 삼고 고상하기를 바랐다. 음식을 먹을 때는 여러 반찬을 잘 차려 먹지 않았으며 옷은 마麻로 된 옷이 반드시 해지도록 입었다. [그런데] 어찌 인仁을 도우려 꾀했는데도 부름이 없고 선善에 보답하려고 하였는데도 적막하고 공허하였는가!

【향년·사망일·졸지】 춘추春秋 38세, 세차가 신묘辛卯에 있던 영평永平

4년(511) 초하루가 병신丙申인 5월 27일 임술壬戌에 수도 의인리依仁里 집에서 사망하였다.

【장례일 · 장지】아 [그 해] 계사癸巳가 초하루인 11월 17일 기유己酉 동향潼鄕에 장사지냈다.

【추도사】언덕 위 측백나무 여름에 부러지고 오吳 땅의 계수나무 봄에 무너지니 저녁 구름 처량하고 새벽이슬 한 덩이 얼음과 같구나. 조정의 어질고 강직한 이는 몹시 애석해 하고 향리는 더더욱 비통해 하며 돌에 새겨 묘지명을 세워 영원히 아름다운 명성을 밝히고자 한다.

【명사】생략

【가계 2】증조모 부풍扶風 두씨竇氏. [증조모의] 부친 진秦은 북평태수北平太守[를 지냈다.] 조모 고양高陽 허씨許氏. [조모의] 부친 명월明月, 동궁시랑東宮侍郞[을 지냈다.] 모친 태원太原 왕씨王氏, 신창군군新昌郡君에 봉封해졌다. [모친의] 부친 융融은 유주자사幽州刺史 · 여남장공汝南莊公[을 지냈다.]

묘주인 양영은 서진에서 상서령 · 위장군衛將軍 · 태복경太僕卿을 지냈던 양요의 7대 손이다. 38세의 비교적 이른 나이에 사망한 양영은 기록에 따르면 대사농승 · 평북부록사참군을 역임하고 화주華州(지금의 감숙성 숙녕현肅寧縣) 치중종사사를 거쳐 화주별가가 되었다. 별가는 전한 시기 주자사州刺史의 속관으로 설치된 후 역대 왕조에서 계승하였다. 북위에서는 종사품상從四品上에 해당하는 관직으로 낮은 품계라고 할 수는 없지만 삼공 혹은 못해도 태수를 배출하는 홍농 양씨 집안 출신자의 마지막 관직(달관達官)으로는 낮은 품계의 직이라고 할 수 있다. 그래서 품행과 이력을 기술하는 부분에서도 집안에 대한 서술이 포함되어 있으며, 가계에 대한 기술이 묘지의 앞부분과 뒷부분에 두 차례 등장한다.

그의 가계는 양요 – 양초楊超 – 양결楊結 – 양진楊珍 – 양진楊眞 – 양의楊懿로 이어진다. 고조인 양결은 선비 모용慕容 정권에 입사하여 중산상中山相(중산국은 지금의 하북성 정정현正定縣)의 자리에 올랐으며, 증조인 양진楊珍은 397년 북위의 공격에 중산국이 함락되자 북위에 투항하여 상곡태수上谷太守(상곡군은 지금의 하북성 회래현懷來縣)가 되었다. 조부인 양진楊眞은 하내河內(지금의 하남성 무척현武陟縣)·청하淸河 두 군의 태수를 지냈으며 부친인 양의는 연흥延興(471~476) 말기에 광평태수廣平太守(광평군은 지금의 하북성 계택현鷄澤縣)를 지냈다. 삼공을 연달아 배출했던 이전 시기만큼은 아니라 해도 북위 들어서도 대대로 태수를 배출하는 명문이었다. 묘지에는 짧기는 하지만 이러한 가계의 뛰어남이 잘 드러나 있다. 또 하나 특기할 것은 명사 다음에 또 다른 가계를 기록하고 있는 점이다. 바로 선외가先外家 및 외가 쪽 가계에 대한 서술이다. 양영의 선외가에 대하여 살펴보자.

양영의 증조모는 부풍扶風(지금의 섬서성 부풍현) 두씨로 그의 부친은 북평태수北平太守(북평군은 지금의 하북성 준화시遵化市)를 지낸 두진이다. 부풍 두씨는 위진남북조魏晉南北朝 시기에 들어서면 한대와 같은 위세를 보이지는 못하지만 역시 명족이라 할 수 있는 집안이다. 전한 문제文帝(유항劉恒. 재위 기원전 202~기원전 157) 시기 역사의 무대에 등장한 후, 두융竇融이 후한 광무제光武帝(재위 25~57)를 도와 기병하여 후한 건국의 공신이 되면서 부풍의 대족으로 성장하였다. 이후 두융의 증손녀인 장덕두황후章德竇皇后가 장제章帝(재위 75~88)의 황후가 되면서 외척으로서 권력을 장악하게 된다. 장제 사후에는 두헌竇憲(?~92. 후한의 대신)이 보정이 되어 만기萬機를 총람總覽하면서 후한 최고의 집안이 되었다.

그러나 화제和帝(재위 88~106)의 친위쿠데타에 의해 두헌이 제거되면서 두씨 일족의 영화는 종말을 고하였다. 이후 두융의 현손玄孫(4세손)인 두무竇武(?~168. 후한 말의 대신)가 딸인 환사두황후桓思竇皇后 두묘竇妙(?~172)로 인해 영제靈帝(재위 168~189)의 보정이 되며 다시 한 번 두씨 집안이 역사의 중심에 등장하지만 얼마 되지 않아 두무가 환관에 의해 살해당하면서 후한사를 장식했던 부풍 두씨는 무대 밖으로 퇴장하게 된다. 이후 부풍 두씨는 한대와 같은 모습을 재현하지는 못하였다. 묘지에 기술된 증조모의 부친인 두진은 사서에서 찾을 수 없는데, 그래도 북평태수에 올랐다는 것은 부풍 두씨가 태수를 배출할 수 있는 정도의 여력은 남아 있었음을 말해준다.

조모의 집안인 고양 허씨는 여남汝南 허씨에서 갈라져 나온 지파支派로, 사서에서 가장 먼저 확인되는 이는 후한 시기 전농교위典農校尉와 태수를 역임한 허거許據다. 그의 아들 허윤許允은 조위에서 중령군中領軍을 지냈는데,『삼국지』에 인용된『위략魏略』에 당시 관족冠族(세족)이라 하여 이미 고양 허씨가 알아주는 집안이었음을 알 수 있다.

노친의 집인인 태원 왕씨에 대해서는 긴 설명이 필요 없을 것이다. 훗날 농서隴西(지금의 감숙성甘肅省 농서현) 이씨李氏, 조군 이씨, 청하 최씨, 박릉博陵(지금의 하북성) 최씨崔氏, 범양 노씨, 형양 정씨와 더불어 칠성七姓의 하나로 분류되는 태원 왕씨는 동주東周 영왕靈王의 태자 진晉의 후예로 알려져 있다. 태자 진의 18세 손인 왕전王翦을 비롯하여 그의 아들 왕분王賁과 손자 왕리王離는 모두 진秦의 명장名將이었다. 왕리는 원元과 위威를 낳았는데, 원은 진 말의 혼란을 피해 낭야로 이주하였다. 한의 양주자사揚州刺史(양주는 지금의 안휘성 남부 및 강소성 일대)를 역임한 둘째 아들 왕위의 9세 손인 왕패王霸(?~59. 후한의 관리)가 후한 시기 태원군 진양현晉陽縣(지금의 산서성 태원시)에 거주하게 됨으로써 태원 왕씨가 시작되었다.

이후 후한 말이 되면 사도司徒였던 왕윤王允(137~192. 후한 말의 대신)을 비롯하여 대군태수代郡太守(대군은 지금의 하북성 서부 및 산서성 동부) 왕택王澤과 북중랑장北中郎將 왕유王柔가 태원 왕씨 전성기를 여는 출발점이 되었다. 왕택과 왕유의 아들들은 모두 조위에서 고관에 올랐으며 왕유의 손자 왕침王沈(?~266)은 서진 건국에 큰 공을 세우며 사공司空이 되었다. 왕침의 아들 왕준王浚(252~314)은 대사마大司馬가 되어 아버지와 더불어 삼공의 지위에 올랐다(그는 앞에서 살펴본 〈화방묘지〉의 묘주 화방의 남편이다). 왕택의 아들 왕창王昶(?~259)도 조위에서 사공이 되었고 그의 아들 왕혼王渾(223~297)은 서진에서 사도를 지냈으며, 왕혼의 동생 왕심王深과 왕감王湛(249~295)은 각기 기주자사冀州刺史와 여남태수汝南太守가 되었다. 이후 왕혼의 아들 왕제王濟는 서진 무제武帝의 부마駙馬가 되었으며 시중의 자리에 올랐다.

간단히 살펴본 것처럼 태원 왕씨는 후한 말부터 서진 말까지 전성기를 구가하며 당대 최고 문벌의 모습을 갖추게 된다. 이후 전란으로 일부는 강남으로 이주하고 일부는 북중국에 남아 호인胡人 왕조에 입사하게 되는데 여전히 주자사를 배출하는 명족으로서의 위세를 유지하였다. 그러나 묘지의 주인인 양영의 경우는 마지막 관직이 주별가에 불과했던 터라 개인의 이력만을 본다면 집안의 위세를 높이기는커녕 오히려 집안의 위신을 깎아먹을 수도 있는 상태였다. 따라서 묘지에 개인의 이력보다는 막강한 가계를 드러내는 것이 자신이나 가문의 명성에 유리했을 것이다. 이것이 다른 묘지와 달리 두 군데에 걸쳐 가계를 기술한 이유가 아니었을까?

〈북위경명3년(503)이백흠묘지北魏景明三年李伯欽墓誌〉의 가계 부분

증조부 번翻은 조위에서 효기장군驍騎將軍 · 주천태수酒泉太守를 지냈다. 부인은 진창晉昌 당씨唐氏다. [부인의] 부친 요瑤는 관군장군冠軍將軍 · 영흥환후永興桓侯였다. 부인은 천수天水 윤씨尹氏다. [부인의] 부친 영永은 장액령張掖令을 지냈다.① 조부 보寶는 사지절 · 시중 · 진서대장군鎭西大將軍 · 개부의동삼사開府儀同三司 · 병주자사幷州刺史 · 돈황령敦煌令을 지냈다. 부인은 금성金城 양씨楊氏다. [부인의] 부친 위緯는 전군참군前軍參軍을 지냈다. 후부인後夫人은 같은 군의 팽씨彭氏다. [부인의] 부친 함含은 서해태수西海太守를 지냈다.② 부친 좌左는 사지절 · 안남장군安南將軍 · 회상형진사주자사懷相荊秦四州刺史 · 겸도관상서兼都官尙書 · 경양조자涇陽照子이다. 부인은 같은 군의 신씨辛氏다. [부인의] 부친은 송松으로 진원장군鎭遠將軍 · 한양태수漢陽太守 · 적도후狄道侯다. 후부인後夫人은 형양榮陽 정씨鄭氏다. [부인의] 부친은 정종定宗이다.③

역시 북위 7성의 하나인 농서 이씨 집안의 묘지다. 묘주인 이백흠은 열세 살의 어린 나이로 사망했기에 이력이라고 할 만한 것이 없다. 따라서 그의 이력은 매우 짧게 기술되어 있다. 대신 위에서 볼 수 있는 것처럼 가계에 대한 서술이 길다. ①증조부와 그의 부인은 물론이고 부인의 부친까지 적고 있으며, ②조부와 관련해서는 그의 부인과 부인의 부친, 후부인과 후부인의 부친까지 기록하였다. ③부친의 경우 역시 그의 부인, 부인의 부친, 후부인, 후부인의 부친을 서술하고 있다.

가계에 대한 기술은 묘주가 여자인 경우에도 동일하게 강조되었다. 팽성무선왕彭城武宣王의 비였던 이원화李媛華(483~524)는 이백흠과는 부친은 다르지만 조부가 같은 농서 이씨 일원이다. 그녀의 묘지는 다른 어떤 이의 묘지보다 가계에 대한 기술이 긴 것으로 유명하다.

〈북위정광5년(524)이원화묘지北魏正光五年李媛華墓誌〉 중 가계 부분

돌아가신 조부, 휘는 보. 사지절 · 시중 · 진서대장군 · 개부의동삼사 · 병주자사 · 돈황선공[亡祖諱寶, 使持節 · 侍中 · 鎭西大將軍 · 開府儀同三司 · 幷州刺史 · 燉煌宣公]

돌아가신 부친, 휘는 충. 사공 · 청연문목공[亡父諱沖, 司空 · 淸淵文穆公]

[부친의] 부인 형양 정씨. [정씨의] 부친 덕현, 자는 문통. 송의 산기상시, 위의 사지절 · 관군장군 · 예주자사 · 양무정후[夫人滎陽鄭氏, 父德玄, 字文通, 宋散騎常侍, 魏使持節 · 冠軍將軍 · 豫州刺史 · 陽武靖侯]

형 연□. 현 지절 · 독광주제군사 · 좌장군 · 광주자사 · 청연현개국후[兄延□, 今持節 · 督光州諸軍事 · 左將軍 · 光州刺史 · 淸淵縣開國侯]

사망한 동생 휴찬. 태자사인을 역임[亡弟休纂, 故太子舍人]

동생 연고. 현 태위 · 외병참군[弟延考, 今太尉 · 外兵參軍]

언니 장비. 사지절 · 진북장군 · 상주자사를 역임한 문공자 형양군 출신 정도소와 혼인[姊長妃, 適故使持節 · 鎭北將軍 · 相州刺史 · 文恭子, 滎陽鄭道昭]

언니 신왕. 사도 · 주부를 역임한 형양군 출신 정홍건과 혼인[姊伸王, 適故司徒 · 主簿, 滎陽鄭洪建]

언니 영비. 사지절 · 무군 · 청주자사를 역임한 문자 범양군 출신 노도유와 혼인[姊令妃, 適故使持節 · 撫軍 · 靑州刺史 · 文子, 范陽盧道裕]

동생 추비. 전경거장군 · 상서랑 · 중조양백 청하군 출신 최욱과 혼인[妹稚妃, 適前輕車將軍 · 尙書郎 · 中朝陽伯, 淸河崔勖]

동생 추화. 현 태위 · 참군사 하남군 출신 원계해와 혼인[妹稚華, 適今太尉 · 參軍事, 河南元季海]

아들 자눌, 자는 영언. 현 팽성군왕. 비 농서 이씨. [이씨의] 부친 휴찬[子子訥, 字令言, 今彭城郡王. 妃隴西李氏, 父休纂]

아들 자유, 자는 언달. 현 중서시랑 · 무성현개국공[子子攸, 字彦達, 今中書侍郎 · 武城縣開國公]

아들 자정, 자는 휴도. 현 패성현개국공[子子正, 字休度, 今霸城縣開國公]

딸 초화. 현 광성현주. 광록대부를 역임한 장락군개국공 장락군 출신 풍호와 혼인. [풍호의] 부친 탄, 사지절 · 시중 · 사도를 역임한 장락원공[女楚華, 今光城縣主, 適故光祿大夫 · 長樂郡開國公, 長樂馮顥. 父誕, 故使持節 · 侍中 · 司徒 · 長樂元公]

딸 계망. 현 안양향주. 현 원외산기시랑 · 청연세자 농서군 출신 이욱과 혼인. [이욱의] 부친 연식[女季望, 今安陽鄉主, 適今員外散騎侍郎 · 清淵世子, 隴西李彧. 父延寔]

이원화의 묘지는 선대는 물론이고 동세대, 자식들까지를 포함하여 기술하였다는 특징을 보인다. 농서 이씨의 당시 위세를 증명이나 하듯이 묘지에 기록된 배우자들의 가문 역시 당시 최고의 가격을 자랑하는 '형양 정씨', '범양 노씨', '청하 최씨' 등이다. 흔히 후대인들이 말하는 북위 7성에 포함되지 않는 가문으로는 '하남 원씨'가 있는데, 하남 원씨는 다름 아닌 북위 황실인 탁발씨다(탁발씨는 한화 정책에 따라 중국식 성씨인 원씨로 바꿨다). 이원화는 하남 원씨에게 시집갔는데, 남편은 헌문제의 여섯째 아들이며 효문제의 동생인 무선왕武宣王 원협元勰(473~508)이다. 또한 직접적인 혼인 관계는 아니지만 이원화의 딸은 '장락 풍씨'와 혼인하여 농서 이씨는 장락 풍씨와도 인척 관계를 형성하게 된다. 장락 풍씨는 북위 문성제文成帝 탁발준拓跋濬(재위 452~465)의 황후고 헌문제 탁발홍(재위 465~471)의 모친이며, 효문제 탁발굉(재위

그림 18 〈이원화묘지〉(홍승현ⓒ)

471~499)의 조모이자 유모였던 풍태후의 집안이다.

묘주인 이원화가 여성인 관계로 이렇다 할 개인의 이력이 없는 대신 당시 농서 이씨가 맺고 있던 혼인의 상대들을 자세히 기록하였다. 이는 마치 북위 사회 내에서 특정 가문에 대응하는 가문들이 어디인가를 알려주는 혼인 관계 지침서를 방불케 한다. 북위 묘지 역시 단순히 개인의 공적만을 드러내는 기재가 아니라 그 가문의 구성원이 지켜야 할 종족법의 기록지라는 역할도 담당하였던 것이다.

뛰어난 개인의 능력

같은 시기 사회적 명성 획득을 위해 동일한 기재를 사용한다 해도 가문의 힘을 강조해야 하는 이와 개인의 능력을 강조해야 하는 이의 묘지는 차이가 있었다. 양영의 형 양파는 태화 연간(477~499)에 중산대부中散大夫로 발탁된 후 원외산기상시員外散騎常侍, 태부경太府卿, 시중侍中 등을 거쳐 영평永平 2년(509)에 사지절使持節 · 도독정주제군사都督定州諸軍事 · 안북장군安北將軍 · 정주자사定州刺史(정주는 지금의 하북성) · 화음백華陰伯의 지위에 오른다. 홍농 양씨의 가세를 높인 장본인으로 평가받는 그답게 동생 양영에 비해 고관을 역임하였다. 중간에 외척 고조高肇(?~515. 북위의 권신)의 모함에 의해 제명除名되어 서민으로 강등되는 수모를 당하지만, 사후 희평熙平 원년(516) 복권되어 작을 회복하고 사지절 · 진서장군鎭西將軍 · 옹주자사雍州刺史(옹주는 지금의 섬서 · 감숙 두 성과 청해성 동부 일대)에 추증된다.

그의 묘지는 양영의 그것과는 달리 가계와 관련하여 조부와 부친에 대해서만 기록되어 있다. 대신 열다섯에 사주司州(지금의 하남성)의 수재秀才(인재 선발 덕목의 하나. 황제의 질문인 책문策問에 대해 자신의 정치적 견해인 대책對策을 제시한다)로 천거되어 내소內小(내궁의 관)에 제수된 것을 시작으로 태화 15년부터(491) 영평 2년(509)까지의 평생에 걸친 관력에 대해 서술하고 있다. 그 자세함은 『위서魏書』 본전本傳을 능가할 정도다. 예를 들어 본전에 해마다 대표적인 하나의 관직 혹은 최후의 관만이 기술된 것과는 달리, 묘지에는 승진과 관련한 모든 이력이 빠짐없이 기록되어 있다. 또한 본전에는 없는 내용이 묘지에만 기록된 것도 있다. 동생 양영의 묘지가 주로 가계를 서술한 것과 달리 양파의 경우 개인의 이력 쪽에 치중하여 묘지를 작성했음을 알 수 있다. 이것은 양파의 관직이 양영과는 비교할 수 없이 고관이었던 것에서 기인하였을 것이다. 양파의 경우 자신의 이력을 통해 충분히 개인과 가문의 명예를 드높일 수 있었을 것이기에 이력 위주의 묘지를 제작하였을 것이다.

한미한 집안 출신인 한현종韓顯宗(466~499. 북위의 대신)은 양파보다 더 절실히 개인의 이력을 묘지에 서술하였다. 한현종은 태화 초에 수재에 발탁되어 갑등甲等으로 대책對策의 성과를 낸 후 저작좌랑著作佐郎이 된 인물이다. 효문제의 낙양 천도 시기에는 중서시랑中書侍郎을 겸하였고, 후에 본주중정本州中正에 오른다. 『위서』본전에 따르면 낙양 천도를 비롯하여 국정의 중요 사안들을 건의하여 정책화한 인물이다. 그러나 황제의 총애를 받아 중요한 정책을 입안, 추진한 것과는 달리 태생적인 한계로 인하여 고관에 이르지는 못하였다. 도대체 어느 정도의 집안이었기에 효문제의 심복임에도 불구하고 높은 관직에 오르지 못하였을까?

한현종의 부친인 한기린韓麒麟(433~488. 북위의 관리)은 묘지에 기록된 것에 따른다면 '사지절使持節・산기상시散騎常侍・안동장군安東將軍・제기이주자사齊冀二州刺史・연군강공燕郡康公'을 역임하였다. 『위서』에 따르면 이 중 산기상시・안동장군・연군공은 추증追贈이다. 그런데 본전에 기록된 한기린의 달관達官(마지막 관직)은 관군장군冠軍將軍・제주자사齊州刺史여서 사지절 또한 추증으로 생각된다. 한기린 역시 높은 벼슬에 올랐다고 보기는 힘들다. 고관을 역임한 이가 없었던 사정은 그의 가계를 살펴보아도 마찬가지다. 한기린 본전을 보면 그 가계와 관련하여 스스로 전한前漢의 대사마大司馬였던 한증韓增의 후예라고 하고, 〈한현종묘지〉에도 '연에서 좌광록대부・의동삼사를 역임한 운남장공의 현손故燕左光祿大夫・儀同三司・雲南莊公之玄孫.'이라 하여 현종의 사대조四代祖

가 전연前燕에서 벼슬하였다 하였지만 정작 한기린과 한현종 두 사람의 본전 모두에서 확인할 길이 없다. 한현종의 가계가 보잘 것 없었던 것은 분명하다. 이로써 한현종이 효문제의 성족분정에 대해 극렬하게 비판했던 이유를 알 수 있을 것 같다.

〈한현종묘지〉는 가계로는 4대조와 부친에 대한 내용만이 기록되어 있다. 대신 어려서부터의 이력과 성품에 치중하여 개인적 능력을 소상하게 적었다. 선비족과는 달리 개인의 능력을 강조해야 했던, 그 중에서도 한미한 집안 출신의 한인 사대부의 고민이 묻어난다. 묘지가 궁극적으로 정치적이라는 것을 북위 묘지만큼 생생히 증언하는 경우도 드물 것이다.

기성품이 된 묘지-당의 묘지

무덤 앞에 세우는 묘비, 무덤 안에 매납되는 묘지, 혹은 사당 안에 설치되는 묘기 등 모든 상장 예물로서의 석각들은 북위를 거치면서 대체로 묘지로 통일되게 된다. 여전히 묘비가 세워지고 묘기를 제작하기도 하지만 지난 시기에 비해 수량은 현저하게 줄어들었고, 형식적인 면에서도 더 이상의 특징적인 면모를 보이지 못한다. 최후의 승자는 묘지가 분명하였다. 북위 이후 묘지가 상장 석각의 주류가 된 것이다.

수당隋唐 시기는 그 형태적인 면이나 숫자적인 면에서 묘지의 완성 시기라 할 만하다. 그래서인지 수당 묘지와 관련해서는 형태적·내용적 정형화 및 완성에 대한 관심은 적은 편이다. 대신 역사 자료로서의 가능성에 대한 관심이 크다. 특히 당의 묘지는 현재 12,500여 점이 발견되어 문헌 사료의 한계를 극복하는 데 도움을 주고 있다. 그 숫자가 말해주듯 당대는 묘지 사용이 전사회적으로 확대된 시대다. 황실에서 지방 번진藩鎭, 일반 백성에 이르기까지 광범위한 계층이 묘지를 사용하였다.

형태적으로 이 시기 묘지는 녹정형盝頂形(국자를 엎어 놓은 모양의 복두형覆斗形)의 지개誌蓋(뚜껑)와 정방형의 지신誌身(몸체) 두 부분이 합쳐져 합盒 모양을 이루는 것이 주종을 이룬다. 이 형태는 북위 시기 출현하여 수대를 거쳐 당대에 이르면 고정화된다. 보통 지개에는 전서篆書로 제목을 쓰고, 지신에는 해서楷書로 묘지문이 작성되었다. 크기는 이전 시기에 비해 다소 커졌다. 계층에 따라 묘지 크기가 달랐는지에 대해서는 이견이 있다. 그러나 현재 묘지의 절대적인 등급성을 증명할 문헌적 자료는 없다. 당률에는 지상에 세워지는 비에 대한 규정은 있었지만 지하에 매납하는 묘지에 대한 규정은 없었다. 비에 근거하여 묘지에도 유사한 규정이 있었을 것이라고 미루어 짐작할 수도 있지만 지하에 묻혀 사람들의 눈에 띄지 않는 묘지의 규정은 있었어도 쉽게 무시할 수 있었을 것이다. 사회적 신분 등급에 따른 묘지의 명확한 크기의 차이를 볼 수 없는 것은 이런 이유 때문일 것이다.

당대 묘지가 사회 전계층에서 광범위하게 사용된 것을 보여주는 몇 가지 흥미로운 현상이 있다. 일반적으로 묘지 제작은 먼저 돌에 괘선을 그린 후 글씨를 쓰고 각석을 하는 순서로 진행된다. 그런데 당대 묘지 중에는 (1)괘선으로 생긴 격자 모양의 모눈을 무시하고 글자를 새긴 것이 있거나, (2)묘지 맨 왼쪽에 괘선만 그려지고 글자가 각석되어 있지 않는 것도 있으며, (3)명사가 서술되지 않거나 부분만 기록된 것도 있고, (4)공간이 부족하여 마지막 행의 경우 1행에 2줄 분량을 각석한 것도 있다. 이는 모두 묘지의 찬문撰文이 먼저 지어지고 그에 따라 적당한 돌이 선택되어 글자 수에 따라 괘선이 그려진 것이 아니라,

그림 19 〈당함형4년(673)좌재묘지唐咸亨四年左才墓誌〉의 녹정형 뚜껑[蓋] (홍승현ⓒ)

그림 20 〈좌재묘지〉의 몸체[誌身] (홍승현ⓒ)

그림 21 격자 모양의 모눈을 무시하고 글자를 새긴 〈무주구시원년(700)신휘묘지|武周久視元年辛徽墓誌〉*

그림 22 왼쪽에 괘선만 그려지고 글자가 각석되지 않은 〈당장안3년(703)조성묘지|唐長安三年趙盛墓誌〉**

그림 23 공간 부족으로 명사를 다 적지 못한 〈무주성력3년(700)묘질묘지|武周聖曆三年苗質墓誌〉***

그림 24 공간 부족으로 명사를 기록하지 못한 〈무주장수2년(693)장충묘지|武周長壽二年張忠墓誌〉****

괘선이 먼저 그려진 것을 의미한다. 묘지를 사용하는 사람들이 늘어나 수요가 증가하면서 괘선이 그려진 다량의 묘지석이 사전에 미리 제작되

---

* 趙君平·趙文成, 『秦晉豫新出墓誌蒐佚 第二冊』(北京: 國家圖書館, 2012), 346쪽.
** 趙君平·趙文成, 위의 책, 384쪽.
*** 趙君平·趙文成, 위의 책, 341쪽.
**** 趙君平·趙文成, 위의 책, 328쪽.

그림 25 모눈을 무시하고 마지막 1행에 2행을 기록한 〈당개원4
년(716)동행묘지|唐開元四年董行墓誌〉*

어 수요자를 기다리는 현상이 나타난 것이다.

묘지의 기성품화를 보여주는 또 다른 모습은 묘지가 일정한 문례文例
에 의해 작성되었다는 점이다. 일부 여성 묘지들은 묘주의 휘(이름),
자, 본적, 사망일, 장례일, 장지 등의 개인 정보를 제외하고 묘주의
품성을 서술한 부분과 명사의 상당 부분이 동일한 내용으로 기록되어
있다. 겹치는 내용은 대부분 현모양처의 덕목을 기리는 상투어들이다.
이것은 당시 사회적으로 묘지 작성의 매뉴얼이 존재하고 있었음을
뜻한다. 묘지문 작성을 직업으로 하는 이들이 있었음을 상정하는 것이
타당할 것이다. 묘지에서 묘주의 개인 정보인 서 부분을 제외한 송덕을
목적으로 했던 명사는 찬자의 문학적 개성과 소양이 드러나는 부분으로
이해되었다. 그런 명사가 동일 내용으로 기술되었다는 것은 묘지가
기성품이 되었다는 지표가 될 것이다.

---

* 趙君平·趙文成, 앞의 책, 446쪽.

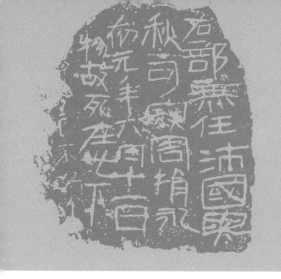

계약을 새긴 돌

매지권

매지권의 출현

모든 사람이 명성을 획득하고 그것을 기록하기 위해 돌을 이용했던 것은 아니다. 하루하루를 근근이 살아가던 대다수의 일반 서민들에게 명성 획득이란 애초에 고려의 대상이 될 수 없었을 것이다. 그렇다고 그들에게 돌이 아무 의미를 갖지 못하고 어떤 역할도 못한 것은 아니었다. 서민들 역시 기억해야 할 중요한 것들을 돌에 새겼다. 이 장에서는 일반 서민들이 돌에 새겨 기억하고자 했던 것을 살펴보고자 한다. 과연 일반 인민들은 무엇을 돌에 새겨 영구히 기억하고자 했을까?

지금 사람들이 무덤을 만들 때는 반드시 매지권買地券을 사용한다. 가래나무로 만드는데, 붉은 색으로 "전錢 99,999문文을 사용하여 모처의 땅을 산다." 등등의 글을 써 넣는다. 이는 시골 무당村巫의 풍속 같은 것으로 특히 우스운 것이다.

『계신잡식별집癸辛雜識別集』

위의 글은 송대인 주밀周密(1232~1298. 남송의 문학가)이 그의 저서 『계신 잡식별집』에서 매지권에 대해 기술한 것이다. 그의 눈에는 무덤을 조영하며 시신과 함께 매지권을 매납埋納하는 행위가 꽤 우스운 일로 비쳤던 것 같다. 그러나 '반드시'라는 표현에서 알 수 있는 것처럼 매지권의 매납 행위는 민간에 광범위하게 퍼져 있었던 것 같다. 매지권 을 무덤에 함께 묻는 행위는 언제부터, 왜 생겨난 것일까?

통념적으로 매지권은 죽은 이가 과거에 먼저 죽은 이로부터 사후 생활의 장소로서 묘지를 구매할 때 작성하는 토지 계약서로 알려져 있다. 이는 사람이 죽은 후 불사不死의 세계로 날아가는 혼魂과는 달리 백魄은 지하에 남아 살아생전과 같은 생활을 영위한다는 고대 중국인의 '영혼불멸관靈魂不滅觀'으로부터 기인하였다. 즉 지하에 남아 생활하는 백을 위해, 백이 거주하고 생활할 토지를 매입하고 그 증거를 무덤에 넣은 것이다. 이러한 현상은 후한 들어 활발해진 현실의 토지 매매와도 관련이 있을 것이다. 고대 중국인들은 죽어서도 자신의 이름으로 땅을 소유하고자 하였고, 그 증거로서 매지권을 작성했던 것이다.

흔히 최초의 매지권으로는 후한 건초建初 6년(81)에 제작된 〈미영매 지권靡嬰買地券〉이 거론된다.

[후한 건초 6년 11월 16일 을유乙酉.① 무맹자武孟子의 아들 미영靡嬰이② 마의희馬宜熙에 사는 주朱의 큰 동생 소경少卿으로부터③ 무덤 터家田를 매입하였다. 남으로 너비가 94보步, 서로 길이가 68보, 북으로는 너비가 65보, 동으로 길이가 79보로 총 23무畝와 나머지 164보다.④ 가격은 전

10만 2천이다.⑤ 동으로는 진씨陳氏의 땅과 경계를 맞대고 있고 북·서·남으로는 주소朱少의 땅과 경계를 맞대고 있다.⑥ 당시 계약을 알고 있는 이는 조만趙滿과 하비何非다.⑧ 각기 2두斗의 술을 사서 함께 마셨다.⑨

〈미영매지권〉

위의 매지권은 무맹자의 아들 미영이 마의희에 사는 주씨 성을 가진 이의 큰 동생 소경으로부터 무덤을 만들 터를 구입한 것을 기록하고 있다. 그 땅은 남쪽과 동쪽의 길이가 길고 북쪽과 서쪽의 길이가 짧은 사다리꼴 모양을 하고 있는데, 사방으로 진씨와 주소의 땅과 맞닿아 있다. 토지 가격은 허구가 분명한 터무니없이 비싼 10만 2천 전이고 계약 체결 시에 조만과 하비가 증인으로 입회하였다. 계약 체결 후에는 매입자와 매도자가 반씩 돈을 내 술을 사서 입회인들과 함께 마시면서 계약 체결의 절차를 마쳤다. 이것을 전형적인 매지권의 구성 성분에 따라 구분해 보면 ①토지 매매일(장례일) ②매입자(묘주) ③매도자(과거의 망자) ④토지의 위치 및 면적 ⑤토지의 가격 ⑥토지의 사방 경계 ⑧매매 입회인(증인. 역시 과거의 망자) ⑨정형화된 문구(매도자와 매입자가 술을 내어 함께 마시는 행위인 고주沽酒에 대한 설명)로 구성되어, ⑦구매자의 권리를 기술한 약속의 문언文言만이 누락되어 있음을 알 수 있다.

이보다 8년 이른 후한 영평永平 16년(73)에 제작된 〈요효경매지권姚孝經買地券〉도 불완전하기는 하지만 이와 유사한 구조를 가지고 있다.

영평 16년 4월 22일.① 요효경姚孝經이② 고위稿偉로부터③ 무덤 터 약간을④ 매입하였다. 매입한 땅에 대해 점유를 주장하고자 한다면

문서에 따라 처리한다.⑦ 증인은 주중□周中□과(와) 그의 동생 주문공周文功이다.⑧

〈요효경매지권〉

〈요효경매지권〉은 ①토지 매매일 ②매입자 ③매도자 ④토지의 면적 ⑦계약 이행에 관한 약속의 문언文言 ⑧입회인으로 구성되어 있다. 〈미영매지권〉과 비교한다면 ⑤토지의 가격 ⑥토지의 사방 경계 ⑨술을 사서 함께 마신다는 정형화된 문구가 결락되어 있음을 알 수 있다. 초기 매지권으로 정형화된 매지권의 구성 성분을 모두 갖추고 있지는 않지만 계약일, 매입자와 매도인, 증인 등과 같은 토지 매매에 필요한 요소들은 빠짐없이 갖추고 있다. 이 문서 역시 현실의 토지 매매 형식을 차용하여 작성한 것임을 알 수 있다. 이해의 편의를 위해 실제의 토지 매매 문서 하나를 살펴보는 것이 좋겠다.

[…]장락리長樂里 악노樂奴로부터③ 토지 35반畈을④ 매입하였다. 가격은 전 9백전으로 대금은 이미 지불하였다.⑤ 토지를 측량하여 [계약상의 약속한 토지 면적보다 부족하면 반의 수를 계산하여 돈을 돌려받는다.⑦ 입회인은 순우차淳于次·유왕충孺王充·정소경鄭少卿이다.⑧ 입회인을 위해 술 2승升을 내어 함께 마셨다.⑨

〈한장락리악노매전권漢長樂里樂奴賣田券〉

이 문서는 매입자가 장락리에 사는 악노로부터 토지를 매입하면서 작성한 토지 매매 문서다. ①계약일과 ②매입자는 결락되어 알 수 없다. 그러나 앞부분에 기재되었을 가능성을 배제할 수 없다. 다만 ⑥토지의 사방 경계의 경우 결락 여부는 판단하기 힘들다. 아무튼

완전하지는 않지만 이 문서는 ③매도자 ④토지의 면적 ⑤토지의 가격과 대금 지불일 ⑦계약 이행에 관한 약속의 문언(계약 내용이 불일치할 경우 지불한 대금을 반환받는다는 약속) ⑧입회인 ⑨정형화된 문구(술을 내어 함께 마신다는 고주에 대한 설명) 등으로 구성되어 있어, 먼저 살펴본 매지권의 구성 요소와 매우 흡사함을 알 수 있다. 즉, 죽은 자를 위해 토지를 매매했다는 관념적인 매매 문서인 매지권은 현실의 토지 매매 문서를 모방하여 작성했던 것이다.

전형적인 매지권의 등장

그래서인지 연구자들 중에는 돌에 토지 계약의 전모를 기록한 매지권을 실제 토지 매매 계약서로 이해한 경우도 있었다. 특히 초기 매지권은 현실의 토지 매매 문서와 많이 흡사하여 그런 오해를 불러일으킬 만하다. 그러나 중요한 토지 계약서를 무덤에 함께 묻는다는 것은 이해하기 힘들뿐 아니라 매지권에 보이는 미신적인 요소는 그것을 현실의 토지 계약서로 보는 것을 방해한다.

미신적인 요소가 포함된 가장 전형적인 매지권은 171년에 출현하였다. 후한 건녕建寧 4년에 제작된 〈손성매지권孫成買地券〉에는 "만일 토지에서 시체가 나와 그가 남자라면 '노奴'가 되고, 여자라면 '비婢'가 되어 모두 묘주를 위해 열심히 일해야 할 것이다田中若有尸死, 男卽當爲奴, 女卽當爲婢, 皆當爲(墓主)趨走給使."라는 구절이 기술되어 있다. 현실의 토지 매매 문서를 답습하면서도 다른 한편 구입한 땅에서 시체가 나온다면 구매자의 노비로 삼겠다는 미신적인 성격의 '약속의 문언(계약 이행 과정 중에 구매자의 권리를 보호하고 보장해 주는 약속의 말)'이 부가되어 이 매지권이 죽은 자를 위한 문서, 즉 명계冥界에서 사용하는 명계 문서라는 것을 증명한다. 매지권을 죽은 자를 위한 명계 문서로 파악하는 것은 귀중한 토지 계약서가 무덤 속에 들어 있는 상황에 대한 합리적 설명이 될 것이다.

미신적 요소가 포함된 〈손성매지권〉은 가장 전형적인 매지권으로 평가받는다. 그 이유는 〈손성매지권〉을 모방한 위작들이 제작되었기 때문이다. 후한 건무중원建武中元 원년(56)의 기년을 가지고 있는 〈서승매지권徐勝買地券〉과 비교해 보자.

〈표 3〉 〈손성매지권〉과 〈서승매지권〉의 내용 비교

〈손성매지권〉	〈서승매지권〉
[후한] 건녕建寧 4년(171) 초하루가 술오일戊午日인 9월 28일 을유乙酉. 좌준구관左驗廐官 대노大奴 손성孫成이 낙양洛陽 남자 장백시張伯始로부터 그의 명의로 된 광덕정부廣德亭部의 나맥羅佰 토지 1정町을 매입하였다. 가격은 전錢 만 오천이고, 대금은 당일 모두 지불하였다. 토지는 동쪽으로는 장장경張長卿의 땅과 접해있고 남쪽으로는 허중이許仲異의 땅과 접해있으며, 서쪽으로는 큰 길에 닿아 있고 북쪽으로는 장백시의 땅과 접해있다. 그 땅의 곡물과 태어나 살고 있는 동물은 모두 손성의 것이다. 만일 토지에서 시체가 나와 [그게] 남자라면 '노奴'가 되고, 여자라면 '비婢'가 되어 모두 손성을 위해 열심히 일해야 할 것이다. 토지의 동서남북에는 큰 돌로 경계를 삼았다. 계약이 체결될 때 입회한 이는 번영樊永, 장의張儀, 손룡孫龍, 그리고 이성異姓의 번원조樊元祖로 모두 계약의 내용을 안다. 매입자와 매도자가 각기 반씩 술을 사서 마셨다.	[후한] 건무중원 원년(56) 병진丙辰 초하루가 갑오일甲午日인 4월 28일 을유乙酉. 광양태수廣陽太守 관부의 대노大奴 서승徐勝이 무읍현武邑縣 남자 고기성高紀成으로부터 그의 명의로 된 흑석탄부黑石灘部의 나맥羅陌 토지 1정町을 매입하였다. 가격은 전錢 2만 5천이고 대금은 당일 모두 지불하였다. 토지는 동쪽으로는 황포충皇浦忠의 땅과 접해있고 남쪽으로는 손중신孫仲信의 땅과 접해있으며, 서쪽으로는 장유張維의 땅에 접해있고 북으로는 큰 길에 닿아있다. 그 땅의 곡물과 태어나 살고 있는 동물은 모두 서승의 것이다. 만일 토지에서 시체가 나와 [그게] 남자라면 '노奴'가 되고, 여자라면 '비婢'가 되어 모두 서승을 위해 일해야 할 것이다. 계약이 체결될 때 입회한 이는 강동姜同·허의許義로 모두 문서에 기록된 계약의 내용을 안다. 매입자와 매도자가 각기 반씩 술을 사서 마셨다.

〈손성매지권〉의 밑줄 친 부분을 제외하면 사실상 두 매지권은 동일한 매지권이라고 해도 좋다. 각석된 내용에 따른다면 〈서승매지권〉은 후한 광무제 시기 매지권으로 기년상 매우 이른 시기에 제작된 것이다. 현재 발견된 매지권 중 가장 이른 시기에 제작된 〈요효경매지권〉보다도 17년이나 앞선다. 그럼에도 〈요효경매지권〉에 비해 훨씬 구성 요소가 완비되어 있다.

산동박물관山東博物館에 소장 중이었던 이 매지권이 1972년 5월에 보고된 후 진위 여부에 대한 논쟁이 여러 차례 진행되었다. (1)간지干支·기일紀日이 부합하지 않는 것, (2)토지 소재지가 한대 지방 기층 행정 구획과 부합하지 않는 것, (3)기재된 토지 가격이 당시 상황에 부합하지 않는 것 등의 여러 이유가 이 매지권을 위작으로 보는 근거가 되었다. 물론 죽은 자를 위해 만든 명기明器(부장품)에 기술된 내용이 현실과 부합하지 않는다는 이유만으로 위작 여부를 판단할 수 없다는 의견이 없었던 것은 아니다. 그러나 5년이 넘는 격렬한 논쟁 끝에 〈서승매지권〉은 결국 위조로 판명되었다.

이외에도 〈전한황룡원년(기원전 49)제갈경매지권前漢黃龍元年諸葛敬買地券〉이 있다. 이 역시 묘주의 이름을 제외하고는 〈손성매지권〉과 구성과 내용이 같다. 모두 〈손성매지권〉을 모방하여 제작한 것들이다. 흥미롭게도 위작이 만들어지면서 점점 제작 연도가 거슬러 올라가는 것을 볼 수 있다. 심지어 〈제갈경매지권〉에는 전한 선제宣帝(유순劉詢. 재위 기원전 74~기원전 49) 시기 연호인 '황룡'이 보인다. 오래될수록 높은 값을 쳐주는 골동품 시장의 원리가 위작의 제작 연도를 끌어올리는 원인이 되었을 것이다.

농후해진 미신적 요소

후한 시기 매지권의 특징 중 하나는 후대로 갈수록 미신적 요소가 증가하는 점이다. 가중되는 사회 혼란과 팍팍한 삶에 지친 많은 사람들이 미신에 의존하여 현실을 외면하거나 거기서 도피하고자 한 결과다. 후한 사회에 무술巫術이 강한 영향력을 행사하고 있었던 것은 잘 알려져 있다. 순제順帝(재위 125~144) 시기 궁숭宮崇이란 무자巫者에 의해 『태평청령서太平淸領書』라는 책이 진상된 것은 후한 사회에서 무술의 영향력을 보여주는 상징적인 사건이다. 이 책이 바로 원시 도교의 경전으로 알려져 있는 『태평경太平經』이다.

전체 170권으로 이루어진 이 책은 궁숭의 스승인 우길于吉이란 자가 곡양천曲陽泉(당시 동해군東海郡으로 추정. 지금의 산동성 남부 강소성 북부에 해당)에서 얻은 신서神書라고 하였지만 당시 잡다한 민간의 무술이 수록된 책이었을 것으로 생각된다. 이 책은 담당 관원에게 몰수당하여 결국 황제에게까지 전해지지는 못하였다. 그러나 무자가 신서를 조정에 바칠 정도로 이 시기 무자들의 활동이 활발했다는 것만은 분명하다. 미신이 사회적으로 유행하면서 매지권에도 미신적 요소가 더 많이, 더 짙게 투영되었다.

[후한] 연희延熹 4년(161) 초하루가 병진일丙辰日인 9월 30일 을유乙酉 폐일閉日.① 황제黃帝가① 구승丘丞 · 묘백墓伯 · 지하이천석地下二千石 · 묘좌墓左 · 묘우墓右 · 주묘옥사主墓獄史 · 묘문정장墓門亭長에게② 알린다. 모두 각각 제자리에 있어야 한다. 지금 평음현平陰縣 언인향偃人鄕 장부리萇富里의 종중유鍾仲游의 처가② 박명薄命하여 일찍 죽었다. 지금 장례를 치르려 함에 스스로 만세萬世의 묘지를 구입하니 가격은 9만 9천이고

지불은 당일에 완료하였다.⑤ 묘지의 네 모서리에 봉封을 세워 [경계를] 지었다. 무덤 앤 중앙에는 제단이 있는데, 모두 1척尺 6촌寸의 도권桃卷·전포錢布·연인鉛人이③ 있다. 이때 계약의 내용을 아는 입회인은 선□증왕부모先□曾王父母, □□□씨다.⑧ 이후로 이 묘지의 주인을 범할 수 없다.④ 천제天帝의 교敎가 있으니 율령律令과 같이 처리하라.⑤

〈후한연희4년(161)종중유처매지권後漢延熹四年鍾仲游妻買地券〉

후한 연희延熹 4년(161)에 제작된 〈종중유처매지권〉은 위작이 의심되기는 하지만(이 매지권에는 남조 시기가 되어야 비로소 등장하는 9만 9천이라는 구구지수九九之數로 표현된 토지 가격이 등장한다) 토지 문서인 매지권이 어떻게 주술성을 갖춰가는지를 잘 보여준다. 원문자는 우리가 익히 알고 있는 매지권의 요소들이다. 〈종중유처매지권〉에 등장하는 매지권의 요소들을 검토하면 다음과 같다. ①은 매매일, 즉 묘주의 장례일이다. ②는 매입자, 즉 묘주인 종중유라는 자의 처다. ③은 보이지 않는데, 일반적인 매지권에서는 매도자, 즉 먼저 사망한 이에 해당한다. 다음은 ④토지의 면적이 나와야 하는데 생략되었다. ⑤는 토지 가격과 대금 지불일이다. ⑥은 일반적으로 토지의 사방 경계에 대한 기술에 해당하는데, 생략되었다. ⑦은 매입자의 권리를 보장한다는 약속의 문언에 해당한다. 역시 여기서는 생략되었다. ⑧은 입회자, 즉 계약의 증인들로 이 매지권에서는 '선□증왕부모先□曾王父母, □□□씨'에 해당한다. 결락으로 인해 해석은 불가능한 상태다. 마지막 ⑨는 매도자와 매입자가 비용을 반씩 부담하여 술을 사 입회인과 술을 마신다沽酒는 정형화된 표현에 해당하는데, 이 또한 보이지 않는다. 구성 요소가 생략되면서 매지권 고유의 성격이 약화되었다. 그러나 아직은 토지 매매의 흔적을 찾는 것은 어렵지 않다.

토지 매매 문서의 성격이 약화되면서 대신 증가한 내용은 무엇일까? 이번에는 사각형문자를 살펴보자. ①천제天帝의 사자使者인 황제黃帝가 등장하여 ②명계의 신 혹은 관리들에게 묘주의 죽음을 알린다. ③에는 죽은 자의 혼령을 진혼鎭魂하기 위해 진묘鎭墓에 사용되는 압진물壓鎭物(부정한 기운을 눌러 이기는 능력을 가진 물건들, 압승물壓勝物이라고도 한다)이 나열되어 있다. ④는 죽은 자의 영혼을 진혼하는 해적解謫(죄를 해소한다는 의미)의 표현이고 ⑤정형구인 "율령과 같이 처리하라如律令."는 결어는 이 문서에서 정한 내용이 율령과 같이 절대적인 효력을 지닌다는 의미다. 이 요소들은 모두 진묘문鎭墓文이라는 석각에서 볼 수 있는 것들이다.

진묘문은 간단히 말한다면 죽은 자의 혼을 위로하기 위해 적은 진혼문이다. 진묘문에는 몇 가지 약속이 있는데, 우선 천제의 사자인 황제(혹은 황신黃神)가 등장한다. 그는 죽은 자를 위해 무덤의 부정한 기운을 눌러 편안하게 하는 한편 명계의 관리들에게 망자가 명계로 들어가는 것을 신고한다. 이와 관련하여 죽은 자를 위해 그의 잘못을 해소하고 그의 혼을 진혼하는 표현인 해적의 글귀와 죽은 자가 산 자에게 해코지하지 못하게 하며 산 자들의 안전을 희구하는 제앙除殃(재앙을 제거한다는 의미)의 표현도 등장한다. 또한 죽은 자가 명계에서 노역에 시달리지 않게 대신 일을 할 납으로 만든 사람(연인), 세금으로 낼 곡식이나 전포 등과 같은 압진물을 함께 묻는다는 내용도 포함한다. 무엇보다 진묘문의 특징적인 구성 요소는 "율령과 같이 처리하라."는 마지막 정형구인데, 때로는 "율령과 같이 급히 처리하라急急如律令."고 표현되기도 한다('급급여율령'이라는 정형구는 현재 부적符籍에도 종종 등장한다).

이처럼 진묘문은 죽은 자를 위해 토지를 매매했다는 증거물인 매지권에 비해 주술성이 강하다. 도대체 후한 사회에 무슨 일이 생긴 것일까?

죽은 자를 위한 토지 매매의 증거물인 매지권에 주술성 강한 진묘문의 내용들이 포함되게 된 사정은 무엇일까?

진묘매지권

〈종중유처매지권〉에는 망자를 위해 토지를 매매한 것을 기록한 매지권의 내용과 죽은 자의 영혼을 진혼하는 진묘문의 요소가 결합되어 있다. 물론 〈종중유처매지권〉에는 진묘문 고유의 살아있는 가족들의 안전을 희구하는 내용이나 명계의 관리에게 죽은 자가 명계로 들어가는 것을 신고하는 내용, 혹은 죽은 자가 산 자에게 해코지를 하지 못하게 하는 진혼의 내용, 무덤을 조영하면서 지신地神을 놀라게 한 것에 대한 해토解土(토지신의 노여움을 푸는 행위)의 내용 등은 보이지 않아 그 정도가 심하지 않다. 그러나 "이후로 이 묘지의 주인을 범할 수 없다."는 구절에서 알 수 있듯이 망자의 혼을 위로하는 것을 목적으로 하고 있다. 후한 말로 갈수록 토지 매매 계약서인 매지권 안에 진묘문의 요소가 더욱 농후해진다. 이처럼 주술성 강한 진묘문의 일부가 매지권에 채용된 것을 '진묘매지권鎭墓買地券'이라 한다.

진묘매지권 단계가 되면 토지 매매의 증거물인 토지 계약서로서의 의미보다는 죽은 자의 혼을 진혼하고[解讁] 살아있는 자들에게 재앙이 미치지 않게 하는[除祟] '해적제앙'의 목적이 강화된다. 요컨대 진묘매지권 단계에서는 돌에 새겨 약속받으려 했던 것이 토지 소유권이 아닌 주술에 의한 제액除厄이었던 것이다. 이러한 변화는 당시 사회의 단면을 반영한다. 위정자爲政者들의 정치적 무능으로 말미암은 사회적 혼란과 역병의 만연으로 인한 질병의 유행은 매지권의 변화를 추동한 가장 강력한 원인이었다.

그림 26 북두北斗에 의해 네 종류의 악귀가 진압되는 내용의 〈북두군주사귀진묘문北斗君主四鬼鎭墓文〉*

당시인들을 공포로 몰아넣었던 것은 천수를 누리지 못하는 것, 즉 비정상적인 죽음이었다. 흔히 비정상적인 죽음은 혼령을 악귀로 만든다고 여겨졌다. 어려서 죽어[乳死] 악귀가 되거나, 자살로 인해[自死] 악귀가 되거나, 전사하여[師死] 악귀가 되거나, 형벌을 받아 죽어[星死] 악귀가 된다고 믿었다. 비정상적이라고 했지만 실제로는 사회적으로 만연한 죽음이었다. 따라서 산 사람들은 억울하고 원통한 죽음에 의해 악귀가 된 이들의 영혼을 진혼하는 한편, 그러한 억울한 죽음이 다시 일어나지 않도록 악귀의 해코지로부터 산 자를 보호하고자 하였다. 이것이 진묘문을 유행하게 한 직접적인 이유였고, 토지 매매 문서인 매지권에 진묘문의 요소가 결합하게 된 원인이었다.

인민들의 삶은 점점 고통스러워졌고 사람들은 그에 따라 매지권에 산 자에게 해를 끼칠 수 있는 죽은 자를 위한 진혼의 글과 산 자를 위한 제액의 글을 기술하였다. 진묘매지권이 본격적으로 등장하는 시기는 후한 영제(재위 167~189) 광화光和 연간(178~184)이다.

광화 2년(179) 초하루가 신미일辛未日인 10월 3일 계유癸酉.① 묘상墓上·묘하墓下·중앙주토中央主土에게① 고한다. 감히 묘백墓伯·혼문정장

* 王育成,「南李王村陶甁朱書與相關宗敎文化問題硏究」,『考古與文物』1996-2, 62쪽.

魂門亭長魂門亭長·묘주墓主·묘황墓皇·묘함墓帛에게② 고한다. 청골사인靑骨死人 왕당王當, 그의 동생 기伋와 윤倫, 그리고 부친 원흥元興 등이② 하남윤河南尹 □□현□□縣 좌중경左仲敬의 자손 등으로부터③ 곡겹정부穀郟亭部의 삼맥 三陌 서쪽의 전답 10무畝를④ 매입하여 집宅을 삼았다. [토지의] 가격은 전 일만이고, 대금은 그날 모두 지불하였다.⑤ 토지의 장丈 척尺은 문서券 書에 명백하게 [기록되어 있다.] 따라서 네 모서리에 봉封을 세워 경계를 지었는데, 경계는 위로는 구천九天에 이르고, 아래로는 구지九地에 이르 렀다.⑥ 죽은 자는 호리蒿里로 돌아가니, 지하[의 관리는] 제지할 수 없고, 다른 성씨의 사람은 [이 땅을 자신들의] 이름으로 점유할 수 없다. [남은 자를] 부귀하게 하고 자손을 이롭게 보우하며, 왕당과 왕당의 동생 왕기·왕륜 및 부친 왕원흥 등을…[왕씨 가의] 후손들이 [죽어] 매장되면 수고로움과 꾸짖음을 듣고 금지당하는 것이 없으며, 또한 부역에 종사함이 없을 것이다. 살아있는 부모·형제·처자·가족에게 는 책임이 없다. 산 자에게는 책임이 없고 각기 죽은 자는 처벌받지 않게 하라.③ 만약 [죽은 자가 산 자에게 무엇인가] 하고자 한다면 익힌 콩에서 싹이 돋고 연권鉛券에 꽃이 피며 달걀이 우는 것을 기다려, 이에 여러 신들이 [그 뜻을] 서로 허락할 것이다.③ 무엇으로 진실의 [신표를] 삼는가? 1척 6촌의 연권으로 진실의 [신표를 삼는다.]④ 천추만 세千秋萬歲토록 후세 중엔 죽는 자가 없을 것이다.③ 율령과 같이 행하라.⑤ 계약의 문서가 완성되었다. 전본조田本曹는③ 조전祖田을 들어 좌중경 등에게② 팔았고, 중경이③ 왕당과 왕당의 동생 왕기·왕륜, 부친 왕원흥 에게② 다시 팔았다. 약속의 문언은…이때 [계약의 내용을] 아는 이는 황유黃唯와 유등승留登勝이다.⑦

〈후한광화2년(179)왕당등매지권後漢光和二年王當等買地券〉

광화 2년에 제작된 〈왕당등매지권〉은 진묘문의 요소(①묘역의 관리, ②명계의 신들, ③제앙과 해적의 표현, ④압진물, ⑤정형구)가 매지권 (①토지 매매일(장례일) ②매입자(묘주) ③매도자(먼저 죽은 망자) ④토지의 위치와 크기 ⑤토지 가격과 대금 지불일 ⑥경계봉과 토지의 사방 경계 ⑦입회인)에 결합된 전형적인 '진묘매지권'이다. 토지 매매와 관련하여 왕당 가족과 좌중경의 현재 매매는 물론이고, 좌중경이 전본 조로부터 토지를 구매했던 과거의 매매에 대한 기록도 있다. 그러나 전체적으로 토지 매매 계약서로의 성격은 눈에 띄게 감소하였다. 대신 죽은 자를 위한 해적과 산 자를 위한 제앙의 표현이 보이며 진묘문의 미신적인 요소가 더욱 많아졌다.

  또한 죽은 자에 대한 진혼의 내용보다는 산 자를 위한 제앙의 내용이 강화되었다. 이 매지권 작성의 중요 이유는 산 자를 부귀하게 하고 악령의 해코지로부터 그들을 보호하는 것이다. 이 매지권에 따른다면 죽은 자가 산 자들을 괴롭히는 것은 원천적으로 불가능하다. 그런 일은 익힌 콩에서 싹이 나고 납으로 만든 이 문서에서 꽃이 피며, 달걀이 울어야지만 가능하기 때문이다. 물론 죽은 자를 위한 진혼의 내용이 없는 것은 아니다. 그러나 죽은 자를 위한 진혼의 표현에 비한다면 산 자를 위한 제액의 내용이 훨씬 구체적이고 사실적이다.

  광화 연간 들어 매지권의 미신적인 요소, 특히 그 중에서도 진묘문에 나 보이던 해적과 제앙의 관념이 급격하게 증가하게 된 것에 대해서 아직까지 정확한 이유는 밝혀져 있지 않다. 다만 후한 말로 갈수록 사회 혼란이 증가하고 역병이 유행함에 따라 오두미도五斗米道 또는 태평도太平道와 같은 민간 재래 신앙 집단의 세력이 확대된 것과 연관이 있을 것으로 추정할 수 있다. 이 매지권에 신앙 집단의 영향력이 침투한 것은 묘주의 한 사람인 왕당이 초기 도교道教 신자를 의미하는 '청골사인'

으로 표현된 것으로부터 알 수 있다.

『삼국지』「장로전張魯傳」의 배송지裴松之(372~451. 동진·유송의 역사가)
주석에 인용된 『전략典略』에 따르면 광화 연간 동방에는 장각張角(?~184.
후한 말의 종교지도자, 태평도의 창시자)이, 한중漢中(지금의 섬서성 한중시)
에는 장수張修(?~200. 후한 말의 종교지도자. 오두미도의 실질적 창시자)가 있어
각기 태평도와 오두미도를 행하였다고 한다. 이 두 집단은 모두 치병治病
을 교리로 하는 집단으로 관리인 사師는 부주符祝(부적을 이용한 기원
행위)를 행하고 신도들은 자신의 잘못을 반성하고 부수符水(부적을
태운 재를 섞은 물이나 주문을 외며 표면에 부적을 그린 물)를 마심으로써
병을 고칠 수 있다고 선전하였다. 특히 오두미도의 경우 신도를 통솔하는
간령奸令·좨주祭酒·귀리鬼吏 등의 관리가 있었다. 이 중 귀리는 병자를
위해 기도하는 일을 맡는데, 병자의 성명을 쓰고 복죄服罪(지은 죄를
자인하는 것)의 뜻을 적은 문서 세 통을 작성하여 그 중 하나는 하늘에
바치기 위해 산 위에 놓고 하나는 땅에 묻으며, 다른 하나는 물에
빠뜨린다고 한다(삼관수서三官手書).

즉 오두미도의 중요한 치병 방법은 첫째, 자신의 죄를 반성하고
둘째, 귀신에게 기원하는 것이라 할 수 있다. 오두미도는 병을 개인의
죄과에 대한 귀신의 징벌이라고 여겼기에 병기病氣를 다스리기 위해서
는 귀신에게 용서를 빌 필요가 있다고 믿었다. 오두미도의 또 다른
교법으로는 제액법除厄法이 있다. 그들은 병 이외 재액도 귀신이 일으킨
다고 여겼기 때문에 악귀를 퇴치하기 위한 방법이 발달해 있었다.
죽은 이는 물론이고 살아있는 자에게까지 해를 미칠 수 있는 강력해진
귀기鬼氣와 그로부터 인간을 보호하기 위해 무술을 펼치는 도사道士,
그로 인해 처벌과 재앙을 피할 수 있게 된 망자와 그의 가족들이 광화
연간 매지권의 세계였다.

절강형 매지권

매지권이 비록 죽은 자를 위해 토지를 매매한다는 관념적이고 의제적
擬制的(동일한 법률상의 효력을 보장하는)인 성격을 가졌지만, 실제
토지 매매 문서의 형식을 차용하였기에 반드시 매입자와 매도자가
기록된다. 물론 매입자와 매도자는 모두 죽은 자들이다. 매지권에
따라 구체적인 이름이 등장하지 않는 경우도 있지만 사람임을 의심할
정황은 보이지 않는다. 그런데 〈왕당등매지권〉에 등장하는 '전본조田本
曹'는 그 이름에서 사람이 아닌 유사 토지신으로 느껴진다. 그러나
최소한 사람의 이름을 사용하였다는 점에서 후한 시기 매지권의 세계는
비록 죽은 자들이기는 하지만 아직은 인간과 인간의 세계였다.

단 하나의 예외가 있다면 절강성浙江省에서 발견된 〈후한건녕원년
(168)마위장매지별後漢建寧元年馬衛將買地莂〉이다. 이 매지권에서 매도자
는 사람이 아닌 산공山公으로, 토지신이다.

건녕建寧 원년(168) 2월. 오풍리五風里 번연수番延壽 묘별墓莂. 형제 9인
이 산공으로부터 오풍리의 산 1구丘를 매입하여 부친 마위장馬衛將을
장사지냈다. 가격은 전 60만이고, [대금은] 당일 모두 지불하였다. [묘별
을] 나누어 권대券臺에 설치하였다. 별을 합치면 '대길大吉'이란 [글자가
된다.] 오른쪽에 세웠다. 건녕 원년 2월 초하루. 사약私約이 있는 경우에
는 율령에 따라 처리하라.

〈마위장매지별〉

이 매지권은 절강성 소산현蕭山縣에서 발견되었는데, 소산현은 후한
시기 회계군會稽郡(지금의 절강성 소흥시紹興市)에 속하는 곳이다. 이곳

은 당시 이적夷狄의 공간으로 이해되던 곳으로, 전통적으로 오월吳越 지역으로 불렸다. 오월 지역에 대한 정보는 많지 않지만『한서』「지리지地理志」에는 이웃하고 있던 초楚(지금의 호북성·호남성·안휘성 일부) 지역의 정보가 남아 있어 이 지역에 대한 단서를 주고 있다. 역사적으로 오월 지역과 초 지역은 수차례에 걸쳐 서로 겸병兼倂하여 그 풍속이 대체로 같았다고 한다. 초 지역은 귀신을 믿고 음사淫祀를 중히 여기는 재래 토착 신앙의 영향력이 큰 지역이었다. 무속의 영향력이 워낙 강한 지역이라 전한 무제武帝(유철劉徹. 재위 기원전 141~기원전 87)는 닭을 사용하는 계점雞卜을 이용하여 천신天神과 상제上帝 등에게 제사를 지내는 이 지역의 고속故俗(지역의 전통적인 풍속)을 인정하기도 하였다.

이뿐만 아니라『사기』와『한서』에는 초 지역 출신 무자들의 활동과 관련한 기사들이 등장한다. 초 출신으로 장안(지금의 섬서성 서안시) 동시東市에서 점을 치던 사마효주司馬孝主와 초왕楚王 서胥에게 고용되어 주저祝詛(남에게 재앙을 내리기 위해 신령에게 비는 행위)를 담당했던 여무女巫 이녀수李女須가 대표적이다. 특히 여무 이녀수는 무산巫山에 들어가 기도한 것으로 나와 해당 지역의 산신山神을 모셨던 것을 알 수 있다. 이러한 경향은 오월 지역에도 있었다. 구강군九江郡 준주현浚遒縣(지금의 안휘성 비동현肥東縣) 당산唐山과 후산后山의 무자들이 남녀를 뽑아 산공山公과 산구山嫗의 시주尸主(죽은 사람이나 신령을 대신하여 제사를 받는 사람)로 삼았다는『후한서』의 기록이 그 좋은 예일 것이다.

이 매지권에서 가장 특이한 점은 바로 '묘별墓莂'이라 하여 매지권과는 차별된 이름을 사용하고 있는 점이다.『석명釋名』「석서계釋書契」에 따르면 "별莂은 '나누다別'의 뜻이다. 중앙에 크게 글씨를 쓰고 가운데를 깨뜨려 나눈다."라고 하여 부절符節(둘로 나누어 신표로 삼던 물건)의

그림 27 〈마위장매지별〉[*]　　　　　　**그림 28 〈손오신봉원년(252)손씨매지별 孫吳神鳳元年孫氏買地莂〉**[**]

의미를 가지고 있었음을 알 수 있다. 즉 계약을 맺는 두 주체가 돌에 글씨를 쓴 후 나누어 각기 한쪽씩을 보관하는 것을 의미한다. 실제로 이 매지권이 분할되어 있는 것은 아니지만 매입자와 매도자가 계약의 증표를 나누어 보관한다는 의미로 '별'이란 용어를 사용한 것 같다. 흥미로운 것은 이 매지권의 경우 하나가 아닌 복수의 벽돌에 같은 내용이 반복적으로 기술되어 있다는 점이다(모두 10점이 발견되었는데, 그 중 5점이 전별磚莂로 같은 내용이 반복해서 기술되어 있다).

독특한 이름과 형식으로 인해 이 매지권은 위각으로 치부되기도 하였다. 그러나 절강 지역의 이 독특한 매지권은 삼국·서진 시기까지 그 전통을 유지하며 등장한다. 지역에 존재하는 특별한 무속이 여타 지역과는 다른 독특한 매지권의 내용과 형식을 만들어 냈음이다.

[*]　高倉洋彰, 「漢代買地券の檢討」, 『日本民族·文化の生成Ⅰ 永井昌文教授退官記念論文集』(東京: 六興, 1988), 785쪽.

[**]　毛遠明 校注, 『漢魏六朝碑刻校注 第二册』(北京: 線裝書局, 2009), 233쪽.

강을 건넌 매지권

220년 후한의 마지막 황제 헌제(재위 189~220)가 위왕魏王 조비曹丕(조위 문제文帝, 재위 220~226)에게 선양禪讓을 하며 양한 400년의 역사는 종결된다. 삼국 시대가 열린 것이다. 삼국 시기 매지권은 현재 12건이 발견된 상태인데, 모두 손오孫吳의 연호가 보인다. 발견된 장소 역시 손오의 영역이었던 장강 이남이다. 후한 시기 주로 황하 유역에서 매지권이 유행했던 것과는 달리 이 시기 황하 유역에서는 매지권의 출토가 보고되지 않았다.

북중국에서 매지권이 발견되지 않는 이유를 단정하기는 어렵지만 한동안 지속된 전란의 영향이 컸을 것으로 생각한다. 전란으로 매지권 제작에 영향을 미쳤던 오두미도 집단의 조직이 와해된 것이 중요한 이유일 것이다. 이 밖에도 조조曹操(155~220)에 의해 강요된 박장령薄葬令(장례를 화려하게 치르는 것을 금지하는 명령), 조위에서 내려진 종교 활동 금지(조위 정부는 민간에서 지내던 사사로운 제사를 모두 음사로 규정하고 금지하였다) 역시 북중국의 매지권 소멸에 영향을 미쳤을 것이다.

장강을 건넌 매지권은 비록 수량은 적지만 손오 건국 이후부터 손오 멸망 때까지 꾸준히 제작되었다(가장 이른 것이 225년에 제작되었고 최후의 것이 275년에 제작되었다. 손오는 280년에 멸망하였다). 출토 지역은 호북성 무창시武昌市, 강서성江西省 남창시南昌市, 안휘성 남릉현南陵縣과 당도현當塗縣, 강소성江蘇省 남경시南京市와 강녕현江寧縣, 절강성 항현杭縣으로 당시 양주揚州 북부와 형주荊州 북부에 해당하는 손오 권역 중에서는 비교적 일찍부터 개발된 선진 지역이다.

매지권은 매도자와 입회자, 사용된 용어 등을 기준으로 크게 네

〈표 4〉 손오 매지권 일람

연번	매지권명	출토지	매입자	매도자	입회자
1	〈손오황무4년(225)호종매지권孫吳黃武四年浩宗買地券〉	강서성 남창시	남자 호종	동왕공東王公·서왕모西王母	금동자金僮子·학鶴·물고기[魚]·곽사郭師·오昊□
2	〈손오황무6년(227)정축매지권孫吳黃武六年鄭丑買地券〉	호북성 무창시	남자 정축	사선현沙羨縣 주현主縣	동왕공·서왕모
3	〈손오영안5년(262)팽로매지권孫吳永安五年彭廬買地券〉	무창시	□□교위校尉 팽로	구부토주丘父土主	동왕공·서왕모
4	〈손오적오8년(245)소정매지권孫吳赤烏八年蕭整買地券〉	안휘성 남릉현	낭중郎中 소정	무호서향蕪湖西鄕 토주土主 엽돈葉敦	향위鄕尉 장민蔣玟·이수里帥 사달謝達
5	〈손오봉황3년(274)맹윤매지권孫吳鳳皇三年孟賮買地券〉	안휘성 당도현	이 도 독 夷都督·분위장군奮威將軍·제기도향후暨都鄕侯 맹윤의 아들 일壹	주수周壽	자간제刺奸齊
6	〈손오신봉원년(252)손씨매지별孫吳神鳳元年孫氏買地蒷〉	절강성 항현	회계정후병령전당수군會稽亭侯幷領錢唐水軍·수원장군綏遠將軍 손씨	토공土公	해[日]·달[月]·사시四時
7	〈손오오봉원년(254)황보매지권孫吳五鳳元年黃甫買地券〉	강소성 남경시	대남大男 황보	하늘[天]·땅[地]	없음
8	〈손오태평2년(257)장씨매지권孫吳太平二年張氏買地券〉	남경시	대남 장씨	하늘·땅	없음
9	〈손오영안2년(259)진중매지권孫吳永安二年陳重買地券〉	남경시	입무도위立武都尉 진중	하늘·땅	없음
10	〈손오영안4년(261)대녀매지권孫吳永安四年大女買地券〉	남경시	대녀大女 이름 판독 불가	하늘·땅	없음
11	〈손오건형2년(270)처사매지권孫吳建衡二年處士買地券〉	남경시	처사處士 이름 없음	없음	도감都監 허사許祀
12	〈손오천책원년(275)단양매지권孫吳天冊元年丹陽買地券〉	강소성 강녕현	이름 없음	하늘·땅	없음

유형으로 구분할 수 있다. 유형 Ⅰ(연번 1, 2, 3)은 호북성 무창시와 강서성 남창시에서 출토된 것들로 매도자 혹은 입회자로 동왕공東王公·서왕모西王母가 등장한다. 매도자로 등장하는 또 다른 존재들은 토지신으로 보인다. 유형 Ⅱ(연번 4, 5)는 안휘성에서 출토된 것들로 비교적

미신적 요소가 적은 초기 매지권의 모습이 보인다. 그러나 역시 매도자로는 토지신(토주土主 엽돈葉敦) 혹은 신선(주수周壽)으로 보이는 인간이 아닌 존재가 등장한다. 유형 Ⅲ(연번 6)은 절강형 매지권이다. 후한 시기 매지권 중 유일하게 절강형 매지권에서 매도자가 사람이 아닌 토지신으로 등장한 것은 앞에서 살펴보았다. 증인 역시 해, 달, 사시로 사람이 아니다. 마지막으로 유형 Ⅳ(연번 7~12)는 하늘과 땅이 매도자가 되고 입회자는 대체로 보이지 않는다. 대신 매입한 땅과 집에 대해 분쟁이 발생하게 되면 천제天帝와 토백土伯에게 간다는 글귀가 등장하여 [若有爭地, 當詣天帝, 若有爭宅, 當詣土伯], 천제와 토백이 분쟁 주재자(혹은 넓은 의미의 입회자)의 역할을 담당함을 알 수 있다. 각 유형에 대해 좀 더 자세히 살펴보자.

매도자와 입회자 – 동왕공과 서왕모, 그리고 낙양의 금동자

손오의 매지권이 지역별로 차이를 가진 것에 대해서는 잠시 언급하였다. 그 중 유형 Ⅰ의 특이점은 매도자 혹은 입회자로 동왕공과 서왕모가 등장하는 것과 또 다른 입회자로 낙양의 금동자가 출현하는 것이다. 전형적인 유형 Ⅰ의 매지권 하나를 살펴보자.

황무黃武 4년(225) 초하루가 계묘癸卯인 11월 28일 경오庚午. 구강군九江郡 남자男子 호종浩宗이 □월에 예장군豫章郡에서 객사客死하였다. 동왕공東王公과 서왕모西王母로부터 남창현南昌縣 동쪽 교외의 무덤지 한 곳을 매입하였다. 가격은 전[値錢] 오천이다. 동으로는 갑을甲乙에, 서로는 경신庚辛에, 남으로는 병정丙丁에, 북으로는 임계壬癸에 다다랐다. 해[日]

를 주主로 삼고 달[月]을 부副로 삼아 약속하였다. 이때 문서의 내용을 보증하고 아는 자는 낙양洛陽의 금동자金僮子와 학鶴과 물고기[魚]인데, 학은 위의 하늘로 날아가고 물고기는 아래의 못으로 들어간다. [이외 입회인으로] 곽사郭師와 오□吳□이(가) 있다. □문서[券書]로써 증명을 삼으니, 율령과 같이 행하라.

〈손오황무4년(225)호종매지권〉

『이아爾雅』라는 문헌에 따르면 서왕모는 본래 서쪽 지역에 있던 고대 국가의 이름이다. 아마도 서쪽에 존재하던 원시 부족이나 그 부족장의 이름이 아니었을까 한다. 전국 시기 『산해경山海經』이란 문헌에서 묘사하는 서왕모는 사람의 형상을 지니기는 하였지만 호랑이 이빨에 표범의 꼬리를 한 반인반수의 모습으로 아득히 먼 서쪽[西極] 곤륜산崑崙山에 살며 역병과 형벌을 주관하는 신으로 등장한다. 그러다 차츰 인간을 보호해주고 복을 내려주는 비호신庇護神이자 불로장생의 주관신으로 변화하는데, 전한 말을 기점으로 장생과 관련하여 숭배 대상이 되면서 화상석과 동경銅鏡의 명문銘文에 단골로 등장하게 된다(예를 들어 '동왕공 서왕모와 같이 장수하기를[壽如東王公·西王母]'과 같은 명문이 대표적이다).

후한 시기가 되면 동방의 남성신인 동왕공이 등장한다. 동왕공은 신화 속에 자주 등장하는 선인仙人인데, 서왕모와 함께 등장하여 흔히 서왕모의 남편으로 간주된다. 동왕공이 처음 등장하는 문헌은 『신이경神異經』으로 "동황산 가운데 큰 석실에 동왕공이 살고 있다. 키는 1장丈으로 머리는 희고 사람의 형상을 하고 있으나 새의 얼굴에 호랑이 꼬리를 달고 있으며 한 마리 흑곰을 머리에 이고 좌우를 둘러본다."고 그 모습을 묘사하고 있다. 역시 반인반수의 존재로 동쪽에서 양기陽氣를 주재했던 신이라고 할 수 있다.

이 두 신은 음양설陰陽說(우주가 음양 두 원소의 결합과 상호작용에 의해 만들어지고 작동한다는 이론)의 유행에 따라 부부 한 쌍으로 등장하고, 차츰 만민의 생명을 주관하고 복과 후손을 내려주는 서민과 밀착된 구제신救濟神이 된다. 그 때문에 이들은 다산과 자손의 번영을 수호하고 출세와 재산 증식을 돕는 신으로 민간에서 숭상되었다. 아마도 이러한 성격으로 인해 죽음 이후의 평안함을 보증하는 존재로서 무덤터의 매도자 혹은 계약의 입회인으로 매지권에 출현하게 되었을 것이다.

서왕모와 동왕공만큼 흥미로운 존재는 입회인으로 등장하는 낙양의 금동자다. 흔히 동자가 불로불사를 과시하는 도사道士의 자칭이라는 점에서, 금동자는 매지권의 제작과 매납을 둘러싼 제반 상장의식喪葬儀式의 담당자였음을 알 수 있다. 그런데 그 출신이 낙양이라는 점이 눈에 띈다. 즉, 이 도사는 전란을 피해 북중국으로부터 장강을 넘어 남쪽으로 온 무자였을 것이다. 이것은 유형 Ⅰ이 출토된 강서성과 호북성 무창시 일대가 북중국에서 유행하였던 오두미도 혹은 태평도의 영향을 받았을 가능성을 말해준다.

물론 그렇다고 해서 이 지역에 오두미도나 태평도가 전파되었다고 단정할 수는 없다. 하지만 전란이나 종교적 박해를 피해 개인적으로 이주한 도사들의 존재는 충분히 상정할 수 있을 것이다. 촉蜀 지역으로부터 강남으로 이주한 '이가도李家道'의 도사들도 한 예다. 이들은 강남 지식인들에게 사이비似而非로 지탄받았지만 천 명 가까이 되는 제자를 거느렸다. 그들은 고작 몇 가지 양생술養生術의 방법들을 구사하는 정도였지만 많은 사람들의 신봉을 받았다고 알려져 있다. 전란과 조정의 박해로 그 조직이 와해되었다고는 하지만 민간에서 오두미도의 영향력과 생명력은 여전히 무시 못 할 정도였던 것 같다. 이렇게 개인적으로 이주한 오두미도의 도사들은 강남에 내려와서 장례에 관한 일을 주관하며 나름의 생명력을 연장하고 있었는데, 죽은 이를 위해 매지권을 작성하며 자신을 입회자로 기록했던 것이다.

고용의 대가, 고전

손오 매지권에서 가장 많이 출토된 것은 유형 Ⅳ다. 잠시 유형 Ⅳ 매지권을 살펴보면 다음과 같다. 이 매지권의 경우 토지의 사방 경계를 오방五方(오행五行)에 배당한 것은 유형 Ⅰ과 동일하지만 매도자로서 동왕공과 서왕모 대신 하늘天(천신)과 땅地(지신)이 등장하는 것이 특징이다. 또한 땅과 집에 대한 분쟁이 발생하게 되면 천제와 토백에게 가서 시비를 가린다는 약속의 문언이 등장한다. 상당히 안정된 구성과 문언을 갖춘 이들 유형 Ⅳ는 강소성 남경과 강녕현에서 출토되었다. 아마도 유형 Ⅰ이 출현한 호북·강서와는 다른 매지권 제작 집단 혹은 전통이 있었던 것 같다.

유형 Ⅳ 매지권에서 특히 눈에 띄는 것은 대금 지불과 관련하여 '고전雇錢'이란 표현이 쓰인 것이다. 일반적으로 매지권에서 토지의 가격에 대한 서술은 '치전值錢' 혹은 '가전價錢'(모두 값의 의미)으로 표현된다. 그러나 여기서는 '고전'이라 하여 고용의 대가로 표현되었다. 이것은 무덤이 조영되고 매지권을 설치하는 것과 관련하여 상가喪家에서 누군가를 고용한 것을 의미할 것이다. 초상을 치르는 데 누군가를 고용하였다면 그것은 분명 장례 전 과정을 주관한 무자, 즉 도사일 것이다. 무자가 상장 의식과 관련하여 묘지의 선정, 묘역 내의 묘혈墓穴

오봉五鳳 원년(254) 10월 18일. 구강군九江郡 대남大男 황보皇甫 나이 여든. 지금 막부산莫府山 뒤 남쪽 가장자리에 무덤을 조영하고자, 천신[天]에게 땅을 사고, 지신[地]에게 집을 샀다. 고용雇用의 대가로 전 삼백을 지불하였다[雇錢三百]. 동으로는 갑경甲庚에 이르렀고 서로는 을신乙辛에 이르렀으며, 북으로는 임계壬癸에 이르렀고 남으로는 병정丙丁에 이르렀다. 만일 땅에 대해 다툼이 생긴다면 천제天帝에게 갈 것이며 집에 대해 다툼이 생긴다면 토백土伯에게 갈 것이다. 천제의 율령과 같이 행하라.

〈손오오봉원년(254)황보매지권〉

그림 29 〈황보매지권〉(홍승현ⓒ)

(관이 들어가는 구덩이)의 방향, 관곽棺槨(널과 덧널)의 규정 등에 해박하고 또 장례와 관련한 대부분의 일들을 담당하였다는 것은 잘 알려져 있다. 특히 무덤 속에 매납하는 매지권의 실질적인 작성자가 무자들일 것은 쉽게 추정할 수 있다. 따라서 여기서도 장례와 관련하여 무자(도사)의 존재를 상정하는 것이 타당할 것이다.

장례 의식의 주관자를 고용한 대가로 '고전'을 기술한 매지권은 모두 유형 Ⅳ에 해당한다. 언급한 것처럼 출토지가 지금의 강소성 남경과 강녕현이다. 그중 남경은 손오의 수도로 북중국으로부터 이주한 이들이 가장 많이 자리 잡은 곳이다. 한편 강녕현은 당시 단양군丹陽郡(지금의 강소성 남부·안휘성 남부·강소성 북부의 일부에 해당) 소속 현인데, 단양군은 손오 정권의 초기 근거지로 제일 먼저 개척된 곳이다. 따라서 북중국으로부터 강남으로 이주한 이주민들이 가장 먼저, 그리고 가장 많이 자리 잡은 곳이 유형 IV의 매지권이 출토되는 지역임을 알 수 있다. 그러므로 이들 지역은 이주민을 따라 북중국의 상장 의식이 비교적 온전히 이식되었을 가능성이 높은 곳이라고 할 수 있다. 이때 상장 의식을 이식한 주인공들이 바로 북중국에서 이주한 무자들이었을 것이고, 자연히 이들의 활동이 다른 지역에 비해 활발했음을 생각해 볼 수 있을 것 같다. 이러한 일련의 상황이 이 지역 매지권에 '고전'이라는 특별한 용어를 출현시켰을 것이다.

매지권의 융합

지역적 특성을 강하게 띠던 강남의 매지권은 동진 시기에 이르면 유형 분류가 어려워진다.

진晉 함강咸康 4년(338) 초하루가 임자壬子인 2월 4일 을묘乙卯. 오吳 나라에서 사인舍人과 입절도위立節都尉를 지낸 진릉군晉陵郡 단도현丹徒縣 주만朱曼의 죽은 처 설씨薛氏가 천신[天]에게 땅을, 지신[地]에게 집을 매입 하였다. 동으로는 갑을甲乙에 이르고 남으로는 병정丙丁에 이르렀으며, 서로는 경신庚辛에 이르렀고 북으로는 임계壬癸에 이르렀으며, 중앙으로 는 무기戊己에 이르고 위로는 하늘[天], 아래로는 황천黃泉에 이르렀다. 가격[値錢]은 이백만 전으로 대금은 당일 모두 지불하였다. 만일 설씨의 땅에 뜻이 있다면 천제에게 물어야 할 것이고, 설씨의 집에 뜻이 있다면 토백에게 물어야 할 것이다. 계약을 보장하고 아는 이는 동왕공과 서왕모다. 천제의 율령과 같이 행하라.

〈동진함강4년(338)주만처설씨매지권東晉咸康四年朱曼妻薛氏買地券〉

이 매지권은 절강에서 출토되었다. 손오에서 낮은 관직이기는 하지만 사인과 입절도위를 지낸 주만의 처 설씨를 위해 제작된 이 매지권은 지역적 구분에 따른다면 유형 III, 즉 '절강형 매지권'으로 분류되어야 할 것이다. 그렇다면 절강형 매지권의 특징적인 '별幣'이란 표현이 등장해야 한다. 그러나 위의 〈주만처설씨매지권〉에는 매지권을 지칭하는 '별'이란 표현은 등장하지 않는다. 대신 하늘과 땅이 매도자가 되고, 분쟁이 발생하였을 경우 '천제'와 '토백'에게 가서 시비를 가리게 한다는 내용이 등장한다. 이는 전형적인 유형 IV(강소성 남경시와 강녕현 출토) 매지권의 구성 요소다. 그러나 이 매지권을 IV형으로 보았을 경우 가격과 관련하여 '고전'이란 고용의 대가에 해당하는 표현이 등장해야 하는데, 여기서는 유형 I(호북성 무창시와 강서성 남창시 출토)의 토지의 가격을 의미하는 '치전値錢'이란 표현이 등장한다. 또한 I형 매지권에서 보이는 동왕공과 서왕모가 입회자로 출현한다. 결론적으로 말한다면 이 매지권은 유형 분류가 불가능한, 강남 각 지역에서 출토된 매지권의 내용이 융합된 모습을 보인다.

사실 서진 시기 매지권만 해도 손오 시기와 같이 유형별 특징을 찾는 것은 어렵지 않다.

진 도향都鄕 양소楊紹의 무덤지 매입권. 대남大男 양소가 토공土公으로부터 무덤지 1구丘를 매입하였다. 동으로는 감택闞澤에 닿았고 서로는 황등黃滕에 이르렀으며, 남으로는 산등성이에 닿았고 북으로는 호수에 이르렀다. 가격은 전[直錢] 4백 만으로 대금은 당일 모두 지불하였다. 해[日]와 달[月]이 증인이며 사시가 보증인이다. 태강 5년(284) 9월 29일, 계약의 주체들이 함께 별蔛을 나누었다. 백성에게 사약이 있는 경우에는 율령에 따라 처리하라.

〈서진태강5년(284)양소매지별西晉太康五年楊紹買地蔛〉

　　절강 회계에서 출토된 〈양소매지별〉에는 전형적인 절강형 매지권의 특징인 일월과 사시가 증인과 보증인으로 등장하며, 특유의 '별'이란 용어가 등장한다. 또한 다른 유형에서 사방의 경계를 모두 갑을甲乙(동쪽), 병정丙丁(남쪽)과 같은 간지干支로 표현한 것과는 달리 감택이나 황등과 같은 호수나 산 등으로 삼은 것도 절강형 매지권의 특색이 유지되고 있음을 의미한다.

　　그렇다고 서진 시기 매지권에 어떤 변화도 없었다는 것은 아니다. 강소성 구용시句容市에서 출토된 서진 영강永康 원년(300)에 제작된 〈이달매지권李達買地券〉에는 유형 Ⅳ 매지권임에도 불구하고 호북·강서성의 유형 Ⅰ 매지권에서 볼 수 있는 동왕공과 서왕모가 입회자로 등장한다. 이미 각 지역별 매지권의 특징들이 혼합되고 있었던 것이다. 그러나 서진 시기 매지권은 전체적으로 아직은 지역적 특색을 유지하고 있었다. 〈이달매지권〉에 매도자로 천신과 지신이 등장하는 것이나 대금 지불 방법으로 '고전'이라는 표현이 등장하는 것이 그 증거다. 그러다 결국 동진 시기가 되면 한 매지권 안에서 각기 다른 지역의 특징이 혼합되어 유형 분류가 어려워진다. 앞으로 시간의 흐름에 따라, 인간의 이동에 따라 각 지역별 특성을 지닌 매지권들은 더 많이 혼합될 것이다.

진묘매지권에서 도교매지권으로

이상 간략하게 살펴본 강남 매지권 중에는 후한 시기 매지권의 특징인 진묘매지권이라고 부를 만한 것이 없었다. 후한 광화 연간 매지권에 나타난 죽은 자의 죄과를 해소해주는 해적의 표현이나 산 자가 죽은 자로부터 해코지를 당하지 않게 재앙을 제거해주는 제앙의 표현이 등장하지 않았다. 진묘문이 유행했던 섬서성 지역과 거리가 멀어지면서 발생한 변화일 수도 있겠으나, 무엇보다 제액除厄을 전문적으로 행했던 오두미도 같은 종교 집단의 활동이 없었던 것이 그 이유일 것이다. 그러나 재래 신앙의 끈질긴 생명력은 강남 매지권에도 영향을 미쳤다. 단 한 사례기는 하지만 진묘매지권으로 부를 수 있는 매지권이 존재한다.

영안永安 5년(262) 초하루가 신축辛丑인 7월 12일 임자壬子. 단양군丹楊郡 석성현石城縣 도향都鄉 □□교위□□校尉 팽로彭盧, 나이 59세, 사선현沙羨縣 경계…타향살이하다 죽었다. 올해는 길吉하고 상서로운 해로 줄곧 자연[의 기氣]를 받을 수 있어 □을 세울 수 있고, 만드는 데 방해가 없다. [아래와 같은 내용을] 삼가 동릉서릉東陵西陵·모백구승墓伯丘丞·남맥북맥南陌北陌·지하이천석地下二千石…토공신□土公神□에게 청한다. 지금 백세의 □총□冢을 만들려 □구부토주□丘父土主[로부터] 종횡縱橫 3천 보의 토지를 매입하였다. 동서남북 □경계는 볼 수 있다. [토지의] 가격은 전 만 오천으로…지불하였다. 모든 신은 [망자가 가는] 길을 막을 수 없다. 만일 땅에…[하고자 한다면] □콩이 □되고 도권桃券이 다시…신神이…□□□ 봄이 된다. 계약을 아는 이는 동왕공東王公과 서왕모西王母다. 율령과 같이 행하라.

〈손오영안5년(262)팽로매지권孫吳永安五年彭盧買地券〉

손오 후기에 해당하는 손휴孫休(재위 258~264) 영안 5년인 262년에 제작된 〈팽로매지권〉은 후한 말의 매지권처럼 다양한 지하의 신들이 등장한다(동릉서릉·모백구승·남맥북맥·지하이천석·토공신□). 또한 죽은 자와 산 자를 위한 '제앙해적'의 분명한 표현이 등장하는 것은 아니지만 망자를 위한 진혼의 표현인 "모든 신은 [망자가 가는] 길을 막을 수 없다諸神不得捍道]."는 구절이 등장한다. 따라서 지금까지 살펴본 강남 매지권과는 달리 진묘문의 요소들이 포함된 것을 알 수 있다. 그러나 이러한 북중국의 계통을 따른 매지권은 손오·양진 시기를 통해 이 매지권이 유일하다. 따라서 동진 시기까지 강남 매지권의 전반적인 상황은 북중국에서 유행한 오두미도의 강력한 맹공에서 벗어나 자신들만의 토착성을 유지하고 있었다고 할 수 있다.

그러나 시간의 흐름은 강남에서 제작된 매지권 안에 또 다른 흔적을 새겨 넣었다. 바로 유송劉宋 시기(420~479) '도교매지권道教買地券'의 출현이다. 도교매지권은 도교 관련 내용이 포함된 진묘매지권을 말한다. 이는 다시 두 가지로 구분이 가능한데, 하나는 진묘매지권에 도경道經의 일부가 혼합된 것이고 다른 하나는 진묘문과 도경의 내용만으로 이루어져 매지권의 요소를 찾아 볼 수 없는 것이다. 도교매지권의 출현은 남하한 천사도天師道(오두미도의 후신)가 경전을 수집하고 편집하는 한편 교단을 정비하는 과정에서 민간으로 영향력을 확대한 결과라고 할 수 있다.

유송劉宋 태세太歲가 계유癸酉에 머무르는 원가元嘉 10년(433) 초하루가 병신丙申인 11월 27일 임신壬申 진시辰時. **신출태상로군新出太上老君**이 부칙 符勅을 내려 천天·지地, 사계四季의 신, 황신黃神·후토后土, 토황土皇·토 조土祖, 토영土營·토부土府, 토문土文·토무土武, 토묘상土墓上·토묘하土

墓下, 묘좌墓左 · 묘우墓右 · 묘중앙오묘주자墓中央五墓主者, 구승丘丞 · 묘백墓伯, 총중이천석家中二千石, 좌左 · 우총후右家侯, 구묘연사丘墓掾史, 영토장군營土將軍, 토중독우土中督郵, 안도승安都丞, 무이왕武夷王, 도상유라장군道上游邏將軍 · 도좌장군道左將軍 · 도우장군道右將軍, 삼도장군三道將軍, 호리부로蒿里父老, 도집백장都集伯帳, 영역정부營域亭部, 묘문정장墓門亭長, 천강天罡 · 태일太一 · 등명登明 · 공조功曹 · 전송傳送…수두십이신隨斗十二神 등에게 명한다. 형주荊州 장사군長沙郡 임상현臨湘縣 북향北鄉 백석리白石里의 **남관좨주男官祭酒 · 대원치代元治 황서계령黃書契令** 서부徐副가 59세의 나이로 지난 원가 9년 임신년(432) 12월 26일 사망하였다. 사람이 죽으면 혼은 삼천三天으로 돌아가고 몸은 삼천三泉으로 돌아가니, 영구히 호리蒿里에서 편안하리라. 서부 선조의 무덤은 □묘로 삼하三河 중에 있어 땅과 집이 비좁아 새롭게 이곳에 세운다. 본군 · 향 · 리에 무덤을 세우니 이 산등성이 안에 있다. **태상제군太上諸君과 태상장인太上丈人의 도법道法을 받들어 감히 길한 시간과 날짜를 선택하지 않고 땅의 금기禁忌를 피하지 않았으며, 정진正眞의 도道를 수행하여 귀갑龜甲과 시초蓍草를 이용하여 점을 쳐 묻지 않고** 지금 이 산등성에 서부를 위해 무덤을 만들었다. 무덤의 영역은 동으로 갑을甲乙에 이르고 남으로 병정丙丁에 이르렀으며, 서로 경신庚辛에 접했고 북으로 임계壬癸에 이르렀다. 위로는 청천靑天에 이르렀고 아래로는 황천黃泉에 자리잡았다. 동쪽의 천맥阡陌은 각기 크기가 있으니 동서남북의 땅 모두가 서부에게 속한다. 해와 달이 증명하고 별들이 명백히 하니, 당일 장사지내 떠나 보낸다. 문서[板]가 도착하는 날 무덤의 신과 지하 금기의 관官은 망자를 꾸짖어 제지하거나 금지할 수 없고, 무덤을 소란케 할 수 없다. **무덤을 획정하여 망자의 혼백魂魄을 가두고 도리를 통하게 하라.** 무덤의 신들은 모두 문서를 받들어 망자가 가야할 길을 계시하고 **시체를 편안히 하며 깨끗이 씻기고 의복을 갖추게**

하라. 망자가 가야 할 길이 열리면 **산 자에게는 우환이 없고 이로움과 보호를 받게 된다.** 삼회三會의 길일吉日에 이르면 구승丘丞을 비롯한 모든 신들이 공功을 논하여 하늘에 천거함에 따라 각기 그 질록秩祿을 더하면 장차 천조天曹에서 과비科比할 것이다. 만약 망자를 꾸짖어 제지하여 천법天法을 받들지 않으며, 무덤을 보호하지 않아 망자를 불안하게 한다면 『**현도귀율玄都鬼律**』에 따라 죄를 다스릴 것이다. 각기 천헌天憲을 삼가 받들어 밝고 영구히 봉행하라. **마치 태청현원상삼천무극대도**太淸玄元上三天無極大道, **태상로군**太上老君, **그리고 지하여청**地下女靑의 **조령**詔令과 같이 행하라.

〈유송원가10년(433)서부매지권劉宋元嘉十年徐副買地券〉

매지권이라고 하지만 전통적인 매지권의 요소는 묘주의 이름과 장례일(토지 매매일에 해당), 무덤의 영역(동으로 갑을, 남으로는 병정, 서로는 경신, 북으로 임계에 이름), 계약의 증인(해·달·별)뿐이다. 진묘문의 요소로는 다양한 묘역의 신들과 지하 명계의 관리들, 죽은 자를 위한 진혼의 표현(영구히 호리에서 편안하리라, 무덤의 신과 지하 금기의 관은 망자를 꾸짖어 제지하거나 금지할 수 없고 무덤을 소란케 할 수 없다)이 등장한다.

굵게 표시한 부분은 도교 경전에 나오는 내용들이다. 도경에 등장하는 내용에 대해 살펴보자. 우선 후한 진묘매지권에서 천제의 명령을 받아 묘역과 명계의 신들에게 망자의 명계로의 입문을 알리는 황제 대신 '신출태상로군'이 등장한다. '신출태상로군'은 오두미도의 창시자로 알려진 장릉張陵(후한 말의 종교지도자)이 노자老子를 신격화하면서 사용한 신격이다. 따라서 '신출태상로군'이란 용어가 사용된 이 매지권은 천사도 신자의 매지권임을 알 수 있다. 묘주가 천사도 신도라는 움직일 수 없는 증거는 바로 '좨주'라는 용어다. '좨주'는 오두미도

초기부터 설치된 교단의 직책으로 여러 신도들을 통솔하는 역할을 하였다. 한편 '대원치'는 오두미도의 지역 교구라고 할 수 있다. 오두미도는 전국에 24개의 '치'를 설치하여 신도들을 관할하였는데, '대원치'는 그 중 하나였다.

도교매지권에는 진묘문에 등장하는 다양한 묘역의 신과 명계의 신들이 등장하며, 죽은 자를 위한 해적과 산 자를 위한 제앙의 내용이 등장한다. 그런데 그 제앙·해적의 내용이 진묘문에 비해 한층 복잡해지고 보다 구체적이다. 그것은 제앙·해적의 행위가 천사도의 치병법인 '상장의례上章儀禮'에 기초했기 때문이다. '상장'이라는 것은 도사가 신에게 표문表文을 올려 도움을 청하는 것을 의미하는데, 이때 신에게 올리는 표문은 현실 세계 임금에게 올리는 상주문과 비슷하다. 현재 도교 경전 안에는 이러한 기도문들의 샘플이 실려 있다.

기도문의 샘플이 가장 풍부하게 실려 있는 도경으로는 『적송자장력赤松子長曆』을 들 수 있다. 적송자는 중국 고대 신선으로 신농神農(고대 전설상의 제왕. 농업과 의학의 창시자로 알려져 있다)에게 치병과 장수를 가르쳤다고 알려져 있다. 따라서 『적송자장력』이 주로 치병 및 장수와 관련한 방법들을 담고 있을 것임을 쉽게 추측할 수 있다. 이 책에는 주로 태상로군에게 표문을 작성하고 올리는 방법과 병을 낫게 하는 치병법, 죄를 제거하는 멸죄법, 액을 제거하는 제액법 등이 기술되어 있다. 〈서부매지권〉의 무덤을 획정하여 망자의 혼백을 가두는 것, 도리를 통하게 하는 것, 시체를 편안히 하며 깨끗이 씻기고 의복을 갖추게 하는 것들은 모두 『적송자장력』에 기술되어 있는 제액의 방법들이다. 이러한 행위의 결과 망자에게 가야할 길이 열리면 산 자들은 우환이 없고 이로움과 보호를 받게 된다.

망자들은 삼회의 길일(상회上會: 정월 7일, 중회中會: 7월 7일, 하회下會:

10월 5일)에 구승을 비롯한 신들에 의해 살아서의 공적이 평가되고, 그 공적에 따라 하늘의 질록秩祿을 받게 된다. 이와 관련된 내용은 『정일법문태상외록의正一法文太上外錄儀』라는 도경에 보인다. 〈서부매지권〉 안에는 이외에도 다른 도경들의 내용이 포함되어 있다. 예를 들어 '태상제군과 태상장인'은 『태상정일주귀경太上正一呪鬼經』이란 도경에 등장하는 도교의 신들이다. 또한 '태청현원상삼천무극대도'는 『상청황서과도의上淸黃書過度儀』라는 책에 등장하는 도교 최고의 신이다. "『현도귀율』에 따라 죄를 다스린다."는 내용은 『여청귀율女靑鬼律』이라는 도경에 나오는 구절이다.

한편 『육선생도문과략陸先生道門科略』의 무덤 터를 선택할 때 '감히 길한 시간과 날짜를 선택하지 않고 땅의 금기를 피하지 않'는다는 구절은 천사도가 수준 높은 도덕적 규율을 갖춘 집단으로, 즉 고급 종교 집단으로 도약하고 있음을 보여준다. 그래서 천사도의 도사들은 단순히 죽은 자와 산 자를 위한 제액의 주술을 집행하는 존재들이 아니라 신도들의 공과功過를 판단하여 하늘에 올려 신선이 될 수 있게 하는 일을 담당하게 되었다. 이제 비로소 천사도는 영혼의 안식을 목표로 하는 고급 종교의 위용을 갖추게 된 것이다.

남진하는 매지권

천사도의 영향을 받은 매지권은 유송 시기에 처음 등장하여 점차 강남 지역으로 전파된다. 현재 발견된 17건의 남조(강남에 건국되었던 유송-남제南齊-소량蕭梁-진陳 왕조) 시기 제작된 매지권은 그 구성요소에 따라 크게 세 부류로 구분이 가능하다. 첫째, 매지권의 요소만을 가진 것(가 유형). 둘째, 매지권의 기본적 요소를 포함하면서 진묘문과 도교 관련 내용을 포함하는 것(나 유형. 혼합형으로 앞에서 살펴본 〈서부매지권〉이 여기에 해당한다). 셋째, 매지권의 요소는 없고 진묘문과 도교 관련 내용만을 가진 것으로 구분할 수 있다(다 유형). 여기서는 이 중 나 유형과 다 유형을 특별히 '도교매지권'으로 부르고자 한다. 이들 도교매지권은 천사도의 전파를 입증하는 바로미터가 될 수 있을 것이다. 즉, 특정 지역에서 매지권에 진묘문과 도교 관련 내용이 포함된 나 유형과 다 유형이 출현하였다면 그 지역은 천사도의 영향권 내의 지역으로 판단해도 무리는 없을 것이다.

이 기준을 적용하여 남조 매지권을 분석해 보면 유송 시기의 경우 광주시廣州市까지 천사도의 영향권으로 볼 수 있다. 실제로 유송 시기 매지권은 광주에서 좀 더 서쪽으로 깊숙이 들어간 광서성廣西省 계림시桂林市에서도 발견되지만, 이곳에서 출토된 유송 태시泰始 6년(470)에 제작된 〈구양경희매지권歐陽景熙買地券〉에서는 도교 관련 내용이 발견되지 않는다. 이것은 남제 시기(479~502)에도 마찬가지다. 남제 시기 매지권은 모두 4건이 보고되었는데, 그 중 광서성에서 발견된 매지권은 3건으로 모두 가형 매지권이다(1건의 혼합형 도교매지권은 호북성에서 발견되었다. 이는 광서성까지는 아직 도교 영향권이 아님을 말해주는 것이다). 이 매지권들을 통해서는 신선 사상은 볼 수 있지만 도교 관련 내용을 확인할 수는 없다.

도교매지권이 본격적으로 제작되는 것은 소량蕭梁 시기(502~557)다. 소량의 매지권은 모두 6건이 보고되었는데, 천감天監 4년(505) 호남에서 도교 관련 내용을 포함한 매지권(〈소량천감4년(505)매지권蕭梁天監四年買地券〉)이 제작된 후, 보통普通 원년(520) 이후에는 매지권에 진묘문과 도교 관련 내용이 포함된 도교매지권만이 제작되었다. 매지권의 요소

만을 가진 가형 매지권은 천감 18년(519) 〈담화매지권覃華買地券〉을
끝으로 확인되지 않는다.

도교매지권의 전파 경로를 살펴보면 유송 이래 강소성→호북·호남
성→광동성→광주시를 거치며 종으로 남하하다가, 소량 시기가 되면
횡으로 방향을 틀어 서쪽으로 깊이 광서성으로 들어간다. 그러다 보통
연간이 되면 도교매지권이 영천현靈川縣→녹채현鹿寨縣의 방향으로 진행
된다. 광서성 안에서도 좀 더 안쪽으로 깊숙이 들어가는 모습을 보이는
것이다. 물론 매지권 안에 보이는 도교 관련 내용만으로 천사도의
전파를 단정할 수는 없을 것이다. 그러나 매지권의 전파와 잠시의
시간차를 두고 매지권 안에서 천사도의 교의가 기술된 것은 매지권이란
매개를 통해 천사도의 교세 확산, 즉 초기 도교의 전파를 탐구할 수
있는 가능성을 제시해 준다고 생각한다.

매지권의 계층성

매지권에 대한 흥미로운 사실 하나는 그것이 상장예속喪葬禮俗의 계층
성을 보여준다는 점이다. 한대 매지권의 매입자, 즉 묘주의 대부분은
일반 백성으로 '남자 ○○○'가 가장 보편적인 형태다. 혹은 '~의 처妻'의
형태로 여성들이 상당수를 차지하고 때로는 '대녀大女 ○○○'도 등장한
다. 심지어는 '대노大奴'라고 하여 노비의 신분을 가진 이도 있다. 물론
태수나 현령縣令과 같은 장리長吏(지위가 높은 관리)도 묘주로 등장하지
만, 대부분은 관직자라 해도 비교적 낮은 관직을 보유한 이들이다.
남조 매지권에도 현령이 한 사람 있지만(〈유송원가16년(439)간겸매지
권劉宋元嘉十六年蕳謙買地券〉) 나머지 관직자는 주州의 관리인 주종사사州從

事史와 장군 막부幕府의 막료인 전군참군사前軍參軍事로 역시 비교적 지위가 낮다고 할 수 있다.

물론 이러한 사실이 지배층이나 지식인이 일반 백성들과 전혀 다른 내세관이나 종교적 태도를 가지고 있었다는 증거가 될 수는 없을 것이다. 예를 들어 호남성 장사시長沙市에서 발굴된 마왕퇴馬王堆 한묘漢墓에서 명계 문서의 하나인 고지책告地策(망자가 명계로 들어갈 때 명계의 관리들에게 제출하는 일종의 통행증이자 신분증명서. 5장에서 후술)이 발견된 것은 지배층 역시도 평민과 같은 종교적 믿음을 가지고 있었다는 방증이 될 수 있을 것이다. 그런 의미에서 봉록 2천 석石의 장리인 군태수郡太守의 매지권은 상장 문서의 계층성 유무, 즉 매지권이 낮은 계층의 전유물이 아니라는 주장의 결정적인 단서가 될 수 있을 것이다.

□□ 2년 3월 7일 술오戌午.① 동군태수東郡太守 마영馬榮은 남양군南陽郡 소릉현召陵縣 사람으로 성姓은 □다.② 박학하여 당시인들이 항상 그를 추앙하고 중히 여겼다. 처음에 군공조郡功曹가 되었다가 효렴孝廉으로 천거되었다. 다시 옮겨 교현장交縣長에 제수되었다. 후에 동군태수가 되었다.③ 원년 12월에 관직에 있다가 사망[卒]하였다.④ 낙양 동쪽의 땅을 매입하니⑤ 모두 24장 5척으로 동쪽 무덤은 이씨 성의 것이다.⑥ 만일 땅 속에서 시체가 나와 남자면 노奴로 삼고, 여자면 비婢로 삼는다.⑦ 이 문서[가 신표다.]⑧ 나이는 57세였다.⑨

〈후한소릉마영매지권後漢召陵馬榮買地券〉

기년이 확인되지 않은 이 매지권은 ①장례일 ②매입자(묘주)의 이름·본적·성 ③묘주의 이력 ④사망일 ⑤매매 대상 ⑥토지의 위치와 크기 ⑦약속의 문언 ⑧계약 체결의 증표 ⑨향년으로 구성되어 있다. 이 중 묘주의 이름, 본적, 성, 이력, 향년 등은 매지권의 전형적인 구성 요소는 아니다. 오히려 이것은 묘비 또는 묘지의 구성 요소라고 할 수 있어, 전체적으로는 매지권보다 묘비나 묘지에 더 가까워 보인다. 혹 고대 중국의 지배층들 사이에 유행하고 있었던 묘비가 매지권에 영향을 미친 것일까? 이 문제에 대해 살펴보자.

이 매지권의 경우 묘주가 2천석 고급 관료인 관계로 한대 매지권이 특정한 집단, 요컨대 사회적으로 낮은 계층만이 사용한 것은 아니라는 중요한 근거가 될 수 있다. 그러나 이 매지권에는 몇 가지 문제가 있다. 우선 묘주의 본적인 소릉현召陵縣(지금의 하남성 언성현郾城縣)은 후한 시기 남양군南陽郡(지금의 하남성 웅이산熊耳山 이남, 호북성 대홍산大洪山 이북 일대) 소속의 현이 아닌 여남군汝南郡(지금의 하남성 영하潁河와 회하淮河 사이 일대) 소속 현이었다. 또한 묘주 마영이 장을 역임한 교현交縣은 당시 존재하지 않았다. 여러 연구자들에 의해 남양 소릉의 관적을 갖는 동군태수 마영의 매지권은 위조임이 판명되었다.

이외에도 고급 지방관이 묘주인 한대 매지권이 더 있다. 〈후한연광4년(125)이덕매지권後漢延光四年李德買地券〉, 〈후한희평2년(173)조기매지권後漢熹平二年趙奇買地券〉, 〈후한중평5년(188)성대랑매지권後漢中平五年性待郎買地券〉 등이다. 이 중 〈조기매지권〉의 묘주인 조기는 자사고 나머지 이덕과 성대랑은 태수인데, 공교롭게도 앞에서 분석한 마영과 동일하게 동군東郡(지금의 산동성 동부와 하남성 서남부 일대) 태수다. 그리고 이들 매지권은 모두 위조로 판명되었다.

현재로서는 한대 지식인층 또는 지배층이 매지권을 이용했다는 증거는 태원태수太原太守(태원은 지금의 산서성 태원시)를 역임한 유공칙劉公則의 〈후한광화5년(182)유공칙매지권後漢光和五年劉公則買地券〉과 무릉령

武陵令(무릉현은 지금의 호북성 죽산현竹山縣에 해당)을 지낸 견겸甄謙의 〈후한견겸매지권後漢甄謙買地券〉뿐이다. 따라서 후한 매지권에 한해서는 주로 신분이 낮은 계층이 사용했다고 해도 무리는 없을 것이다. 아마도 〈마영매지권〉에서 보이는 묘비의 구성 요소들은 위작 과정에서 계통이 다른 (지식인들이 주로 사용한) 묘비를 모방한 결과로 보는 것이 타당할 것이다.

물론 그렇다고 지식인층이나 지배층이 일반 인민들과는 다른 내세관이나 종교적 태도를 가지고 있었다고 생각하지는 않는다. 양한 시기 수많은 화려하고 사치스러운 장례의 사례들은 당시 계층을 초월하여 사람이 죽은 후에도 지하에서 삶을 연장한다는 인식을 보여주기 충분하기 때문이다. 다만 후한 중기 이후 행해졌던 사치스러운 장례가 내세관이나 특별한 종교적 믿음 이외에도 효자라는 사회적 명성을 획득하기 위해 선택되었다는 점을 기억해야 할 것 같다. 선거를 위한 명성 획득이 절대적으로 필요했던 이들은 명계로 보내는 지하에 매납하는 문서보다는 지상에 세워지는 산 자를 위한 기념비를 건립하는 데 더 관심을 기울였을지도 모르겠다. 이러한 여러 가지 이유들이 중국 고대 석각 자료의 계층성을 부여했을 것이란 생각이 든다.

매지권 문화의 전파와 〈무령왕매지권〉

그런 의미에서 흥미로운 사례는 〈백제성왕원년(523)무령왕매지권百濟成王元年武寧王買地券〉이다. 후한 시기 이후 주로 중국 강남에서 발견되는 매지권이 한반도에서 발견된 것은 문화의 전파란 측면에서 자연스럽다. 특히 백제가 동진 이래 남조 국가들과 활발히 교류했던 것을 생각하면 중국의 상장 예속이 백제에 전해진 것은 당연하다. 다만 문제가 된 것은 중국에서 대체로 낮은 계층의 전유물이었던 매지권이 일국의 왕의 무덤에서 나왔다는 점이다. 또한 시기적으로 당시 소량의 매지권들과 공통점이 전혀 없다는 점도 〈무령왕매지권〉의 역사적 위치를 설정하는 데 풀어야 할 문제가 되었다. 우선은 매지권의 내용을 살펴보자.

錢一万文,① 右一件. 乙巳年八月十二日.② 寧東大將軍・百濟斯麻王,③ 以前件錢詢 土王・土伯・土父母・上下・衆官二千 石,④ 買申地爲墓.⑤ 故立券爲明,⑥ 不從律 令.⑦	[가격] 전 1만문萬文의 [토지 계약서]. 다음과 같은 한 건. 을사년乙巳年(523) 8월 12일. 영동대장군寧東大將軍・백제사마 왕百濟斯麻王이 앞에 [기술한] 돈으로 토 왕土王・토백土伯・토부모土父母・[토묘 土墓]상上[토묘]하下・중관衆官[지하地下] 이천석二千石에게 가서 남서쪽 토지[申地] 를 매입하여 묘를 만들었다. 이에 문서 를 세워 명백한 [증거로 삼으니,] [이 문 서에서 정해진 것은] 율령에 구애받지 않는다.
① 토지 가격 ② 매매일(장례일) ③ 매 입자(묘주) ④ 매도자 ⑤ 토지의 위치 ⑥ 계약 체결의 행위 ⑦ 정형구	

　일반적인 매지권이 토지 매매일, 즉 장례일을 제일 먼저 기술하는 것과는 달리 〈무령왕매지권〉은 토지의 가격이 맨 처음에 기술되어 있다. 다음으로 장례일이 서술되어 있고, 이후 매입자인 묘주의 관작이 나온다. 매도자로 토왕, 토백, 토부모, 상하, 중관이천석이 등장하는데, 이 중 상하는 중국 매지권에 등장하는 토묘상과 토묘하에서 토묘가 누락된 것으로 생각된다. 또한 중관이천석은 지하이천석의 오기가 아닐까 한다. 토지의 위치는 남서쪽으로 나와 있고, 매지권을 제작하여 계약 체결의 증거로 삼는다는 내용과 율령에 구애받지 않는다는 정형구 가 기술되어 있다.

　매도자로 토왕, 토백, 토부모, 토묘상・하, 지하이천석 등의 토지신 이 등장하는 것으로 봐서 〈무령왕매지권〉은 초기 매지권은 아니다.

그렇다고 해서 이 매지권을 진묘매지권 또는 도교매지권으로 볼 수도 없다. 진묘매지권으로 보기에는 전형적인 제앙과 해적의 구절이 나오지 않는다. 그러니 이 매지권을 도교매지권으로 판단하는 것은 더더욱 어렵다. 그런데 우리는 토지신이 매도자로 등장하고 토지의 위치가 간지로 표현되는(〈무령왕매지권〉에서 토지의 위치는 남서쪽을 의미하는 신申으로 표현되었다) 독특한 방식을 삼국·양진 시기에 제작된 매지권에서 본 적이 있다. 그렇다면 523년, 중국에서는 소량에 해당하는 시기에 만들어진 매지권이 삼국·양진 매지권의 모습을 가지고 있다는 것인데 이를 어떻게 해석해야 할까? 〈무령왕매지권〉을 삼국·양진 매지권의 계통 속에서 파악해도 될까?

한물간 유행

매도자가 신이나 자연물로 출현하는 방식은 삼국·양진 시기 매지권의 전형적인 특징이다. 소량 시기 제작된 매지권은 현재 모두 6건이 보고되어 있다. 유형별로 구분하면 가형(전형적인 매지권)이 1건, 나형(매지권에 진묘문과 도경의 내용이 포함된 혼합형)이 2건, 다형(진묘문과 도경의 내용만이 보이는 매지권)이 3건이다. 일단 소량 시기 매지권은 도교매지권이 주종을 이루고 있다고 봐야할 것이다. 하지만 전형적인 매지권이 1건 발견된 이상 〈무령왕매지권〉과의 관계를 상정하지 않을 수 없다. 그러나 결론부터 말한다면 소량 시기 제작된 전형적인 매지권과 〈무령왕매지권〉 사이의 유사점을 찾기는 힘들다.

태세太歲가 기해己亥에 머무르는 [소량 천감天監 18년(519)] 12월 4일.①

제희군齊熙郡 담중현覃中縣 도향都鄕 치하리治河里 담화覃華가② 팔자가 기구하여 죽어 호리蒿里로 돌아간다. 지금 산 집은 본군 기점리騎店里에 있는데 종횡으로 5무畝의 땅으로③ 무덤 하나를 세워 장사지냈다. 고전은 만만9천9백9십9문文이다.④ 사방 구역 내 그 땅의 곡물은 모두 죽은 이에게 속한다.⑤ 대금은 당일 지급하였다.⑥ 이때 증인은 이정도李定度와 장견고張堅固로⑦ 매도자와 매입자는 전 50씩을 내어 술을 사고 문서를 나눠 증명으로 삼았다.⑧ 율령과 같이 행하라.⑨

〈소량천감18년(519)담화매지권蕭梁天監十八年覃華買地券〉

소량 천감 18년에 제작된 〈담화매지권〉은 ①토지 매매일(장례일), ②매입자(묘주), ③토지 위치와 크기, ④토지 가격, ⑤약속의 문언, ⑥대금 지불일, ⑦입회인(증인), ⑧계약 체결의 행위, ⑨정형구 등으로 이루어져 후한 시기 전형적인 매지권으로 평가받는 〈손성매지권〉과 매우 흡사하다. 특히 "사방 구역 내 그 땅의 곡물은 모두 죽은 이에게 속한다."는 구절은 〈손성매지권〉의 "그 땅의 곡물과 태어나 살고 있는 동물은 모두 손성의 것이다."라는 구절과 크게 다르지 않다.

그러나 〈담화매지권〉의 경우 매도인이 등장하지 않는다는 점과 토지의 가격이 '구구지수九九之數'로 표현된 것, 그리고 입회인이 신선인 이정도와 장견고라는 점에서 차이가 있다. '구구지수'는 유송 이후 등장한 토지 가격 기술 방식으로 '만만구천구백구십구문萬萬九千九百九十九文'과 같은 방법으로 토지 가격을 표시하는 것이다. 남조 매지권의 특징적인 기술 방식이다. 일반적으로 남조 시기 이전 매지권에 기술된 토지 가격은 지나치게 높아 현실의 토지 매매가 아님을 간접적으로 말해준다. 그러나 아무리 터무니 없는 가격이라 해도 자연수로 표현된다. 예를 들어 〈무령왕매지권〉의 1만문처럼.

토지 가격을 '구구지수'로 표현하는 것에는 몇 가지 의미가 있다. 지금까지의 연구에 따른다면 '구구지수'는 (1)지극히 많은 돈을 의미하고 (2)양陽으로써 음陰을 제압하는 기능이 있으며 (3)장수를 희구하는 바람의 수다. 높은 가격은 큰 토지의 매입을 의미한다. 이는 곧 살아있는 자가 많은 비용을 들여 죽은 자를 위한 무덤터를 구매했음을 의미한다. 많은 비용을 표현하기 위해 단수 중 가장 큰 9를 중첩시켜 지극히 많은 돈을 표현한 것이다.

그러나 매지권의 토지 가격이 초기부터 허구적이었다는 점을 기억하면 '구구지수'가 단순히 지극히 많은 돈을 표현할 필요에서 등장했다고는 할 수 없을 것 같다. 이보다는 양으로써 음을 제압한다는 의식의 발현일 것 같다. 흔히 1, 3, 5, 7, 9의 홀수는 천수天數라 하여 양수陽數라 여겼는데, 그 중에서도 9는 극양수極陽數라 여겨졌다. 그리고 이 극양수를 중첩한 '구구지수'는 천도天道에 부합하는 수라 이해되었다. 그러므로 매지권에서 '구구지수'를 사용하는 것은 양의 기운을 극대화하여 음의 기운인 망자나 명계의 신을 진압하려는 의도라고 할 수 있을 것이다. 도교적 내용을 직접 기술하지 않는다 해도 남조 시기 매지권들은 도교적 영향에서 자유롭지 못했던 것이다.

〈무령왕매지권〉이 소량 시기의 양식을 따른 것이 아니라는 또 다른 증거는 매도자들이다. 매지권에 매도자가 토지신으로 등장하는 것은 삼국 시대부터다. 강남 재래 신앙의 영향이 사람이 아닌 토지신을 매도자로 등장시켰던 것이다. 절강 매지권에 등장하는 토공과 안휘의 토주, 무창의 구부토주가 대표적이다. 한편 토백은 손오와 동진 매지권에 분쟁의 조정자로 등장하는 토지신이다. 이 신격은 초지역 노래를 모은 『초사楚辭』에도 등장하여 강남 지역의 토착 토지신임을 알 수 있다. 따라서 토지신이 매도자로 등장하는 〈무령왕매지권〉은 삼국ㆍ

양진 시기 매지권과 같은 계통으로 파악하는 것이 좋을 것이다.

〈무령왕매지권〉은 도경의 내용이 보이지 않기에 도교매지권으로도 구분할 수 없으며, 제앙해적의 내용이 나오지 않기 때문에 진묘매지권으로 분류하기도 힘들다. 또한 매도자가 토지신이라는 점에 따라 후한 시기 전형적인 매지권으로 구별하는 것도 쉽지 않다. 이러한 추정을 뒷받침하는 것은 매지권과 한 세트처럼 포개져 있던 묘지마저 동진 묘지의 특징을 반영하고 있다는 점이다. 〈무령왕묘지〉는 ①묘주(영동대장군寧東大將軍·백제사마왕百濟斯麻王), ②향년(62세[年六十二歲]), ③졸년(계묘년 병술일이 초하루인 5월 7일 임진[癸卯年五月丙戌朔七日壬辰]), ④장례일(을사년 계유일이 초하루인 8월 12일 갑신[乙巳年八月癸酉朔十二日甲申]), ⑤정형구(이상과 같은 내용의 묘지를 세운다[立志如左])로 이루어져 표지로서의 기능에 충실함을 알 수 있다. 이는 동진 묘지에서 흔히 발견되는 특징이다. 그렇다면 문제는 소량과 활발히 교류 중이던 백제에서 유행에 뒤처진 삼국·양진 시기의 방식을 따른 매지권과 묘지가 만들어졌다는 점이다.

〈무령왕매지권〉의 제작자들

무령왕릉 발굴 보고에 따르면 무령왕릉은 형식적으로 남조의 장제葬制를 충실히 따르고 있다. 규모면에서는 중대형급 묘로, 당시 남조의 공경公卿 및 문벌사족門閥士族의 묘에 해당한다. 무령왕이 소량 왕조로부터 받은 관작에 부합하는 것으로 평가된다. 무덤 조영에 사용된 벽돌과 등감燈龕(등잔을 놓기 위해 벽의 한 부분을 파서 만든 자리)에는 남조의 종실 혹은 왕후묘에서 볼 수 있는 특징들이 보인다. 중국학자 저우위싱周

裕興은 양 나라의 관영 공방에서 벽돌을 굽던 기술자들이 무령왕릉 건축에 참여한 결과라고 하였다. 무령왕릉 건축에 양 나라 기술자들이 참여했을 것이라는 점은 모든 연구자들이 인정하였다. 그렇다면 최신 건축 기술에 의해 만들어진 무덤 안에 유행에 뒤처진 부장품이 안치된 셈이다. 이 문제를 어떻게 이해해야 할까?

단정하기는 힘들지만 이 문제를 풀기 위해 제작자들로 시선을 돌리는 것은 꽤 타당해 보인다. 혹 매지권과 묘지에 대한 최신의 정보를 갖지 못한 이들이 제작자는 아니었을까? 〈무령왕매지권〉을 제작할 수 있었던 인물들은 중국계 백제 관료일 가능성이 높다. 지금까지 한반도에서 출토된 매지권이 〈무령왕매지권〉 단 한 건이기에 매지권 문화를 한반도 고유의 문화로 이해하기는 힘들다. 제작자를 중국계 관료로 추정하는 이유다. 당시 백제에는 중국계로 추정되는 이들이 존재하였고, 관료로서 백제 조정에서 활동하였다. 그들은 대부분 낙랑군樂浪郡(313년 멸망)과 대방군帶方郡 멸망(314년) 이후 백제로 이주한 이들이다. 중국계의 백제 유입은 낙랑·대방 두 군의 멸망 전부터 있었지만, 두 군 멸망 이후 본격화되었다. 특히 대방군의 멸망이 분기점이 되었다. 대방군 멸망 후 백제는 북상하여 대방군의 지배 세력을 대거 흡수하였다. 이들은 주로 외교 교섭이나 왕정 및 군사 자문역으로 백제 조정에서 활동하였다.

이들이 백제 조정에서 왕정 및 외교, 군사 분야의 전문가로 위치할 수 있었던 것은 중국 문화 및 유교 지식이 있었기 때문이다. 그러나 이들에게 남아 있던 중국 문화의 고유성은 시간이 지나면서 점차 희박해졌다. 점차 중국 내지 상황에 대해 어두워졌고, 최신의 문화로부터 낙후되었다. 대방군이 설치되었던 황해도의 한 중국계 무덤에서 '태녕오년泰寧五年'이라는 잘못된 연호가 새겨진 벽돌이 나온 것이 그 증거다(태녕은 동진의 두 번째 황제 명제明帝의 첫 번째 연호로 323~325년까지

3년 동안만 사용되었다). 만일 이들에 의해 묘지와 매지권이 만들어졌다면 최신 유행의 것이 아닌, 최후로 자신들이 안정적으로 정보를 받을 수 있었던 동진의 그것과 유사한 것들을 만들 수밖에 없었을 것이다.

무령왕릉의 제작을 위해 양 나라의 기술자가 파견되었을 수는 있으나 묘지와 매지권 제작을 위해 술사나 도사가 파견된 것으로는 볼 수 없을 것 같다. 만일 술사나 도사라면 도교적 이해가 있었을 것이고, 그렇다면 남조 고유의 양식 또는 시대적 유행에 부합하지 않는 매지권이 제작되지는 않았을 것이다. 이것은 묘지도 매한가지다. 유송 이후 묘지는 명사가 다시 출현하며 개인의 공적을 칭송하는 역할을 담당하였다. 그러나 〈무령왕묘지〉는 묘표와 같이 지극히 간단한 묘지의 요소만을 가지고 있다. 마치 동진 시기 이장을 염두에 두고 만들었던 간단한 그것처럼.

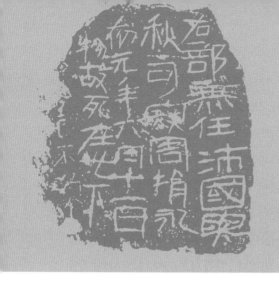

[5 장]

주문을 새긴 돌

진묘문

경계를 넘을 때 필요한 통행증

[전한] 원수元壽 2년(기원전 1) 초하루가 정묘일丁卯日인 10월 신묘일辛
卯日. 광창향廣昌鄕 색부嗇夫 가좌굉假佐宏이 감히 아룁니다. 양리陽里 남자
임량任良이 집안을 위해 무위武威·장액군張掖郡으로 가서 개인적으로
일처리를 하고자 전傳을 취득하기를 바란다고 합니다. 삼가 살펴보니
임량은 나이 58세로 경부更賦를 모두 납부하였고 관에 죄지은 것도
없으며 도망갈 사람이 아니니 마땅히 전을 취득할 만합니다. 지나는
하진관河津關에 [이 문서를] 보내 붙잡아 두지 마시기를 아뢰니 율령대로
처리하십시오. 10월 신묘일, 옹령승雍令丞 봉봉이 지나는 곳에 보내니
율령대로 처리하십시오. 말이 끄는 수레[馬車] 1량, 12살 먹은 수레용
말 1필. 소가 끄는 수레[牛車] 1량, 수레용 소 2마리. 연掾 병並, 수령守令
사보史普가 작성. 옹승雍丞의 인印.

『견수금관한간肩水金關漢簡』 73EJT23: 897A, 73EJT23:897B

197

전한 시기 양리에 살고 있던 임량은 급하게 무위군과 장액군으로
가서 집안일을 처리해야 할 상황이었다. 그러나 당시 한 나라의 경우
지역과 지역을 연결하는 관문關 혹은 나루津를 건너기 위해서는 전傳이
라는 통행증(전에는 지나는 관문마다 그곳 관리들이 관문을 지났다는
내용을 서술해 준다. 마치 공항에서 출입국심사를 하면서 도장을 찍어
주는 것과 유사하다)이 필요하였다. 모든 백성을 호적에 등록하여
파악하고 관리하였던 한 제국은 관청의 허가 없이 본적지를 불법적으로
이탈하는 경우 엄하게 처벌하고 있었다. 따라서 여행이나 장사와 같은
개인적인 용무가 있는 자는 관부(앞의 문서에는 담당자로 향색부라는
향의 관리가 등장한다)에 통행증을 신청하여 발부받은 다음 본적지를
떠날 수 있었다.

이때 통행증 발부를 신청한 사람의 신분이 분명해야 함은 말할 것도
없다. 혹 요역을 피할 요량으로 다른 곳으로 이주하는 것은 아닌지,
혹 죄를 짓고 도주하는 것은 아닌지, 또는 옥사에 연루되어 있는 것은
아닌지 등이 면밀하게 심사되었을 것이다(문서의 신청자 임량은 세금
도 모두 납부하고 죄를 지은 전력도 없다). 그리고 발부된 전에는
신청자의 신분을 보증하는 관리의 도장이 찍혔으며(옹승의 인), 지나는
관문의 이름(하진관)과 그곳 관리들에게 협조를 요청하는 문구(붙잡아
두지 마시기를 아뢰니 율령대로 처리하십시오)가 쓰였다. 또한 그가
소지하고 있는 물품(말이 끄는 수레馬軺 1량, 12살 먹은 수레용 말
1필. 소가 끄는 수레牛車 1량, 수레용 소 2마리)이 빠짐없이 기록되었다.
아마도 이것은 허가받지 않은 물품의 소지를 금지하는 조치인 한편
밀수 행위를 막기 위한 방법이었을 것이다.

이처럼 통행증인 전은 관문을 통과할 때 필요한 문서라 하여 흔히
과소문서過所文書로 불리는데, 여행자의 통행 허가증이다. 흥미롭게도

명계 문서 중에는 현실의 과소 문서와 매우 흡사한 형식을 가진 것이 있다. 아마도 죽음을 이승에서 저승으로의 경계를 넘는 것으로 이해한 결과일 것이다. 바로 고지책告地策이다.

고지책

고지문告地文, 혹은 고지서告地書라고도 불리는 고지책은 명계 문서 중 재료 면에서 가장 이질적인 모습을 갖고 있다. 다른 문서들이 돌 혹은 납, 도기陶器에 작성된 것과는 달리 고지책은 목독木牘, 죽독竹牘에 쓰였다. 돌을 다루는 이 책의 주제와는 거리가 있지만 명계 문서인 매지권과 진묘문을 다루면서 가장 오래된 명계 문서인 고지책을 외면할 수 없어 간단히 소개하고자 한다. 고지책은 죽은 이가 명계로 들어갈 때 명계의 관리들에게 제출하는 일종의 통행증이자 신분증명서의 성격을 가진 문서다. 현실의 관문을 통과할 때 소지해야 하는 과소 문서와 매우 흡사한 것으로 알려져 있다.

다음 고지책은 2007년 호북성 장사시 사가교謝家橋에서 발굴된 한묘에서 출토된 것으로 전형적인 고지책으로 이해되고 있다. 모두 세 개의 죽독으로 구성되어 있는데, 편의적으로 구분하지 않고 기술하였다. 본문의 '사망'이라는 표현과 '지하승'이라는 명계의 관리가 없었다면 현실의 과소 문서라고 해도 무리가 없다. 현실의 과소 문서에도 사람과 함께 관문을 넘는 소나 말, 수레가 기록되기는 한다. 하지만 고지책의 경우 의복을 비롯하여 명계에서 죽은 이가 생활하는 데 필요한 다양한 물건들이 기록된다는 점이 다르다. 특히 몇몇 고지책은 물건의 목록이 별도로 기재되어 있기도 하다. 그 별도의 목록은 유책遺策 또는 의물소衣

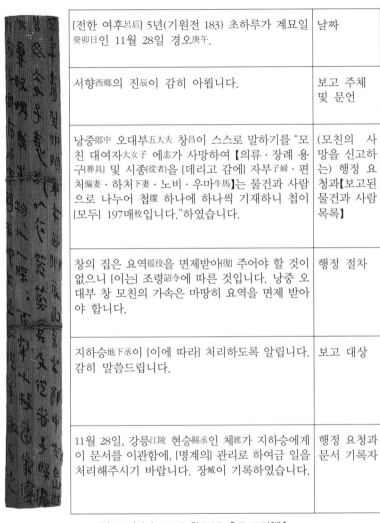

[전한 여후呂后] 5년(기원전 183) 초하루가 계묘일 癸卯日인 11월 28일 경오庚午.	날짜
서향西鄕의 진辰이 감히 아룁니다.	보고 주체 및 문언
낭중郎中 오대부五大夫 창昌이 스스로 말하기를 "모친 대여자大女子 에훈가 사망하여 【의류·장례 용구葬具】 및 시종從者을 [데리고 감에] 자부子婦·편처偏妻·하처下妻·노비·우마牛馬】는 물건과 사람으로 나누어 첩牒 하나에 하나씩 기재하니 첩이 [모두] 197매枚입니다."하였습니다.	(모친의 사망을 신고하는) 행정 요청과【보고된 물건과 사람 목록】
창의 집은 요역徭役을 면제받아復 주어야 할 것이 없으니 [이는] 조령詔令에 따른 것입니다. 낭중 오대부 창 모친의 가속은 마땅히 요역을 면제 받아야 합니다.	행정 절차
지하승地下丞이 [이에 따라] 처리하도록 알립니다. 감히 말씀드립니다.	보고 대상
11월 28일, 강릉江陵 현승縣丞인 체匜가 지하승에게 이 문서를 이관함에, [명계의] 관리로 하여금 일을 처리해주시기 바랍니다. 장贓이 기록하였습니다.	행정 요청과 문서 기록자

그림 30 〈사가교謝家橋 한묘漢墓 출토 고지책〉*

物疏(옷가지와 늘 사용하는 물품의 명세서)로 불린다.

일반적으로 고지책은 ①장례일, ②보고 주체(일반적으로 망자의 거주 지역 관리), ③보고 문언(감히 아룁니다敢言之), ④보고 대상(명계의

---

* 荊州博物館, 「湖北謝家橋一號漢墓發掘簡報」, 『文物』 2009-4, 36쪽.

관리인 지하승地下丞 또는 안도승安都丞), ⑤매장된 시종, 노비, 수레와 말, 기물 등의 목록, ⑥문서의 접수를 의미하는 문언(호적을 접수하다受 數, 문서가 도착하면 알려주십시오書到爲報 등), ⑦문서 기록자의 서명 으로 구성된다. 현재 고지책은 12건 가량 출토되었는데 연구자마다 구성 요소에 대한 인식이 달라 분류에 차이가 있다. 이 중 7개의 구성 요소를 모두 갖춘 전형적인 고지책은 5건으로 모두 초 지역인 호북성과 호남성에서 출토되었다. 그 결과 연구자들은 고지책을 초의 풍습으로 이해하였는데, 귀신을 믿고 제사 지내기를 좋아한 초인楚人들의 명계와 혼백에 대한 지대한 관심이 고지책으로 나타난 것으로 본 것이다.

고지책이 죽음을 이승에서 저승으로의 이전으로 이해하며 죽은 자가 여전히 저승에서 이승에서의 삶을 연장하여 생활한다는 관념의 결과물 이기에 저승에서 필요한 물품들이 기록된다는 특징이 있다. 그런데 이외에도 고지책의 특징적인 내용 중 하나는 망자 혹은 망자의 집안이 요역徭役(세금으로서의 노역) 또는 산부算賦(인두세)가 면제되었다는 구절이다. 이 구절들은 전형적인 고지책으로 분류되는 것들에서 발견 되어 고지책의 중요한 구성 요소라는 생각이 든다.

지하의 관리들에게 죽은 자의 저승 입문을 보고하는 이유가 망자로 하여금 지하 세계로 안전하게 이전하여 지하에서 편안하게 생활하게 하는 데 있다면, 이들 망자들의 고단한 삶을 종결시킬 수 있는 방책을 마련해 주는 것이 고지책의 목적이었을 것이다. 따라서 요역과 산부의 면제를 기록한 것은 당시인들이 삶 속에서 가장 힘들어 했던 것이 노역과 세금이었음을 말해주는 증거다. 그러므로 이 요역과 산부의 면제는 실제의 상황은 아니고 조작된 허위라고 봐야 할 것이다. 분명한 것은 사람들은 저승에서만큼은 이승의 고단했던 노역과 세금에서 해방 되기를 기대하였다는 점이다.

현재 기년을 확인할 수 있는 고지책 중에서 가장 후대의 것은 기원전 71년, 즉 전한 선제(재위 기원전 74~기원전 49) 본시本始 3년에 제작된 〈강소한강호장5호한묘목독江蘇邗江胡場五號漢墓木牘〉이다. 전형적인 호북·호남의 고지책 중에는 전한 경제景帝(유계劉啟. 재위 기원전 157~기원전 141) 전원前元 4년(기원전 153)에 제작된 〈강릉봉황산10호한묘죽독江陵鳳凰山十號漢墓竹牘〉이 가장 늦은 기년의 것이다. 워낙 출토된 고지책의 숫자가 적어 결론을 내리는 것은 어렵지만 고지책은 전한 선제 시기를 하한으로 짧은 시간을 영위한 후 사라지는 것으로 보인다.

의물소의 출현

고지책이 전한 선제 시기를 끝으로 더 이상 발견되지는 않지만 그렇다고 고지책 문화가 완전히 사라졌다고 할 수는 없다.

> [전량前涼] 승평升平 14년(377) 9월 14일, 진晉의 사망한 대녀大女, 손구녀孫狗女. 오른쪽 첩牒[에 기재된] 의물, 잡채雜綵, 소지물所持物들은 모두 생전에 사용했던 것들이다.(**송백기松柏器 1구口의 가격은 전전錢 만만구천구백구십萬萬九千九百九十이다.**) 관할 관청에서는 보내주어 머무르게 하지 말라. (**증인은 좌측 청룡靑龍과 우측 백호白虎로 장狀의 내용을 안다.**) 율령과 같이 처리하라.
>
> 〈감숙성甘肅省 옥문玉門 필가탄畢家灘 출토 의물소〉

감숙성에서 출토된 이 문서를 고지책으로 부르는 것이 적절할지 모르겠다. 소지품을 적은 별도의 첩이 있다는 표현과 관할 관청에 대한 행정 요청만이 고지책의 구성 요소라고 할 수 있기 때문이다. 별도의 첩이란 부장품 목록, 즉 유책(의물소)을 말한다.

확실히 이 고지책은 이전 시기의 그것과는 사뭇 다르다. 우선 망자를 매장한 날짜는 있지만 관리가 상부에 보고하는 형식을 띠고 있지 않다. "감히 아룁니다."라는 의미의 보고 문언도 없으며, '지하승'으로 대표되는 보고 대상도 없다. 당연히 문서 접수와 관련한 용어나 문서 기록자의 서명도 보이지 않는다. 사실상 유책과 함께 발견되지 않았다면 밑줄 친 "율령과 같이 처리하라."는 진묘문의 독특한 문언으로 인해 진묘문으로 여겨질 정도다. 한편 굵은 글씨의 물품 가격은 매지권의 토지 대금을, 청룡과 백호는 토지 매매의 증인을 연상하게 한다.

하지만 이 문서를 매지권이나 진묘문으로 보기에도 부적절하다. 매지권으로 보기에는 매도자와 무덤지에 대한 경계가 나타나지 않으며, 진묘문으로 보기에는 망자의 혼을 진혼하는 해적과 자손의 번영을 희구하는 제앙의 구절이 보이지 않는다. 요컨대 이전 고지책과 비교하면 내세에 대한 인식과 서술이 많이 사라지고 부장품에 대한 명세서의 성격이 강해졌음을 알 수 있다. 고지책이 완전히 사라졌다고 할 수는 없지만 초기 고지책의 정형성은 사라졌음이다. 그래서인지 연구자들은 한대 이후 제작된 고지책을 물품 명세서인 의물소라는 이름으로 부르곤 한다.

따라서 한대 이후 고지책이 사라진다는 분석은 어느 정도 타당성을 지닌다고 생각한다. 다만 그것이 매지권 혹은 진묘문으로 변화했는가 하는 점은 좀 더 분석이 필요할 것 같다. 살펴본 것처럼 동진·십육국 시기 고지책 안에는 매지권, 진묘문의 구성 요소들이 모두 등장하기 때문이다. 그래서 고지책이 매지권이나 진묘문으로 변화했다기보다는 한층 강력한 힘을 가진 문서(주술성이 강화된 매지권 혹은 진묘문)에 의해 대체되었던 것은 아닐지 생각해 본다.

뒤에서 살펴볼 것처럼 진묘문 역시 망자의 안식, 특히 노역으로부터의 해방에 의한 안식을 위해 제작되었다. 그러나 그 주술성면에서는 고지책을 훨씬 뛰어넘는다. 또한 고지책이 죽어 명계로 들어가는 망자에 대한 배려에 중점을 두었다면, 매지권과 진묘문은 망자와 더불어 남아 있는 산 자에 대한 관심이 증가한다. 특히 죽은 자로부터 산 자를 보호하려는 의도가 강하게 투영된다. 점차 고달파지는 사회 속에서 죽은 자의 안식만을 고려한 고지책이 제일 먼저 사라진 것이 이상하지만은 않다.

진묘문의 구조

죽은 이의 혼백을 달래고 악령화된 귀신들의 힘을 억압하기 위해, 혹은 악귀로부터 산 사람들을 보호하기 위해 만든 (어쩌면 후자의 목적이 더 강한) 주술성 강한 문서를 진묘문이라고 한다. 흔히 지하 세계 최고신인 천제의 사자가 묘역을 지키는 신과 명계의 관리 또는 신들에게 죽은 자의 무덤으로의 입문을 알리고, 산 자들에게 해가 미치지 않게 하라는 명령의 형식을 채용하고 있다. 고지책이 공문서인 전傳의 형식과 그 집행 방식을 빌리고 있는 것처럼, 진묘문도 공문서의 양식을 어느 정도는 채용하고 있다. 죽은 이가 지하 세계에서 사용하는 명계 문서라 해도 현실의 사회상이 투영되어 작성되었음이다.

후한 양가陽嘉 2년(133) 기사일己巳日이 초하루인 8월 갑술甲戌 6일, 제일除日.① 천제 사자가② 삼가 조백로曹伯魯의④ 집안家을 위하여 재앙을

옮기고 근심을 제거하여 멀리 천 리 떨어진 곳으로 보냈다.⑥ [재앙은]
커다란 복숭아나무로 인해 머무를 수 없다.…이 귀소鬼所에 이르러…을
(를) 제거하였다.⑤ 산 사람은 아홉을 얻고 죽은 이는 다섯을 얻으니
생사生死는 다른 길로 서로 만 리가 떨어져 있다. 지금 이후로 길게 손자를
보살피니 금석金石과 같이 장수할 것이며 끝내 재앙이 없을 것이다.⑥
무엇으로 신표信標를 삼을 수 있는가. 신약神藥으로써 무덤을 압진壓鎭하
고 황신월장黃神鉞章의 도장으로 봉封하라. 율령과 같이 행하라.⑦

〈후한양가2년(133)조백로진묘문後漢陽嘉二年曹伯魯鎭墓文〉

〈조백로진묘문〉은 ①장례일, ②보고 주체(천제의 사자), ④묘주의
성명, ⑤사자의 혼을 진혼하는 표현(해적), ⑥자손의 번영을 희구하는
표현(제앙), ⑦정형구(율령과 같이 행하라)로 구성되어 전형적인 진묘
문의 구성요소 중 ③보고 대상(묘역과 명계의 관리와 신)이 생략된
상태다.

천제의 사자는 흔히 황신黃神 혹은 황제黃帝로 등장하는데 토지와의
관련(토지는 오행五行에 따라 방위는 중앙이고, 상징색은 황색黃色이다)
을 암시하는 이름이라 생각한다. 이들은 천제의 명령을 받아 죽은
자를 지하 세계로 안전하게 입문시키는 책임을 지고 있는데, 이를
위해 묘역을 지키는 신들과 명계의 관리들에게 일련의 상황을 전달한
다. 이 과정에서 조백로는 (결락으로 자세한 내용은 확인이 불가능하
기는 하지만) 지은 죄를 면죄 받게 된다. "~을(를) 제거하였다."는
표현이 이에 해당할 것이다. 그러나 궁극적으로는 산 사람들에게
'끝내 재앙이 없을 것'을 위해 이 진묘문(즉 신표)이 작성되었음을
알 수 있다.

이것은 "생사는 다른 길로 서로 만 리가 떨어져 있다."는 구절로부터

도 알 수 있는데, 죽은 자와 산 자의 길이 서로 다르다는 '생사이로生死異路'의 관념이다. 후한 시기부터 민간에서 유행하기 시작한 이 '생사이로' 관념은 진묘문에 빈번하게 출현하는데, 그것은 악령화된 귀신으로부터 산 사람을 보호하기 위해 사람과 귀신을 분리하고자 한 것이다. 이 문제를 좀 더 자세히 살펴보자.

진묘문의 역할

진묘권鎭墓券, 묘권墓券, 지권地券, 연권鉛券, 진묘비鎭墓碑, 진묘병鎭墓瓶, 진묘두병鎭墓斗瓶, 주서도병朱書陶瓶, 해주병解注瓶, 해주문解注文 등으로도 불리는 진묘문은 죽은 자들의 혼령을 진혼하기 위해 제작되었다. 다양한 이름에서 추측할 수 있는 것처럼 돌에 새긴 것도 있지만 납(연권)과 도기陶器(병이란 이름을 가진 것들)를 사용하기도 하였다. 그 중에서도 항아리 모양의 도기에 기록된 것이 가장 많다. 큰 술그릇 같은 모양 때문에 '두병斗瓶'이란 이름이 붙기도 하고 혼령을 진혼하거나 부정한 것을 진압鎭壓하기 위해 쓴 글이 붉은 색으로 쓰여 '주서朱書'라는 표현이 사용되기도 한다. 또는 그 역할이 죽은 자의 사기邪氣가 산 사람의 몸에 들어가 죽음을 초래한다는 '주注'를 해소하는 것이기에 '해주병' 혹은 '해주문'으로 불리기도 한다.

항아리 모양의 병에 진묘문이 쓰인 이유는 아직 정확하게 밝혀지지 않았다. 다만 발음상의 유사성(중국어로 병의 발음인 'ping'은 평안하다는 뜻의 '평平' 자와 발음이 같다), 병에 대한 중국 고대인의 인식(중국 고대인들은 병을 죽은 이의 혼이 이동하는 통로로 이해하였다는 견해)이 거론되기도 한다. 또한 당시 유행하던 무술巫術과 관련하여 병을 무자들이 사용했던 의식의 도구(법기法器)로 파악하거나, 무술의 하나로 병을 이용하여 진묘 행위가 이루어졌다고 추정하기도 한다. 한편 죽은 자의 영혼이 우주를 상징하는 도병을 통해서만 진안鎭安된다고 여겼던 관념의 결과라고 주장하는 의견도 있다. 현재로서는 어느 것이 맞는지 알 수 없지만 최소한 당시 사람들이 죽은 자들의 혼령을 진혼하기 위해 특별한 주술적 성격의 문서가 필요하다고 생각한 것만은 분명하다. 어떤 두려움이 죽은 자들의 혼령을 진혼하게 하였던 것일까?

진묘문에는 "죽은 이를 위해 죄를 해소한다[爲死人(死者)解謫(適)]."는 표현이 반복적으로 등장한다. 진묘문 제작의 중요한 목적이 죽은 자의 죄를 해소하여 지하에서 살아가는 그들의 안녕을 보장하기 위함이었음을 알 수 있다. 과연 망자는 어떤 죄를 지어 죽은 이를 위해 죄를 해소한다는 '해적'의 주술이 필요했던 것일까? 그런데 문제는 반복적으로 '해적'의 표현이 등장하는 것과는 달리 망자가 저지른 죄에 대해서 명확하게 서술된 진묘문은 찾을 수가 없다는 점이다. 그래서인지 진묘문의 '해적' 행위를 '해토解土(흔히 건물을 다 지은 후 토지신에게 제사를 지내는 행위를 말한다)' 행위로 이해하기도 한다. 즉 무덤을 만들기 위해 땅을 파는 과정에서 토지신이나 지하의 신들에게 노여움을 사게 되면 토지신이 '토구土咎'라는 재앙을 내리게 되는데, 이것이 바로 죽은 자의 죄과라는 것이다.

〈후한보계산거창진묘문後漢寶鷄鏟車廠鎭墓文〉에 보이는 "장사를 지내느라 묘신과 묘백을 범하였다[葬犯墓神·墓伯]."라는 구절은 죽은 자를 묻기 위해 땅을 파고 무덤을 조영하는 것이 신을 모독하고 그 권위를 해치는 독범瀆犯(혹은 독신瀆神) 행위임을 말해준다. 이 구절에 의한다면 장례가 끝나면 반드시 토지신의 노여움을 풀어 이제 막 지하로 들어간 죽은 자의 안녕을 보장해 주어야만 한다. 이것을 곧 '해적'이라고 할 수 있으니, 결국 '해적'은 '해토'를 의미한다고 할 수 있을 것이다. 그러나 문제는 토지신의 노여움을 푸는 것과 관련한 내용은 이 진묘문의 이 구절이 유일하다는 점이다. 그래서 진묘문의 궁극적 목적이 토지신으로부터 망자를 보호하는 것이었는지를 단정할 수 없다.

오히려 이보다는 대부분의 진묘문에서 살아있는 자를 위한 제앙의 내용이 더 비중 있게 다뤄지는 것을 확인할 수 있다. 실제로 진묘문을 살펴보면 이 문서가 죽은 이가 아니라 살아있는 이들을 위한 문서임을 알 수 있다. 현재 발견된 진묘문 중 가장 빠른 기년을 가지고 있는 후한 명제 영평永平 3년(60)에 제작된 진묘문에는 "황신의 사자使者가 토지를 매입하여 무덤 터를 조영하니 살아있는 이들을 위하여 그 선조의 무덤을 만든 것이다."라는 구절이 있다. 또한 앞에서 살펴본 후한 순제(재위 125~144) 양가 2년(133)에 작성된 〈조백로진묘문〉에는 "천제의 사자가 삼가 조백로의 집안[家]을 위하여 재앙을 옮기고 근심을 제거하여 멀리 천 리 떨어진 곳으로 보냈다."고 하는 구절이, 〈후한건화 원년(147)가씨진묘문後漢建和元年加氏鎭墓文〉에는 "천제의 사자가 삼가 가씨加氏의 집안을 위하여 별도로 지하의 원망을 해소한다."는 구절이 등장한다.

이외에도 많은 진묘문에서 살아있는 자들을 위한 제앙의 구절을 어렵지 않게 발견할 수 있다. 특히 안휘성 수현壽縣에서 출토된 후한 시기 제작된 〈석양진묘문石羊鎭墓文〉에는 "만일 가족 중에 죽는 자가 생기게 된다면 반드시 돌로 만든 양이 능히 고개를 돌려 큰 소리로 이야기하고 다리로는 춤을 출 수 있을 때까지 기다려야 비로소 망자가 소환에 응할 것이다. 이 사실을 믿지 못할까 하여 이 돌로 만든 양으로 증거를 삼는다."는 구절이 등장하여, 돌로 만든 양이 움직이는 불가능한 일이 일어나야만 산 자에게 재앙이 발생할 것이라고 하고 있다. 이것은 진묘문이 산자를 위해 재앙을 제거하는 제양에 큰 관심을 두고 있다는 것을 말해준다.

해주병

진묘문이 죽은 자가 아닌 산 자를 위해 제작된 제액의 도구였다는 점이 잘 드러나는 것이 진묘문의 또 다른 이름 '해주병'과 '해주문'이다. 1950년대 낙양에서 발굴된 한묘에서 '해주병'이 출토되었다. 그 표면에는 "주注를 해소하는 병. 모든 [주를] 해소하여 없애라. 율령과 같이 행하라解注瓶. 百解去. 如律令."는 글귀가 쓰여 있었다.

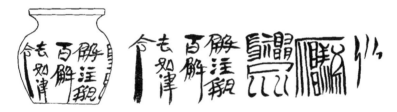

그림 31 낙양 출토 해주병*

해주병은 이름 그대로 '주'를 해소하고자 하는 목적에서 제작된 것이다. 『석명釋名』에 "주는 병이다. 한 사람이 죽으면 다른 한 사람이 다시 병을 얻게 되는데, 기가 서로 물 대듯이 하기 때문이다注, 病. 一人死, 一人復得, 氣相灌注也."라고 하여, '주'가 마치 물이 흐르듯이 전염되어 사람들을 죽음으로 몰아가는 질병처럼 등장한다.

이와는 달리 도경道經인 『제병원후론諸病源候論』에서는 "무릇 주는

---

* 郭寶鈞 等, 「一九五四年春洛陽西郊發掘報告」, 『考古學報』 1956-2, 24쪽.

머무름을 말하는 것이니, 사악한 기운이 사람의 몸 안에 머물러 있는 것을 이르기에 주라고 한다(凡注之言住也, 謂邪氣居住人身內, 故名爲注)."고 하여 주를 '머무름(住)'으로 해석하였다. 그러나 '주'의 성격과 관련하여 "죽음 또는 주는 옆 사람에게 퍼져나간다(死又注易傍人也)."라고 하여 전염성에 대해서는 동일한 입장을 취한다. 살아있는 자를 해치는 전염성이 강한 '주'는 종종 '시주尸注'로도 불려 죽은 자가 만들어낸 사기邪氣가 산 사람에게 해코지를 하거나 죽음을 초래하는 것임을 알 수 있다.

진묘문이 적힌 도병을 '해주병' 혹은 '해주문'으로 부르는 것은 진묘문의 역할이 죽은 자의 사기가 산 사람을 해치지 못하게 하는 것이기 때문이다. 즉, 진묘문을 이용하여 죽은 이의 혼령을 위로하는 목적이 죽은 이의 혼령으로부터 살아있는 사람들을 보호하기 위해서라는 것을 알 수 있다. 그래서 진묘문에 반복적으로 등장하는 '생사이로生死異路'의 관념(산 자와 죽은 자는 가는 길이 다르다는 분리의 관념) 역시 살아있는 사람들을 죽은 이의 혼령으로부터 보호하고자 하는 조치라고 할 수 있을 것 같다.

그럼, 혼령이 살아있는 자를 해친다는 것의 구체적인 모습은 무엇일까? 전염병에 의해 살아있는 자를 전염시킨다는 것일까? 위진남북조魏晉南北朝 시기 의서醫書에는 주병注病의 증상으로 폐결핵, 간질, 정신분열, 순환기 장애 등 매우 다양한 증상이 나열된다. 하지만 후한 진묘문에서 이러한 전염병이나 질병을 의미하는 '주'의 용례를 찾기는 쉽지 않다. 현재 후한 진묘문 중 '주'의 용례를 찾을 수 있는 것은 모두 네 건으로 〈후한영건3년(128)진묘문後漢永建三年鎭墓文〉의 '사인정주死人精注', 〈후한낙양당사문성씨진묘문後漢洛陽唐寺門成氏鎭墓文〉의 '절구주絶鉤注·중복重復·군앙君央', 〈후한유백평진묘문後漢劉伯平鎭墓文〉의 '치귀시주魅鬼尸注', 〈후한해주문後漢解注文〉의 '해주병'이 그것이다. 이들 구절들은 모두 죽은 자로부터 나온 '정주精注', '구주鉤注·중복重復·군앙君央', '시주' 등을 해소하거나[解] 끊는 것[絶]에 대해 기술하고 있다.

부역으로부터의 해방

네 건이라는 출현 숫자에서도 알 수 있듯이 후한 진묘문의 주된 역할이 죽은 자들에 의해 옮겨지는 전염병을 막고자 하는 것은 아니었다. 이보다는 대부분의 진묘문에는 죽은 자들이 산 자들을 저승에 끌고 가는 것에 대한 공포가 깃들어 있다. 1935년 산서山西 흔주시忻州市에서 출토된 〈후한희평2년(173)장숙경진묘문後漢熹平二年張叔敬鎭墓文〉에는 시신과 함께 부장된 인삼 9매枚에 대하여 '살아있는 자를 대신하길 [欲持代生人]'이라고 하여 인삼이 죽은 자들이 산 자들에게 해코지 하는 것, 또는 산 자들이 죽은 자들에 의해 저승으로 끌려가는 것을 막는 역할을 담당함을 말해준다. 흔히 압진물의 하나로 알려져 있는 납으로 만든 사람 모양, 즉 연인鉛人에 대한 '죽은 자를 대신하는 연인[自代鉛人]'이란 표현 혹은 "연인은 죽은 자를 대신한다[鉛, 持代死人]."는 구절들 역시 죽은 자가 저승에서 노역을 대신하게 할 목적으로 산 자를 저승으로 끌고 가는 것을 막고자 납으로 사람 모양을 만들어 부장한 것임을 알려준다. 연인은 죽은 자의 노역을 대신할 존재였던 것이다. 사람의 형상을 한 인삼을 부장한 것 또한 이와 무관하지 않다.

앞서 살펴본 고지책에서 부역 면제의 조항이 매우 중요한 의미를 가진 구성 요소임을 살펴보았다. 이는 중국 고대인들의 삶 속에서 가장 힘들고 두려웠던 것이 부역이었음을 말해준다. 그렇다면 살아있는 자들이 죽은 자의 안녕을 희구하기 위해 명계 문서를 작성한다면 마땅히 저승에서만큼은 이승에서처럼 힘겨운 노역에 종사하지 않게 해야 했을 것이다. 따라서 고지책에 부역 면제의 조항이 삽입된 것은 죽은 자를 위한 산 자의 배려라고 할 수 있다. 전한 선제 시기 이후 고지책이 더 이상 제작되지 않았지만 그렇다고 해서 이런 문제들이 해소된 것은 아니었다. 이승에서의 부역은 여전히 힘들었고, 이승에서 이어지는 저승에서도 부역은 면제되지 않았다. 죽음이 고통으로부터의 해방이 아닌 고난의 지속이라면 누구도 쉽게 저승으로 가려고 하지 않았을 것이다.

〈장숙경진묘문〉에는 "누른 색 콩과 오이로써 죽은 자는 지하의 부세를 지급하라[黃豆·瓜子, 死人持給地下賦]."는 구절이 나온다. 죽은 자가 지하 세계에서 세금을 내야 하는 상황은 변하지 않은 듯하다. 따라서 진묘병 안에 들어 있는 얼마간의 곡식은 죽은 자를 위한 세금으로 마련된 것임을 알 수 있다. 서진 이후 진묘문에는 "지금 두병(진묘병)과 오곡, 연인을 묻어 지상의 살아있는 사람들의 [노역과 세금을] 면제하고자 한다[今下斗甁·五穀·鉛人, 用當復地上生人]."는 정형구가 등장하여 진묘병 속에 죽은 자의 부역을 해결할 오곡과 연인을 집어넣은 상태로 부장하는 것이 일반적인 진묘 행위가 된 것을 알 수 있다. 시간이 갈수록 진묘문의 제작이 살아있는 사람을 위한 행위임을 감추지 않고 있다.

죽은 자를 위한 문서에서 산 자를 위한 문서로 – 돈황의 진묘문

진묘문이 살아있는 사람을 위한 기물이었음을 적나라하게 보여주는 것은 돈황에서 발견된 서진 이후 진묘문이다. 서진 이후 진묘문은 후한의 그것과는 사뭇 다르다. 출토 장소도 중원이 아닌 주로 돈황

지역이다. 조위 정부의 재래 신앙에 대한 탄압과 곧 이어진 중원의 혼란으로 인해 오두미도는 피난길에 오른다. 당시 오두미도는 강남과 서역 두 갈래로 퍼지는데, 이때 진묘문 문화도 오두미도를 따라 전파되었다. 비단길을 따라 서쪽으로 퍼져나간 오두미도의 일부는 지금의 감숙성 주천시酒泉市와 가욕관시嘉峪關市를 지나며 그곳에 남아 종교 활동을 하였고, 나머지는 계속하여 서쪽으로 나아가 마지막 오아시스 도시인 돈황에 도착하게 된다. 지금 발견되는 돈황의 진묘문들(연구에 따르면 모두 147건의 진묘문이 발견되었다)은 그때 돈황으로 이주했던 오두미도의 교인들이 남긴 유산이라고 할 수 있다. 돈황의 진묘문은 두 유형으로 구별할 수 있다.

【유형 Ⅰ】 [서량西涼] 경자庚子 6년(405) 초하루가 계미癸未인 정월 27일 기유己酉. 돈황군 돈황현 동향東鄕 창리리昌利里 자字가 덕정德政인 장보張輔가 죽었다. 지금 두병斗甁, 연인鉛人, 오곡병五穀甁을 묻어 지상의 살아있는 자들에게 거듭되는 [재앙을] 감당하게 하고자 한다. 청오자靑鳥子가 북신北辰의 조령朝令을 알린다. "죽은 자가 스스로 그 재앙을 받도록 하는데, 벌은 한도를 넘어 주면 안 되니 재앙을 옮기고 원한을 옮겨 멀리 타향으로 보내라. 율령과 같이 처리하라."

【유형 Ⅱ】 [서진] 건흥建興 2년(314) 윤閏10월 1일 정묘丁卯. 여자 여헌녀呂軒女가 죽었다. 마침 팔괴八魁·구감九坎에 해당한다. 천주天注, 지주地注, 세주歲注, 월주月注, 일주日注, 시주時注를 눌러 풀라. 산 자와 죽은 자는 각기 길이 다르니 천추만세 동안 서로 주注로써 엮여서는 안 된다. 산 자를 편하고 이롭게 하라. 율령과 같이 처리하라.

유형 Ⅰ은 우선 진묘문의 제작일, 즉 장례일 다음에 자를 포함한 묘주에 대한 간단한 정보를 제공하고 있다. 장례일 다음에 곧바로 천제의 사자 및 그로부터 명령을 받는 묘역과 지하의 신들, 관리들이 등장했던 후한 시기 진묘문과 차이가 있다. 현실의 공문서의 형식과 처리 과정을 답습하며 등장했던 위계질서를 가진 신들과 관리들이 사라진 것인데, 이는 돈황의 진묘문이 현실 세계의 공문서와는 다른 형식으로 전화했음을 말해준다. 이것이 무엇을 의미하는지에 대해서는 좀 더 고찰이 필요하겠지만 분명한 것은 진묘문에서 사라진 신들과 관리들이 죽은 자를 안전히 저승으로 이주시키고, 저승에서의 삶을 관리했던 존재라는 점이다. 다시 말해 죽은 자의 안녕을 위한 체계적인 절차와 그를 담당하던 주체가 사라진 것이다.

돈황에서 발견된 진묘문이 죽은 자가 아닌 산 자에 대해 관심을 집중하고 있는 것은 압진물과 북신의 조령을 통해서도 확인된다. 북신의 조령은 오직 죽은 자로 하여금 스스로 그 재앙을 받을 것을 명령하고 있다. 혹 재앙이 너무 크다고 여기면 멀리 타향으로 전하라는 표현도 등장하며, 심지어 어떤 진묘문에는 그 재앙을 지나가는 행인에게 주라[轉其殃咎, 付與道行]시는 뻔뻔하다 못해 파렴치한 구절도 나온다. 한편 압진물들(두병, 연인, 오곡병)도 살아있는 자들에게 미칠 재앙을 제거하는 역할만을 담당한다. 돈황의 진묘문은 일방적이다 못해 무책임하고 부도덕한, 오직 살아있는 자를 위한 주술문이라고 할 수 있다. 이런 돈황의 진묘문에서 죽은 자의 안식과 산 자의 안녕 모두를 도모했던 후한 시기 진묘문의 균형감은 찾아보기 힘들다.

물론 후한 진묘문 역시 확실히 살아있는 자들을 위한 측면이 강했다. 죽은 자를 위해 무덤을 만드는 것마저도 재앙을 제거하고 후손을 이롭게 하고자 하는 의도의 산물임을 분명히 밝힌 〈후한영평3년(60)진묘문〉을 비롯하여 생사이로를 강조하며 죽은 자와 산 자를 분리하려는 모든 진묘문의 내용은 죽은 자로부터 산 자를 보호하려는 의도를 유감없이 보여준다. 그러나 이 정도까지 노골적으로 산 사람을 위주로 한 문서는 아니었다.

　산 자를 위한 문서라는 점에서 유형 II도 예외는 아니다. 죽은 자의 사악한 기운으로부터 산 자들을 보호하려는 해주解注가 이 문서 작성의 목적이다. 천주, 지주, 세주, 월주, 일주, 시주 등 각종 주들이 나열되며 이를 해소할 것을 명령한다. 또한 생사이로를 주장하는 것이 산 자들이 주에 엮이는 것, 즉 주로 인해 피해를 입게 되는 것을 막기 위함임을 분명하게 기술하고 있다. 오직 산 자를 편하고 이롭게 하라고 한다. 죽은 자의 영구한 안식은 아랑곳하지 않고 있다. 명계 문서가 더 이상 죽은 자를 위한 문서가 아니게 된 것이다. 그럼, 죽은 자의 안식은 무엇이 보증하는가?

진묘석

　죽은 자의 안식을 보증하는 돌로는 당唐 이후에 등장하는 진묘석鎭墓石 (혹은 도교의 오석五石이라고도 한다)을 들 수 있다. 송宋 초까지만 한시적으로 사용되던 진묘석은 신비주의적 색채가 농후한 부록문符籙文 (영전문靈篆文 또는 비전문秘篆文으로도 불린다. 한자와는 다른 특수 문자기에 쉽게 읽을 수 없다)과 주술적 용어를 나열한 주문主文(진문鎭文 또는 천문天文으로 불린다. 부록문과는 달리 해서체楷書體로 쓰여 해독은 용이한 편이다)으로 구성되어 있다.

　진묘에 사용되었던 압진물의 일종인 진묘석은 북위 이후 정형화된 묘지와 같이 정방형의 덮개와 석판으로 구성되어 있다. 이론적으로는

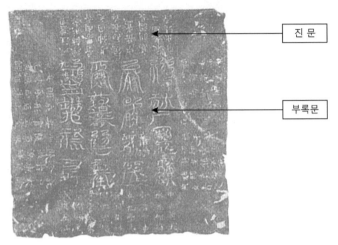

진문

부록문

그림 32 〈당지덕3년(758)수왕제육녀청원현주진묘석唐至德三年壽王第六女淸源縣主鎭墓石〉*

'오방오정석五方五精石'이라는 이름처럼 무덤의 동·서·남·북의 사방 끝과 중앙에 총 5개가 매납되는 것이 원칙이나, 실제로는 하나 혹은 두 개만이 설치된 경우가 더 일반적이다(현재 출토된 16건 중 5개가 한 세트로 완전하게 출토된 것은 2건뿐이다).

부록문은 석판의 윗부분에, 진문은 아랫부분에 기록되는 것이 일반적이다. 특별히 부록문만 적혀 있는 것도 있는데, 이는 진문권眞文券이라고도 부른다. 부록문은 사바娑婆 세계를 주관하는 대범천大梵天의 주인인 대범천왕大梵天王이 말하는 대범은어大梵隱語로도 칭하는데, 천상 신계의 언어가 인간계의 문자로 기록된 것이라고 한다. 한편 주문인 진문은 4세기 말~5세기 초에 성립된 것으로 알려진 도경인『태상통현령보멸도오련생시묘경太上洞玄靈寶滅度五鍊生尸妙經)』(이하『오련경五鍊經』)의 일부를 이용하여 작성하였다.

『오련경』은 '오련생시지법술五鍊生尸之法術'에 의해 죽은 이를 재생시

---

* 陝西省文物管理委員會, 「西安南郊龐留村的唐墓」, 『文物參考資料』 1958-10, 43쪽.

그림 33 부록문만으로 제작된 북경 중국역사박물관 소장 진묘석[*]

키고 신선이 되어 하늘로 승천시키는 내용의 경전이다. 진문은 이
『오련경』의 특정 부분을 이용하여 작성한 것인데 그 내용은 오방의
다섯 천제가 도교의 최고신인 원시천존元始天尊에게 저승에서 처벌받는
죽은 자의 영혼을 풀어주고 시신을 잘 보살피라는 명을 받고 이를
명계의 여러 신과 관리에게 전하는 것이다.

진문의 전반부에는 이들 오천제五天帝가 각 방위의 무극세계無極世界
(즉 지하 명계)의 관리 및 신들인 '토부신향제령관土府神鄕諸靈官'들에게
죽은 자의 시신을 태음太陰(명계)에 의탁함을 전하는 내용이 기록되어
있다. 예를 들면 서방의 경우 백제白帝가 서방 지하 명계의 신들(서방무
극세계토부신향제령관西方無極世界土府神鄕諸靈官)에게 지금 망자가 지하
로 입문하니 망자의 시신을 잘 처우할 것을 명한다[託尸太陰].

후반부에는 명계에 맡겼던 죽은 자의 영혼을 구제하여 천상으로
올려 보내 정화된 몸으로 재생하게 하여 영생을 얻게 하라는 내용이

---

[*] 王育成,「唐宋道教秘篆文釋例」,『中國歷史博物館館刊』15·16(1991), 83쪽.

기록되어 있다. 이와 같은 내용은 우선 ㉠명계에 맡겨졌던 죽은 갑甲 아무개의 영혼을 불러내어[出某甲鬼神] ㉡목욕시키고 의복을 갖추게 한 후[沐浴冠帶], ㉢천부로 올려 보내는 것[遷上天府]으로 표현된다. 이렇게 천부에 올라가면 그 영혼은 ㉣천부에서 옷과 음식을 제공받으며[供給衣食] ㉤광명한 천상계에서 영생을 얻게 되고[長在光明] ㉥마귀들은 다시는 이들을 범하지 못하게 된다[魔無干犯]. 진묘석의 궁극적 목적은 죽은 자의 영혼을 영생을 얻은 정화된 몸, 즉 신선으로 만드는 것이다.

진묘문의 관심이 죽은 자를 지하 세계로 안전하게 입문시키고 그들이 지하 세계에서 받을 고초를 없애는 것, 그리고 죽은 자에 의해 산 사람들이 해코지를 당하지 않게 하는 것에 있었다면 진묘석의 관심은 죽은 자들의 영혼을 안전히 명계에 위탁할 뿐 아니라 그들을 천계로 올려 보내 영생을 사는 신선이 되게 하는 것이다. 장례를 위해 길한 날과 길한 장소를 고르는 일 따위는 하지 않겠다는 어느 도경의 구절처럼 영혼을 구제한다는 고급 종교의 모습을 엿볼 수 있다.

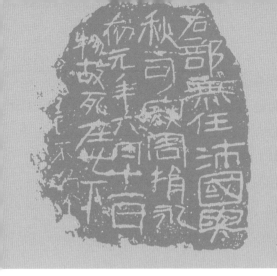

선양 전야

동탁董卓(139~192. 후한 말의 군웅)에 의해 강제로 장안長安(지금의 섬서성 서안시)으로 옮겨진 후한의 마지막 황제 헌제(재위 189~220)는 동탁이 그의 양아들이었던 여포呂布(?~198. 후한 말의 장수)에게 죽임을 당한 후에도 여전히 고달팠다. 동탁의 남은 부장들인 이각李傕(?~198. 후한 말의 군웅)과 곽사郭汜(?~197. 후한 말의 군웅)가 벌인 내전 속에서 인질 아닌 인질이 되어 이리저리 옮겨 다니며 고초를 겪었다. 우여곡절 끝에 낙양洛陽(지금의 하남성 낙양시)으로 돌아왔지만 낙양은 이미 수도로서의 기능을 상실한 상태였다. 장안으로 옮겨가며 동탁이 불태웠던 궁실은 아직 수리가 다 끝나지 않은 상태였고, 물자도 없어 황제로서의 최소한의 권위도 세우기 어려운 상태였다. 더구나 헌제를 호위하여 낙양으로 입성하게 한 양봉楊奉(?~197. 후한의 장수), 한섬韓暹(?~197. 후한의 장수), 장양張楊(?~198. 후한의 장수)은 한 왕조의 미래 따위는 관심이 없었다(사실 이 즈음에 한 왕조의 미래를 생각하는 이가 있기는 했을까). 그저 어떻게 하면 권력을 차지할 것인가에 골몰하였다.

이때 헌제의 후궁인 동귀인董貴人(?~200. 헌제의 비빈妃嬪)의 부친이었던 동승董承(?~200. 후한 말의 외척 대신)은 양봉과 한섬의 권력 장악을 저지하기 위해 어쩔 수 없이 조조(155~220)를 불러들이게 된다. 여우를 쫓아내기 위해 범을 들인 꼴이었다. 낙양을 장악한 조조는 녹상서사錄尙書事(조명詔命의 출납을 담당하는 상서尙書의 일을 총괄하는 관직)가 되어 한 조정의 모든 정책 결정권을 장악하며 실질적인 권력자가 되었다. 그리고 곧이어 낙양이 폐허가 된 것을 이유로 헌제를 허許(지금의 하남성 허창시許昌市)로 옮겼다. 건안 시대(196~220)의 개막이다. 사실상 조조의 시간이라고 할 수 있는 시대가 열린 것이다. 건안 13년(208) 조조는 단독 승상丞相이 되었고 건안 18년(213) 위공魏公이 되었으며, 건안 21년(216)에는 위왕魏王으로 책봉된다. 그러나 그는 결국 헌제로부터 선양 받지 못하고 220년 파란만장한 삶을 마감하였다.

조조의 뒤를 이은 그의 아들 조비(조위 문제. 재위 220~226)는 조조 사망 9개월 만에 헌제로부터 선양을 받아 새로운 왕조 창건에 성공한다. 이미 기울대로 기운 한 왕조의 운명을 되돌릴 수 있는 사람은 없었다. 조비의 신하들은 앞다퉈 조비에게 황제 즉위를 권하는 상서를 올렸다. 신하들의 권진勸進(즉위 촉구)과 포령布令에 의한 거부라는 뻔한 행위가 반복되는 가운데 어쩔 수 없이 헌제가 조비에게 선양하겠다는 조서와 황제의 도장과 끈璽綬을 내린다. 이를 시작으로 조비의 신하들은 다시 권진문勸進文을 올린다. 그러나 헌제의 선양 조칙이 내린 후에도 조비의 선양 거부는 계속되었다. 어쩔 수 없이 헌제가 두 번째 조서를 내려 선위禪位를 명한다. 기다렸다는 듯이 다시 권진문이 올라오고 조비의 거부라는 정해진 일정이 진행되었다. 이러한 상황은 헌제의 네 번째 조서가 내려올 때까지 지속되었다. 앞으로 역대 왕조의 선양 과정에서 하나의 전형이 되는 수선자受禪者의 '삼양三讓(세 번의 거절)'이라는 고유한 절차가 만들어지는 순간이었다.

세 번의 거절과 네 번의 조서라는 번잡하기 짝이 없는 이 절차 속에서 조위의 신하들은 수선의 정당성을 반복적으로 진술하고 선전할 수 있었다. 특히 그 중에서도 「위공경상존호주魏公卿上尊號奏(위 나라 공경들이 존호를 올리는 상주)」는 최종적으로 조비의 즉위를 촉구하는 권진문으로 한위선양漢魏禪讓을 전설상의 요순선양堯舜禪讓에 견주며, 조위 건국을 정당화했던 결정판이라고 할 수 있다. 조위 건국 과정에서 이 권진문이 갖는 의미는 이것이 돌에 새겨져 비로 만들어진 것에서도 알 수 있다. 마침내 연강延康 원년(220) 10월, 조비는 부친 조조의 못 다한 꿈을 이룬다. 허도의 남쪽 교외에 선양의 의식을 위해 수선대受禪臺가 마련되었다.

> 번창현繁昌縣 성 안에 3개의 대가 있다. 당시 사람들은 이를 '번창대繁昌臺'라고 하였다. 단 앞에 두 개의 비가 있다. 옛날 위 나라 문제가 이곳에서 선양을 받고 단에서 내려와 "순 임금과 우禹 임금의 일에 대해 나는 알고 있다."고 하였다. 이 때문에 그 돌의 명문에는 "드디어 번창에 영단靈壇을 쌓았다."고 되어 있다.
>
> 『수경주水經注』「영수潁水」

지금의 하남성 임영현臨潁縣에 해당하는 번창현에 수선대가 마련된 사정을 기록하고 있는 지리서 『수경주』의 기사다. 기사에는 수선대 앞에 두 개의 비가 세워져 있음이 기술되어 있는데, 하나는 앞에서 말한 「위공경상존호주」가 기술된 〈상존호비上尊號碑〉고 다른 하나는

조비가 후한 헌제로부터 선양을 받은 것을 기록한 〈수선표비受禪表碑〉
다. 두 비는 2천년 가까이 지금까지도 남아 조위 건국의 정당성을
웅변하고 있다.

왕조의 영광-〈상존호비〉와 〈수선표비〉

돌이 왕조의 위대함을 선언하는 데 마침인 도구임을 증명하는 예로
후한으로부터 선양을 받은 후 조위 왕조가 제작한 〈상존호비〉와 〈수선
표비〉만한 것도 없을 것이다. 두 비는 지금까지 임영현 번성진繁城鎭에
현존하여 조위 왕조의 영광을 기리며 선양의 과정과 장면을 생생하게
증언하고 있다. 불멸을 꿈꾸는 인간과 영원을 갈망하는 권력이 가장
적절한 도구를 찾았다고 할 수 있다.

그 중 〈상존호비〉는 앞에서 살펴본 것처럼 후한 헌제의 세 차례에
걸친 선양 조서를 거절한 조비에게 그의 신하들이 연강 원년(220)
10월 27일 즉위를 촉구하며 올린 권진문을 기록한 것이다. 이 내용은
『삼국지三國志 · 위서魏書』「문제기文帝紀」 배송지裴松之 주注에 인용된 『헌
제전獻帝傳』에 수록되어 있는 상주와 거의 일치한다. 비의 내용은 크게
다음과 같이 대별할 수 있다. (1)권진문을 상주하기까지의 경위. (2)요순
선양을 본받아 선양 조서를 받아들일 것을 요청하는 신하들의 주장.
(3)후한 안제(재위 106~125) 이후 극도로 혼란해진 세상을 평정한 조조의
공적. (4)문덕文德으로 충만한 조비의 정치와 그에 대한 감응으로 출현한
서상瑞祥. (5)조비의 수선을 정통화하는 서상(감로甘露, 야잠野蠶, 가화嘉
禾, 신지神芝, 기금奇禽, 영수靈獸 등)의 출현과 신하들의 즉위 요청. 한
마디로 이 비의 내용을 정리하면 천명天命에 의한 왕조 교체가 필연임을

강조하고, 요순 선양을 전범典範삼아 한의 선양을 받아들여야 함을 주장하는 것이다.

> 신들이 엎드려 조서를 읽는데 슬픔이 더욱 심할 뿐입니다. 신들이 듣건대 『역易』에 "성인은 천시天時를 받든다."고 하였고, 『논어論語』에 "군자는 천명을 두려워한다."고 하였습니다. 천명에는 떠나고 찾아옴이 있으니, 그러한 후에 제왕에게 선양과 교체가 있는 것입니다. 이 때문에 요 임금께서 순 임금에게 선양을 하시며 "[천명이] 너에게 있다."고 하셨던 것입니다. 순 임금께서는 요 임금의 뜻에 따르셨으니, 이를 '수종受終(선제의 끝을 이어 받는다는 뜻. 곧 제위에 오름을 의미)'이라고 합니다. 요 임금께서는 천명이 자신에게서 떠났음을 아셨습니다. 이 때문에 선양하지 않을 수 없었습니다. 순 임금께서는 역수曆數(왕조 교체의 차례)가 자신에게 있음을 아셨습니다. 이 때문에 감히 받지 않을 수 없었던 것입니다. 선양하지 않을 수 없다는 것은 천시天時를 받든다는 뜻입니다. 감히 받지 않을 수 없다는 것은 천명을 두려워한다는 뜻입니다.
>
> 〈상존호비〉 중에서

〈상존호비〉 두 번째 단락의 내용으로 한위 선양을 요순 선양에 견주어 말하며, 선양의 조서를 받드는 것이 곧 천명을 받드는 것임을 말하고 있다. 새로운 왕조의 창건이 결코 무력에 의한 신하의 찬탈로 이루어진 것이 아닌 하늘의 뜻임을 말하며 혁명의 정통성을 수식하고 있다. 정확한 입비 연대는 알 수 없으나 즉위 직후 〈수선표비〉와 함께 제작되었을 것으로 생각된다.

〈수선표비〉는 위 문제 조비가 신하들이 작성한 「상존호주」가 올라온

지 이틀 뒤인 10월 29일 후한의 헌제로부터 선양을 받은 것을 기록한 비다. 〈수선표비〉 역시 〈상존호비〉와 마찬가지로 한위 선양을 요순 선양에 비의比擬하여 정당화하는 것이 주된 내용이다. 〈수선표비〉의 내용은 네 부분으로 구분이 가능하다. (1)한위 선양을 요순 선양에 비의. (2)조비의 선정善政과 그에 감응한 하늘이 내린 서응. (3)즉위까지의 경위. (4)조비의 천자 즉위 등이 차례로 기술되어 있다. 건립 시기와 관련해서 비문에 '황초 원년(220) 겨울 10월 신미일辛未日(29)'이라는 기년은 나오지만, 비문 작성 시기일 가능성이 높아 역시 정확한 입비 연대는 확인되지 않는다. 그러나 이 역시 선양의 기념비라는 점에서 〈상존호비〉와 함께 제작되어 즉위한 그 해, 즉 황초 원년에 세워졌을 것으로 생각한다.

황제께서는 하늘 정기의 아름다움을 체현하시어 순 임금, 즉 토덕土德의 후예를 이으셨네. 구덕九德을 이미 갖추시어 장엄하시고 밝으시며, 문채文彩나시고 진실하셨네. 밝음은 해와 달과 짝하고 자질은 [천天·지地·인시 삼극三極]의 도를 겸하셨네. 선황으로부터 제위를 이어받아 제왕이 되어 국가를 향유함에 미쳐서는 만백성을 위무하시고 도타운 덕으로 교화하셨다. 관대한 정치를 숭상하시고 화락和樂의 가르침에 힘쓰셨으며, 거듭되는 공덕을 펼치시어 아랫사람을 비추시고 덕정德政에 기초하여 은혜를 베푸셨다. 제왕의 창고를 열어 쌓인 재물을 나눠주시니 조정의 대신 □□는(은) □□의 하사품을 □고, 뭇 백성과 천민들까지도 재물이나 식량의 보살핌을 받았다. 선대의 공훈자를 임용하고 끊어진 왕조를 이어주셨으며, 폐하고 버려진 병든 자들은 금작金爵의 상을 받을 수 있게 하시고 강보 속 고아는 선조의 은덕으로 인한 봉록을 받아먹을 수 있게 하셨다. 선은 아무리 작더라도 표창하지 않는 것이 없었고, 공은 아무리 작더라도 □하지 않음이 없으셨다. 병사를 □□하시고 옥송獄訟에 걸린 사람들을 긍휼히 여기셨으며, 군역을 파하시고 범인의 죄상을 기록한 문서를 불태우셨다. 감옥은 텅 비어 고요하고 밖으로는 홀아비가 없었으니 임금의 은혜는 구름처럼 운행하여 무젖지 않음이 없었다. 감싸고 보호하고 길러주는 것에 대해서는 소략하고 평이했으며, 엄격함과 너그러움에 대해서는 진실하고 마땅하셨으니 하늘과 땅의 덕이며 음양의…. □□□류類, 만물을 생육하시고 공업을 일으키시니 조화의 도며, 사시四時의 공이로다. 너그럽게 포용함은 깊고 고요하시니 은택은 만백성을 적시셨다. 복희伏羲의 자질이며, 요순의 자태로다. 부지런히 애쓰시고 삼가고 두려워하시며 힘써 덕을 쌓으시고 백성을 구제하셨으며 백우伯禹의 수고로움,…. 밝은 지혜와 신묘한 위무威武로 적을 헤아리고 병사를 쓰셨으니 은殷 나라 탕왕湯王의 지략이며 주周 나라 무왕武王의 신명함이로다. 넓고 큰 뜻은 천지와 짝하고 무성한 덕은 여러 성인을 포괄하셨다. 커다란 은혜는 중국을 적시고 어진 명성은 이적의 땅인 팔황八荒에까지 퍼졌네. 비록 통역관이…, 화합하여 와서 조회를 하였네.

〈수선표비〉 중에서

〈수선표비〉 중 조비의 선정에 대한 내용이다. 주로 무공보다는 문덕文德을 칭송하는 쪽이다. 구덕을 겸비했다는 조비의 관정寬政의 면모를 기술하고 있다. 조정의 대신으로부터 천민까지 등급에 따라 국가로부터 하사품을 받았으며 유공자는 공적에 따라 보상받고 병들고 버려진 자, 고아도 금작과 봉록을 받게 되었다. 공을 세운 자가 공정한 포상을 받는 것은 물론이고 설령 죄를 지은 자라 할지라도 관대한 법 집행의 은혜를 입을 수 있으며, 모든 이들이 고단한 부역賦役을 감면받게 되었다. 전형적인 덕정의 풍모가 서술된 것으로 비문에 기술된 것처럼 복희의 자질이며, 요순의 자태가 아닐 수 없다.

그러나 이와는 달리 무공에 대한 칭송은 지나치게 간결하다. "밝은 지혜와 신묘한 위무로 적을 헤아리고 병사를 쓰셨으니 은 나라 탕왕의 지략이며 주 나라 무왕의 신명함이로다睿智神武, 料敵用兵, 殷湯之略, 周發之明也."라는 문장만이 무덕에 대한 서술이다. 분량의 문제도 문제거니와 문덕의 구체성에 비한다면 무공에 대한 서술은 사실상 없는 것과 마찬가지다. 아마도 〈수선표비〉가 요순 혁명을 전범으로 삼아 한위 선양을 정통화하는 것을 목적으로 했기에 요순으로 상징되는 덕에 의한 교화를 강조했을 것이다. 또한 선대 조조가 펼쳤던 맹정猛政(법술에 의한 강력하고 엄한 정치)과는 다른 통치, 즉 관치寬治로의 전환을 강조했을 수도 있겠다. 시대의 필요에 따라 기리는 영광도 조금씩 변화하기 마련이다.

위기 극복의 정치학

왕조가 권력의 정당성 또는 영원함을 선전하기 위해서만 돌을 사용한 것은 아니다. 왕조와 정권의 위기 돌파를 위해서도 돌을 이용하였다. 우리는 지금부터 시각을 달리하여 왕조가 위기를 극복하기 위해 제작한 기념비들을 살펴볼 생각이다. 이른바 석각을 이용한 '위기 극복의 정치학'이라고 부를 수 있는 현상들을 살펴 석각의 정치적 효용을 알아보고자 한다.

왕조의 위기 속에서 만들어진 세 석각, 후한의 〈희평석경熹平石經〉, 조위의 〈정시석경正始石經〉, 그리고 서진의 〈벽옹비辟雍碑〉는 각 왕조

'문교정책文敎政策의 상징물'로 이해되었다. 우선 세 비 모두 태학太學에 세워졌다는 점이 이러한 이해를 가능하게 하였다. 더하여 교재가 간각되었다는 점(〈희평석경〉·〈정시석경〉), 황제와 황태자의 학례學禮 친림親臨의 기념물(〈벽옹비〉)이었다는 점에서 이러한 해석에 힘이 실렸다. 그러나 이들 석각이 제작된 시기는 이들 세 비를 단순히 문교정책의 상징물로 볼 수 없게 한다.

이 석각들의 제작 시기를 살펴보자. 우선 〈희평석경〉은 영제(재위 168~189) 희평 4년(175)부터 시작하여 광화光和 6년(183)에 완성되었다. 이 시기는 말할 것도 없이 후한 정부의 말기적 현상이 극에 달하여 패망을 향해 가던 시기였다. 『삼국지』에 수록된 당대인들과 그 시기의 역사를 찬술한 『후한서後漢書』의 찬자撰者 범엽范曄(398~445. 유송의 역사가)은 외척과 환관의 발호, 지식인에 대한 탄압, 환관의 괴뢰에 불과한 우매한 황제, 도탄에 빠진 백성 등을 거론하며 영제 시기를 사실상 한왕조 멸망의 시기로 파악하였다. 그들의 공통된 목소리에 따른다면 영제 시기는 경전의 불일치를 가리고 그것을 간각하여 학문 진흥을 도모할 만큼 여유가 있었던 시기는 아니다.

〈정시석경〉이 만들어지던 시기는 어떤가? 현재 〈정시석경〉이 언제 제작되었는지는 정확하게 알 수 없다. 석경의 잔석殘石 중에 정시 2년(241)을 의미하는 '시이년始二年'이라는 문자가 남아 있기는 하지만 석경 제작이 시작된 연도인지, 완성된 연도인지는 알 수 없다. 이와 관련하여 정시 2년에 제왕齊王 조방曹芳(재위 239~254)이 강경講經을 하고 태학의 벽옹辟雍에서 공자孔子에게 제사지낸 것에 근거하여, 정시 2년을 석경의 완성 시기로 보기도 한다. 석경의 완성을 기다려 황제의 강경과 제사가 행해졌다고 이해한 것인데, 충분히 개연성 있다고 생각한다. 그렇다면 석경의 제작은 아마도 명제明帝(조예曹睿. 재위 226~239) 청룡靑龍 연간

그림 34 '시이년년始二年'이라는 기
년이 간각된 〈정시석경〉의 부분
탁본*

(233~237)에 시작되었을 가능성이 클 것 같다. 제갈량諸葛亮(181~234. 촉한蜀漢의 대신) 사후 외부적 위협이 감소하면서 명제가 본격적으로 황제권을 강화했다는 점과 석경의 제작을 연동하여 생각해 볼 수 있을 것 같다. 그러나 명제가 석경의 완성을 보지 못하고 사망함에 따라 석경을 제작했던 본래의 의도가 무엇이던 간에 그 의도는 변경될 수밖에 없었을 것이다. 특히 〈정시석경〉이 8살의 어린 황제의 즉위를 전후하여 완성되게 된다면, 그것은 황제권의 부재라는 왕조의 위기를 극복해야 할 의무를 지니게 되었을 것이다.

황제와 황태자가 국자학國子學에 행차하여 친히 의례를 행한 것을 기록한 〈벽옹비〉 역시 왕조의 위기 속에서 건립되었다고 볼 수 있다. 〈벽옹비〉가 새롭게 건설된 국자학의 위상을 칭양할 목적을 가지고 있었다는 점은 분명하다. 그러나 비가 세워진 함녕咸寧 4년(278)은 국자학의 칭양이라는 것 외에도 또 다른 의미를 부여할 수 있는 시기였다. 알려진 것처럼 서진 무제武帝(사마염司馬炎. 재위 265~290)는 함녕 원년(275) 12월에 시작되어 이태 이상 맹위를 떨치던 역병에 걸리게 된다. 함녕 원년 역병에 걸린 무제는 그 다음 해 일시적으로 위독한 상태에 빠지게 되었다. 그 때 서진 조정은 후계 문제를 두고 어수선해졌는데, 조정의 대신들은 황태자인 충衷, 즉 혜제惠帝(재위 290~306)가 아닌 무제의 동생으로 사마사司馬師(208~255. 조위의 대신. 서진 건국 후 경제景帝로 추존)의 계승자가 된 제왕齊王 유유攸(248~283. 조위의 친왕親王)에게 기대를 하였다大朝

*   高峽 主編, 『西安碑林全集 第二卷』(廣州: 廣東經濟, 1999), 135쪽.

廷屬意於攸].

　다음 해 3월 병상에서 일어난 무제는 이 상황에 대처하지 않으면 안 되었다. 외척 양씨楊氏들을 동궁東宮 관속으로 배치하며 동궁 세력을 강화한 것은 혜제에 대한 보호 조치였으며, 조정에서 신망을 얻고 있던 제왕 유에 대한 대항책이었다. 왜 서진 무제는 황태자 보호에 힘을 쏟았던 것일까? 바로 그것은 황태자가 지적 능력을 의심받고 있었기 때문이다. 친정親政이 불가능할 것이라고 황태자의 폐위를 주장하고 있던 신료들에게 무제는 황태자의 자질을 증명해야만 했었다. 이때 이루어진 황태자의 두 차례에 걸친 학례 친림과 그에 대한 칭양을 목적으로 한 비의 건립을 그저 문교 정책의 일환이라고 봐도 좋을까? 혹 위기에 빠진 왕조가 왕조의 안녕과 건재함, 그리고 황제 권력의 위대함을 보이기 위해 그 옛날 진시황이 그랬던 것처럼 돌을 사용하였던 것은 아니었을까?

몰락해 가는 왕조의 개혁

　후한의 12번째 황제인 영제는 전대 황제인 환제(재위 146~168)와 더불어 대표적인 혼군昏君(사리에 어둡고 어리석은 군주) 또는 암군暗君으로 지칭된다. 즉위한 그해 당시 유생들이 삼군三君의 한 사람으로 추앙하던 두무竇武(?~168)가 환관들에게 살해되었고, 이어 2차 당고黨錮 사건(수도의 태학생들과 유가 관료들을 붕당朋黨을 이뤄 황제를 능멸한다는 죄목으로 정치적 활동을 금지하는 금고형禁錮刑에 처한 사건)이 발발하였다. 대대적인 지식인 탄압 후에는 그 탄압에 앞장섰던 환관들이 권력을 장악하여 조정을 농단했다. 지식인이 축출된 한 조정은 십상시十常侍로 불리는 황제 측근 환관들에 의해 어지러워질 대로 어지러워졌고, 관작官爵은 청탁에 의해 내려지거나 금전에 의해 매매되며 선거는 부실해져 갔다. 몇 가지 사례만 들더라도 후한이 영제 시기에 몰락했다는 평가가 과장된 것만은 아니라는 것을 알 수 있다. 몰락을 향해 가던 후한 왕조를 회복할 수 없는 그로기 상태에 빠지게 한 것은 184년에 일어난 황건적黃巾賊의 난이었다. 민간 재래 신앙 집단인 태평도太平道의 무력 부대라고 할 수 있는 황건적은 순식간에 지역을 장악하며 '창천蒼天(한 왕조를 상징)의 시대'가 갔음을 증명하는 듯하였다.

그러나 영제 시기를 한 왕조의 말기적 현상이 표출되던 시기, 또는 황제의 무능으로 사회적 혼란과 백성의 도탄이 극에 달했던 시기로만 이해하는 것은 적절하지 않다. 비록 추진했던 일련의 개혁이 모두 실패하고, 그에 따라 그 시도가 오히려 왕조의 멸망을 촉진하기도 했지만 영제는 위기를 돌파하기 위해 몇 가지 의미 있는 개혁들을 구상하고 추진했기 때문이다. 영제를 한 왕조 멸망의 주범으로 낙인찍을 수만은 없다. 희평 6년(177)부터 추진된 영제의 개혁에 대해 살펴보자.

희평 6년 영제는 시중시侍中寺를 설치하면서 근시관을 확충하고 기능을 확대한다. 전한 이래로 황제의 중요한 근시관이라면 상서尙書를 들 수 있다. 처음 상서는 문서 수발을 주로 담당하다가 후한 들어 차츰 의정議政과 감찰을 주 업무로 삼게 되었다. 비록 그 지위와 녹봉은 낮다 해도 삼공三公에 버금가는 역할을 하게 된 것이다. 그러나 후기가 되면서 상서는 외척과 환관에 의해 장악되거나 통제되었고, 영제 시기가 되면 통치 역량을 상실하다시피 한다. 이 문제를 해결하기 위한 것이 바로 시중시의 설치다. 시중시의 장관인 시중은 황제에 대한 고문응대를 담당함과 동시에 상서의 일을 총괄하게 되었다. 요컨대 상서가 담당하던 주사奏事와 감찰을 담당하게 된 것이다. 이러한 조치가 황제권 강화의 일환이라는 것은 쉽게 짐작할 수 있다.

이어지는 개혁은 새로운 인재 선발 방식의 도입이다. 희평 6년과 광화光和 원년(178) '시고소민市賈小民(상인과 일반민)' 중에서 관리를 선발한다든지, 광화 3년(180) 유가적 소양이 아닌 문장이나 서도書道에 뛰어난 능력을 가진 이들을 뽑아 국학에서 가르친다든지, 고문학古文學 능통자를 선발한다든지 하는 조치들은 기존 인재 선발 방식과 상당한 차이를 갖는다. 그리고 중평中平 5년(188)에는 '서원팔교위西園八校尉(상군교위上軍校尉 건석蹇碩, 중군교위中軍校尉 원소袁紹, 하군교위下軍校尉 포홍鮑鴻, 전군교위典軍校尉 조조曹操, 조군좌교위助軍左校尉 조륭趙融, 조군우교위助軍右校尉 풍방馮芳, 좌교위左校尉 하모夏牟, 우교위右校尉 순우경淳于瓊)'를 설치하여 강력한 중앙군을 창설하게 된다. 이 두 가지 개혁 역시 황제권 강화라는 분명한 목적을 가지고 있었음을 알 수 있다. 비록 실패하기는 하였지만 영제는 몰락해 가는 왕조의 마지막 길목에서 구원투수가 되어 황제권 강화를 시도하였다. 그러나 너무 늦었을까, 이미 말기적 현상이 노골화된 시대의 한계를 극복하지는 못하였다.

국정 교과서 〈희평석경〉

청의 유명한 학자 피석서皮錫瑞(1850~1908)는 후한을 경학經學 극성기로 평가하였지만 〈희평석경〉이 세워졌던 시기 후한의 경학은 쇠퇴 일로에 있었다. 학문의 장인 태학은 교류의 장으로 전락하였고, 경학은 대의를 추구하기보다는 경구經句에 매달리며 형식화되었다. 다섯 자의 문장을 해석하기 위해 2만~3만 자가 사용되는 것은 예사였으며, 심지어 두 글자의 해석을 위해 십여 만 자를 사용하기도 하였다. 한편 경서經書에 정본定本이 없었기에 학자들은 서로 다른 저본底本을 가지고 각자의 방식으로 경서를 이해하였고, 이로 인해 문자 이동異同의 문제도 심각한 상황에 처해 있었다. 경서는 각기 다른 사법師法을 통해 해석되었기에 글자와 문장을 확정하고 이해하는 데 차이가 발생하였다.

사실 경서의 문자가 서로 달라 발생하는 혼란은 화제(재위 88~105) 시기부터 이미 문제시되고 있었다. 화제 영원永元 14년(102) 서방徐防은 진 이후 경전이 폐지되고 끊어져 본문의 대략은 남았으나 장구章句가 없는 관계로 책시策試 때 서로 쟁론을 거듭하고 의논이 분분하여 상호 비판과 질책이 난무한 사태를 보고하였다. 그 결과 안제 영초永初 4년 (110)에는 동관東觀(후한 낙양 남궁 안에 있던 전각. 이곳에 장서를 보관하였으며, 후에는 이곳에서 국사國史를 편찬하기도 하였다)에 보유 중이었던 오경五經 · 제자서諸子書 · 전기傳記 · 백가예술서百家藝術書에 대해 탈루와 오류를 바로 잡으라는 '정문자正文字'의 조서가 내려졌다. 그러나 문제가 완전히 해결된 것은 아니었다. 이후 영제 시기 채옹蔡邕(133~192. 후한의 관리, 문인)이 의랑議郎이 되어 동관에서 서적의 교감校勘 작업을 할 때, 그는 여전히 많은 문자에 오류가 있음을 발견하게 된다.

이것은 선거와 연관하여 태학생들 사이 더 큰 분쟁의 원인이 되었다. 당시 박사제자博士弟子(태학에 입학하면 선생인 박사 밑에서 제자가 되어 경전을 학습하게 된다)의 경우 일정한 기간 동안 하나의 경전을 학습한 후에 시험을 통해 성적순에 따라 입사入仕하였는데, 경서에 대한 정확한 해석과 경문經文의 명확한 인용이 시험의 기본이었다. 따라서 서로 다른 저본을 가지고 학습한 이들 사이에 상호비방이 난무한 것은 물론이고 심지어는 뇌물을 써 궁내 황실 문고에 있던 채점의 기준이 되던 경서의 글자를 자신들이 소유한 경서의 글자와 부합하게 변경하는 일까지 발생하였다. 태학생들이 경서의 문자를 가지고 분쟁

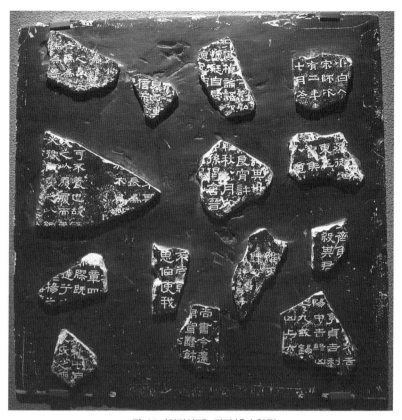

그림 35 〈희평석경〉 잔편(홍승현ⓒ)

을 일으키는 것을 방지하기 위해 기준을 제시하는 것이 시급한 일이
되었다.

따라서 정부는 텍스트에 대한 기준을 수립할 필요가 있었다. 일차적
으로는 시험 과정에서 횡행하던 꼼수와 선거 과정 속에서 불거진 불만을
해결해야 했으며, 궁극적으로는 문화와 교육에 대해 국가가 기준을
확정하여 사상을 통일하고 주관하는 것이 필요했다. 특히 후자의 문제
는 문화적 기준을 확정할 수 있는 권한이 오직 황제에게만 있음을
천명하는 일이기도 하여, 황제권 강화를 위해 일련의 개혁을 추진하던

영제에게는 매우 중요한 사안이었을 것이다. 후한 말 사회가 황제 권력에 대치할수록 명성을 얻을 수 있는 사회였다는 점에서 황제가 학문적 기준을 확정하는 것은 지식인들의 명성을 압도할 수 있는 방법이 될 수 있었기 때문이다. 이는 궁극적으로 정부의 권위 제고에 필수적인 문제이기도 하였을 것이다. 중앙 정부가 확정한 흠정欽定 석경石經인 〈희평석경〉의 출현은 이와 무관치 않을 것이다. 국정 교과서가 출간된 것이다.

진황·한무와 동류

강력하고 뛰어난 황제 뒤에 등장한 무기력하고 무능력한 황제와 황태자는 왕조의 존립을 위태롭게 하는 위험 요소가 된다. 특히 황제권과 대치하는 세력이 있거나 황제권 밖의 독자적이고 자율적인 권력이 존재한다면 그 위험은 배가 될 것이다. 역사적으로 본다면 바로 조위의 제왕 방과 서진의 혜제가 그들이다. 그들에게는 개인적으로 무기력하고 무능했다는 공통점도 있지만, 두 사람 모두 해당 왕조의 전성기를 이끌었던 뛰어난 선왕先王을 두었다는 공통점도 있다. 또한 황제권을 위협할 정도의 강력한 권력이 존재했었다는 점도 같았다. 우선 여기서는 조위의 위기를 살펴보자.

신하들에 의해 진시황·한무제의 동류라고 평가받은 조위의 두 번째 황제 명제明帝(재위 226~239)는 강력한 황제권을 구현하고자 했던 것으로 잘 알려져 있다. 그런데 명제에 대한 전통 시기 역사가들의 평가는 그리 후한 편은 아니다. 침착하고 의지가 강하며 결단력과 식견이 있는, 군주로서는 매우 뛰어난 기개가 있다는 칭찬도 있지만, 대부분의 역사가들은 그의 사치스러운 궁실 수축에 대해서 비판하였다. 특히 『송서宋書』를 집필한 남제의 역사가 심약沈約(441~513)은 명제의 궁실 수축을 천변天變, 즉 재이의 원인으로까지 지목하였다. 명제에 대한 비판은 후대로 갈수록 더욱 심해져 남송 시기 원추元樞(1131~1205, 남송의 역사가)는 『통감기사본말通鑑紀事本末』 권10에 명제와 관련하여 '명제의 사치[明帝奢靡]'라는 표제를 두고 그의 궁성 수축, 동인銅人 주조 등의 실정을 나열하고 있다. 이와 같은 전통 시기 역사가들의 공통된 인식 때문인지는 몰라도 명제에 대한 현대 역사가들의 평가도 좋은 편은 아니다. 대부분의 연구자들은 명제의 치세, 그 중에서도 제갈량이 사망한 이후의 시기를 조위 정치의 쇠퇴기로 이해한다.

그러나 명제 시기는 삼국이 정립鼎立되어 있던 시기임에도 불구하고 군사적으로 성공적이었다고 평가할 수 있다. 제갈량의 북벌北伐과 그와 연합한 손권孫權(재위 229~252)의 공격을 심각한 손실 없이 효과적으로 막아냈을 뿐 아니라, 당시 요동遼東에 할거割據하고 있던 공손씨公孫氏 집단을 정벌하여 요동으로 판도를 확대하였다. 그 결과 요동이 중원과 연결되면서 한동안 방기되었던 낙랑군樂浪郡에 대한 지배도 회복할 수 있었다.

내정을 살펴보면 태화 연간에 오수전五銖錢을 재발행하여 화폐 개혁을 단행하였고 종묘를 업에서 수도 낙양으로 이전하였으며, 주군령州軍令·상서관령尚書官令·군중령軍中令 등의 율령을 제정하였다. 또한 경초景初 원년(237)에는 기존의 역법을 개정하여 경초력景初曆을 반포하였다. 명제 악정惡政의 대명사로 불리는 궁실 수축은 청룡 3년(235)에 시작하였는데, 황제와 그 권력의 상징적 공간인 수도의 재건이라는 측면을 가지고 있는 것만은 분명하다. 나열하고 보니 명제에 대한 부정적 평가에도 불구하고 획기적인 개혁이 행해졌던 특이한 시대라는 평가가 무색하지 않다.

명제가 제도 개혁에 심혈을 기울인 것은 그의 강박일 수도 있지만 어떤 면에서 조위를 이상 국가인 주 왕조에 비의하고자 했던 결과다. 담당 관원의 상주에 따르면 명제는 조부인 조조가 주 문왕文王처럼 '발란반정撥亂反正(후한 말의 혼란을 평정)'하고 부친인 조비가 주 무왕武王과 같이 '응천수명應天受命(천명에 부응하여 위 왕조를 세우고 황제에 즉위)'한 것에 이어, 자신은 주공周公(노魯 나라의 시조. 주 무왕의 동생으로 무왕 사후 섭정攝政이 되어 어린 조카 성왕成王을 대신하여 주의 기틀을 놓았다)과 같이 '제작흥치制作興治(제도의 완비를 통한 통치의 완성)'하고자 하였다. 그는 치세를 진흥하기 위해 제도를 창설하는 것을 자신의 본무本務로 여겼던 것이다. 태화 연간(227~233)과 경초 초(237)에 행해진 제도적 정비는 그 구체적인 실현이라 할 수 있다. 그 사이 청룡 3년(235)에 명제는 낙양의 궁실을 본격적으로 수축하기 시작한다. 극렬하게 반대하는 신하들에게 소하蕭何(?~기원전 193. 전한의 개국공신)의 장안성長安城 축조 일화(유방劉邦이 부족한 재정을 이유로 장안성을 축조하는 소하를 질책하자 웅장한 성이 없다면 천추만세 후 황제의 업적을 무엇으로 증명할 수 있겠냐며 끝내 장안성을 축조한 일)를 예로 들며 궁실 수축을 강행한 것은 궁실 수축이 단순히 한 개인의 사치의 결과가 아닌 황제 권력의 권위를 높이기 위한 방편이었음을 말해준다.

그렇다면 〈정시석경〉이 제작될 만한 가능성이 높은 시기는 청룡 3년 이후일 것이다. 제국의 심장이자 황제 권력을 상징하는 수도의 재건이 이루어지면서 태학이 정비되었을 것이며, 그 태학 진흥의 일환으로 석경이 제작되었을 것이다. 그렇다면 왜 청룡 3년인가? 모두 다섯 차례에 걸친 북벌을 감행하였던 제갈량은 흔히 '오장원五丈原 전투'로 불리는 5차 북벌 도중에 사망한다. 그것이 청룡 2년(234)이다. 외부로부터의 위협이 사라지며 명제에게 황제 권력을 신장할 수 있는 여유가 생겼을 것이다. 그러나 안타깝게도 명제는 석경이 완성되는 것을 보지 못하고 사망하였다. 황제가 된 지 14년 만이었다. 그는 불과 34세였다.

태학의 부흥

황제 권력의 신장 혹은 권위화와 석경의 건립은 어떤 관계가 있을까? 〈삼체석경〉 또는 〈삼자석경三字石經〉으로 불리는 〈정시석경〉은 '삼체', '삼자'라는 말에서도 알 수 있는 것처럼 세 가지 서체, 즉 당시 유행하던 고문古文(선진先秦 시기 사용)·전서篆書(진 통일 이후 사용)·예서隸書 (한대 유행)의 서체로 간각되었다. 광화 6년(183)에 완성된 관학의 표준 교재를 각석한 〈희평석경〉 이후 60여년 만에 다시 국가에 의해 석경이 건립된 것이다. 〈희평석경〉에 문자의 불일치를 바로잡는다는 학술상의 목적이 있었음은 앞서 살펴보았다. 선거와 관련하여 시험의 근간이 되는 경서의 글자 통일이 사회적으로 요청되었던 것은 석경 제작 이후 석경의 내용을 베끼려고 했던 사람들의 반응을 통해 충분히 확인할 수 있다.

이와는 달리 〈정시석경〉은 관학의 교재를 각석한 것이 아니라 세 가지 서체로 『춘추春秋』와 『상서尚書』를 간각한 것뿐이었다. 왜 『춘추』와 『상서』인가에 대해서는 기록이 없어 단언할 수는 없지만 두 문헌이 모두 (한대 이전 글자로 기록된) 고문계古文係 문헌이라는 점에서 고문학 의 약진이 반영된 것이라는 추측을 해 볼 수 있겠다. 그러나 고문학의 현창顯彰이라고 하기에는 『춘추』는 전傳(원본 『춘추』에 대한 해석)은 몰라도 경經(『춘추』의 원문)은 고문인가 (한대 글자로 기록된) 금문인가를 구분하는 것이 의미가 없다는 점이 걸린다. 그래서 글자 수의 차이가 거의 없었던 것이 두 문헌이 선택된 이유라고 하며 특별한 의미 부여를 하지 않는 견해도 있다. 그러나 황제권 강화를 위해 수도를 정비하고 천공의 자미궁紫微宮(별자리 이름으로 제왕을 상징하며 천자의 자리에 해당)을 모방하여 궁성을 건설했던 명제가 정말 문교 정책의 상징이라고 할 수 있는 태학 앞에 그저 글자 수가 비슷하다는 이유만으로『춘추』와『상서』를 돌에 새겼을까?

『삼국지』「왕랑전王朗傳」의 배송지의 주석처럼 후한의 태학이 교류의 장으로 그 성격이 변질되며 교육 기관으로서의 성격을 상실하였다면, 조위 시기 태학은 부역의 도피처였다. 태학에는 겨울에 징발을 피해 들어왔다 봄에 집으로 돌아가는 제자들이 대부분이었다. 낙양을 명실상부한 제도帝都로 탈바꿈하려고 하였던 명제가 노역 회피의 장으로 전락한 태학을 그대로 두고 보지는 않았을 것이다. 태화 4년(230) 박사를 대상으로 하는 고시考試를 실시하라는 조서가 내려진 것은 태학 부흥의 신호탄이었다고 할 수 있을 것이다. 그리고 청룡 3년(235) 본격적으로 낙양 궁성을 수축하기 시작한 것과 함께 태학에도 기념비가 마련될 필요가 제기되었을 것이다. 궁성의 본전을 태극전太極殿, 정문을 창개문閶闔門이라 하여 천공의 이치를 황제의 통치 공간인 궁성 안에 배치하고자 했던 명제는 태학에도 학문의 장으로서의 성격을 드러낼 수 있는 상징을 세우고자 하였을 것이다.

청룡 연간 태학의 쇠퇴를 극복하고 새로운 제국의 미래를 위해 적극적인 문교 정책이 채택되었을 것이라는 추정에는 충분한 설득력이 있어 보인다. 한편 천하는 천자의 것이라는 의식이 강했던 명제가 학술과 사회의 기준과 규범을 스스로 만들어 선포함으로써 왕조와 황제의 권위를 높이고자 했을 가능성도 배제할 수 없다. 후한 말 〈희평석경〉이라는 상징물을 통해 황제 권력의 권위를 제고하려고 했던 전례가 있었기에 가능했을지도 모를 일이다.

어린 황제의 강경과 〈정시석경〉

기록이 없어 석경에 『춘추』와 『상서』가 간각된 경위에 대한 명확한 설명은 힘든 상태다. 따라서 이 문제를 당시 학술계의 경향과 조위 왕조의 통치 이념 등의 사회적 상황과 연관하여 이해해 보고자 한다. 조위 건국 무렵 학술계에 가장 큰 영향을 미치고 있던 이들은 '형주학파荊州學派'의 인물들이었다. 이들은 전란으로 북중국이 혼란스러울 때 상대적으로 안정적인 형주(지금의 호북성)로 내려와 당시 형주목荊州牧 유표劉表(142~208. 후한 말의 관료)의 후원을 받으며 학문 활동을 하던 이들이다. 유표 사후 이들 중 일부는 유비劉備(촉한의 초대 황제. 재위 221~223)를 따라 파촉巴蜀(지금의 사천성四川省)으로 들어가기도 하였고, 일부는 조위로 들어와 학술계를 장악하였다. 아마도 명제의 문교 정책이나 석경 간각은 이들에 의해 주도되거나, 이들의 참여 하에 진행되었을 것이다. 석경에 간각될 경서 선정에도 이들의 학문적 경향이 영향을 미쳤을 것이다.

형주학파의 학문적 경향은 흔히 '반정현주의反鄭玄主義'라고 할 수 있다. 후한의 정현은 금고문을 종합한 종유宗儒(대학자)로 '삼례三禮(『의례儀禮』・『예기禮記』・『주례周禮』)를 학문의 중심으로 삼아 종교적 색채가 강한 학문적 성향을 띠었다. 종교적 색채가 강했던 '정현주의'와는 달리 형주학파는 학문에서 신비주의적이며 종교적인 색채를 걷어내고자 하였다. 이들은 하늘의 이치를 『역易』으로, 인간사의 이치를 『춘추』

를 통해 총괄하려고 하였다. 또한 고대 제왕의 언행에서 치국治國의 도리를 찾으려 했던 이들은 『상서』를 중시하였다. 특히 이들은 『춘추』와 『상서』를 표리일체로 인식하였다. 석경에 두 문헌이 간각될 수밖에 없었을 것이다. 또한 조위 왕조가 건국 시에 『상서』에서 그 정당성의 근거를 찾았던 것도 『상서』 선택에 한 이유가 되었을 것이다. 따라서 〈정시석경〉에 『춘추』와 『상서』가 간각된 것은 신학적神學的 성격의 유학을 극복하려는 형주학파의 학문적 시대 선언이며, 신학에 의해 왕조의 신성성을 보장받았던 한 왕조와 결별하려는 조위 왕조의 정치적 시대 선언이라 할 수 있다.

그러나 궁성 수축과 석경의 제작을 통해 황제 권력의 제고를 꿈꿨던 명제는 경초景初 2년(238) 12월 갑작스럽게 병석에 눕게 되고 다음해 정월 원단에 향년 34세의 나이로 붕어하게 된다. 슬하에 자식이 없던 명제는 양자로 들인 제왕 방과 진왕秦王 순詢을 사마의司馬懿(179~251. 조위의 대신. 서진 건국 후 선제宣帝로 추존)에게 보인 후 제왕 방을 황제로 지명하였다. 강력한 황제권이 갑작스럽게 사라지고 친정이 불가능한 8세의 어린 황제가 등장하며 조위는 왕조의 위기를 맞게 된다. 애초의 석경은 전성기의 황제 권력을 기념하도록 계획되었으나 이제 석경은 위기를 돌파하는 역할을 담당해야 했다. 석경이 담당해야 하는 왕조와 황제 권력의 기념비로서의 역할은 어떤 의미에서 더욱 강조되게 될 처지였다.

석경이 완성되는 시기를 맞춰 어린 황제의 강경이 계획되었다. 석경이 완성된 시기로 추정되는 정시 2년(241)과 5년(244), 7년(246) 모두 세 차례에 걸쳐 황제의 강경이 진행되었다. 그 중 두 번째 강경은 『상서』였다. 이 일련의 강경이 어린 황제에게 권위를 부여했음은 자명하다. 석경 또한 동일한 역할을 담당하였을 것이다. 비록 어리긴 하지만 황제는 유교 세계의 지배자로서 손색이 없는 학문에 통달한 이로 인식되었을 것이다. 처음 시작이야 어쨌든 간에 〈정시석경〉 역시 〈희평석경〉과 같이 왕조의 위기를 돌파하는 장치로 작용했던 것이다.

어리석은 황태자

서진의 두 번째 황제 혜제 사마충은 조정의 격렬한 논쟁과 대립을 뒤로 하고 제위에 올랐다. 무제 사마염의 장남인 사마궤司馬軌가 두 살 때 사망하며 사실상의 장남이 된 그는 아홉 살 때 황태자로 책봉되었다. 그러나 황태자 사마충의 앞길은 험난했다. 그는 '지혜롭다惠'는 시호와는 달리 지능이 낮고 능력이 현저히 부족했던 것으로 알려져 있다. 심지어 후대 역사가 중에는 그를 '백치'로 묘사한 이도 있었다.

흉년으로 천하가 황폐해지고 백성 중에는 굶어죽는 자가 속출하였다. 혜제가 의아한 듯 물었다. "쌀이 없다고 하던데, 어째서 고기죽을 먹지 않는가?"(『진서晉書』「혜제기惠帝紀」) "빵이 없으면 브리오슈를 먹으라고 하세요."라는 말을 마리 앙투와네트가 했다는 것이 악의적 소문에 불과했다면 혜제의 이 말은 정사 『진서』에 수록되어 있다. 이 뿐 아니었다. 하루는 황궁 내의 화원인 화림원華林園을 거닐고 있을 때 개구리 울음 소리가 들려왔다. 혜제가 짐짓 심각하게 주위 시종들에게 물었다. "저 개구리는 관가官家를 위해 우는 것인가 사가私家를 위해 우는 것인가?" 난감해 하며 시종이 대답하였다. "관가에서 우는 것은 관가를 위해 울고, 사가에서 우는 것은 사가를 위해 웁니다."(『진서』「혜제기」) 실로 우문현답이 아닐 수 없다.

사실 이 사건이 언제 일어난 일인지 『진서』를 통해서는 알 수 없다.

시기에 대한 명확한 기술이 없기 때문이다. 대신『자치통감資治通鑑』에는 원강元康 9년(299)이라고 하였다. 원강 9년이라면 혜제가 제위에 오른 지 10년이 된 해로, 이미 그의 나이 마흔을 넘은 시기였다. 그러나 혜제가 이 정도로 지적 수준의 문제가 있었다고 보기는 어려울 것 같다. 그의 본기를 보면 뛰어난 제왕의 자질을 가지고 있지는 않지만 그를 백치로 볼만한 사례는 찾기 어렵다. 그러나 그의 능력이 제국을 운영하기에 부족한 것만은 분명했던 것 같다.

사마충의 지적 능력을 의심하던 신료들은 황태자가 친정을 할 수 없을 것이라 예견했다. 신료들은 집요할 정도로 황태자 폐위를 무제에게 요청하였다. 반복적인 요청에 무제도 흔들렸다. 아무래도 태자는 정사를 감당하지 못할 것 같았다. 의심에 찬 무제가 황태자의 생모인 양황후楊皇后(양염楊艶. 259~292)에게 걱정스럽게 태자가 대통을 이을 수 있을지 물었다. 양황후가 단호하게 말하였다. "적통자를 세울 때 능력[賢]이 아니라 나이[長]로 하는 것이옵니다. 어찌 바꾸시려 하십니까?"(『진서』「무원양황후전武元楊皇后傳」) 어느 어미가 자기 자식이 황제가 되는 것을 마다할 것인가? 더군다나『춘추』에 어미는 그 아들에 의해 귀해진다[母以子貴]고 하지 않았는가!

무제는 마지막 관문만 통과하면 황태자와 관련한 모든 우려와 반대는 문제 삼지 않겠다고 생각했다. 검토해야 하는 상서上書 중 하나를 동궁으로 보내 태자로 하여금 사안을 결정하게 하였다. 동궁이 발칵 뒤집혔지만 예상대로 태자는 대답을 할 수 없었다. 그때 태자빈이었던 가씨賈氏(가남풍賈南風. 257~300. 이후 가후賈后)가 동궁의 관속들을 불러 태자 대신 상서에 답하게 하였다. 온갖 경전의 고의古義가 동원되어 답이 마련되었다. 누가 봐도 태자의 작품이라고 볼 수 없었다. 이거야말로 태자 스스로 친정의 능력이 없음을 자복하는 꼴이었다. 이때 급사給事 장홍張

泓이 말하였다. "태자께서 학식이 뛰어나지 않은 것은 폐하께서도 알고 계십니다. 지금 일을 처리할 수 있다는 것만 보여주면 되니 여러 책을 인용하는 일은 필요하지 않습니다." 결단은 가후가 내렸다. "그렇게 하라." 장홍이 대답의 기초를 잡고 태자로 하여금 베껴 쓰게 하였다.(『진서』「혜제기」) 이 답안이 고금의 명문은 아니라 해도 황태자가 정치적 사안에 대해 적절한 대처를 할 수 있는 능력을 가지고 있음을 증명하는 것은 분명하였다. 무제는 크게 기뻐하였다. 장남을 내치는 일을 하고 싶어 하는 아비는 없을 터였다. 이후로 태자는 편안해졌다고 한다(太子遂安). 그의 편안함이 서진의 미래를 볼모로 한 것이었음은 말할 필요도 없을 것이다.

또 다른 계승자

서진을 건국한 무제 사마염은 사마소司馬昭(211~265. 조위의 대신. 서진 건국 후 문제文帝로 추존)의 장자로 부친을 계승하여 진왕晉王이 되었다가 조위로부터 선양을 받아 제위에 오른다. 사마소는 사마의(서진 선제)의 차남이었지만 형인 사마사(서진 경제)가 아들이 없는 관계로 사마사 사후 1인자에 오르게 되었다. 노년에 이른 사마소에게는 생각이 많았다. 전통에 따른다면 자신의 후계는 장자인 염이 잇는 것이 맞지만, 자신의 지위가 본래 사마사의 것이라면 사마사의 후계자에게 지위를 넘기는 것이 옳지 않을까. 바로 사마유司馬攸다.

사실 사마유는 사마소의 아들이었다. 사마사에게 아들이 없자 사마소는 자신의 둘째 아들인 사마유를 사마사의 양자로 들여보냈다. 염이 아들인 것처럼 유도 친자이기에 혈육의 정이 없을 수 없었다. 더군다나 원래 천하는 사마사의 천하였지 않았는가! 자신이 형을 대신해서 잠시 권력을 맡았다고 생각한 사마소는 사마유에게 권력을 돌려줘야 한다고 생각하였다. 특별히 사마유를 총애했던 사마소는 그를 볼 때마다 자신이 앉은 자리를 어루만지며 "이 자리는 도부桃符(사마유의 아이 때 이름) 네 자리다!"라고 말하곤 하였다.(『진서』「제왕유전齊王攸傳」) 사마소가 유를 세우고 싶어 한 것에 부응이라도 하듯 사마유는 총명하였으며 학문에도 뛰어났다. 뿐만 아니라 현자를 우대할 줄 알았으며 시혜를 베풀기를 좋아하였다. 관대하고 지혜로우며 어질고 후덕한 성품을 가진 무제(사마염)라 해도 사마유가 신경 쓰이지 않는다면 거짓말이었다.

사마소가 이 문제를 대신들과 의논하였다. 돌아올 답은 예상이 가능했다. "장자長子(형)를 폐하고 소자少子(동생)를 세우는 것은 예의에 맞지 않습니다."(『진서』「산도전山濤傳」) 후계자 선정 기준은 능력이 아닌 나이라는 원칙적인 말들이 나왔다. 더구나 사마염은 뛰어난 군주의 자질을 갖춘 인물이었다. 대신들은 사마염의 관상이 남의 신하가 될 상이 아니라고 하였다. 그들은 이구동성으로 사마염을 후계자로 삼아야 한다고 주장하였다. 많은 신하들이 한목소리로 사마염을 후계자로 삼아야 한다는 주장에 사마소도 고집을 꺾고 염을 진왕의 태자로 세웠다.

무제가 뛰어난 군주의 자질을 가지고 있다는 대신들의 말은 허언이 아니었다. 무제 사마염은 비록 말기에 그 총명함을 잃고 나태해져 향락에 빠지기는 하였지만, 검약을 제창하고 경제를 발전시키며 서진의 전성기를 이끌었다. 특히 손오를 멸망시키고 중국을 통일한 공은 중국 역사의 중요한 한 장을 장식하기에 충분하다. 그런 무제에게도 사마유는 항상 목에 뭐가 걸린 듯한 느낌을 줬다. 더구나 자신의 장자인 태자 충은 제왕의 자질은커녕 평범하지도 못하다는 평가를 받고 있었다. 특히 무제가 긴 투병을 끝내고 일어났을 때 조정의 신하들이 유를 다음 황제로 생각했다는 사실은 충격이 아닐 수 없었다. 이 위기를 어떻게 극복한단 말인가!

황태자를 구하는 〈벽옹비〉

일명 〈벽옹비〉로 알려져 있는 〈대진룡흥황제삼림벽옹황태자우재리지성덕융희지송大晉龍興皇帝三臨辟雍皇大子又再莅之盛德隆熙之頌〉은 서진의 건국과 초대 황제 무제, 황태자 사마충(혜제)이 벽옹(본래는 학교를 의미하였으나 여기서는 국자학의 중심 건물을 의미. 주로 학례가 행해졌다)에 행차한 것을 기념한 현창비顯彰碑다. 제액題額(제목. 비액碑額)을 통해서도 알 수 있는 것처럼 진 무제 사마염은 태시泰始 3년(267) 10월, 태시 6년(270) 정월, 태시 6년 10월 세 차례에 걸쳐 벽옹에 행차하여 향음주례鄕飮酒禮와 향사례鄕射禮, 대사례大射禮에 친림親臨하였다. 한편 당시 황태자였던 혜제는 함녕 3년(277) 11월과 함녕 4년 2월 두 번에 걸쳐 벽옹에서 거행된 향음주례와 대사례에 친림하였다.

제액은 이와 같은 역사적 사실을 설명하고 있다. 4행 23자로 구성된 제액은 '大晉龍興/皇帝三臨辟雍/皇太子又再莅之/盛德隆熙之頌'으로 구분할 수 있는데, 비문의 내용은 제액에 대응하여 작성되었다. 1행~8행은 '대진룡흥大晉龍興'에 해당하는 부분으로 사마의·사마소·사마염 3대에 의해 진왕조가 수립되는 사정에 대해 서술하고 있다. '황제삼림벽옹皇帝三臨辟雍'은 8행~15행으로 태시 연간 무제가 세 차례에 걸쳐 벽옹에 행차하여 학례에 친림한 것을 서술하였다. 15~25행은 '황태자우재리지

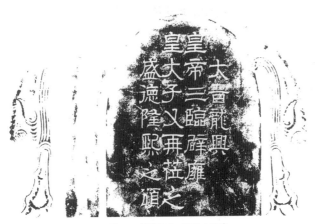

그림 36 〈벽옹비〉 제액 부분*

皇太子又再蒞之'에 해당하는 곳으로 황태자가 함녕 3년 11월 향음주례에, 함녕 4년 2월 대사례에 친림하였던 것을 서술하였다. 마지막 25행부터 30행은 '성덕융희지송盛德隆熙之頌'에 해당하는 부분으로 황제와 황태자의 문교주의적 행위를 찬양하고 있다.

그 특별함 때문인지는 몰라도 다른 석각에 비해 비교적 많은 연구가 진행되었다. 특히 〈벽옹비〉가 발견된 1931년 직후 위쟈시余嘉錫는 「진벽옹비고증晉辟雍碑考證」(『보인학지輔仁學誌』 3-1호(1932)에 수록)이라는 글을 통해 비양(비의 앞면)과 비음(비의 뒷면)의 외형·구성·내용 등을 자세히 고찰하였다. 특히 비문을 분석하여 비의 직접적인 설립 목적이 황태자의 벽옹 친림을 현창하는 것이라고 하여, 〈벽옹비〉가 문교 정책의 결과기보다는 당시 서진이 마주한 위기—황태자의 무능—를 극복하기 위해 제작된 기념물임을 분명히 하였다. 흥미로운 것은 〈벽옹비〉는 국가에 의해 건립되었음에도 불구하고 후한 시기 민간에서 문생고리가 제작한 현창비의 형식과 관습을 따랐다는 점이다.

＊ 北京圖書館金石組, 앞의 책(第二冊), 43쪽.

잠시 현창비에 대해 알아보자. 후한 후기 이후 묘비의 주된 건립자가 가족이 아닌 문생고리들이었다는 것은 2장(「문생고리, 새로운 제작자들」)에서 살펴보았다. 이들은 스승이나 구군舊君(혹은 고주故主. 즉 이전에 모시던 상관)의 죽음을 애도하기 위해 거관去官(기관棄官. 복상을 위해 관직에서 물러나는 것)하였으며 삼년상三年喪을 치르기도 하였다. 또한 장례식에 참석하여 함께 장례를 치르며 고인을 애도함은 물론 비용을 갹출하여 묘비를 세웠다. 지상에 노출되어 불특정 다수에게 반복적으로 읽히게 되는 비문에는 경서의 구절이 다수 인용된 송덕의 명사가 건비자들의 유가적 교양을 드러내며 기술되었다. 묘비는 아니지만 지방관이 이직하는 경우 하부 관속들 역시 돈을 출자하여 '거사비' 혹은 '덕정비'로 불리는 송덕비를 세웠다. 이들 묘비와 송덕비에는 경서의 문구와 더불어 고인 및 전임 상관의 행적이 역사적으로 유명한 이들의 고사故事에 견주어 기록되기도 하였다. 이와 같은 묘비와 송덕비들은 넓은 의미에서 모두 고인 혹은 이직한 지방관들의 공적을 현창하는 현창비라 할 수 있다.

이들 현창비의 가장 큰 특징은 고인 혹은 전임 상관에 대한 충성심과 자발성이다. 비음에 이름을 올린 건비자들은 자발적으로 기금을 출연하여 비를 제작하였으며, 장례식에 모여 고인을 애도하였다. 혹은 영전하여 지역을 떠나는 전임 상관의 업적을 기렸다. 이것은 고인 또는 전임 상관에 대한 은의감의 표현이었다. 물론 그것이 명성을 획득하는 방법이었다는 것도 분명한 사실이다. 현창비를 통해 고인과 전임 상관은 그 공적을 사회적으로 추앙받게 되었으며, 건비자들은 그들이 보인 충성심으로 인해 역시 사회적으로 명성을 얻었다. 건비자들은 관습적으로 명사 앞에 비의 건립자들이 자발적으로 이 비를 건립한다는 구절을 삽입하여 자신들의 충성심을 과시하였다.

예를 들어 후한 연희 7년(164)에 건립된 〈공주비〉에는 "이에 고리와 문인門人들이 이와 같이 명산에 올라 아름다운 돌을 캐어 명銘을 새겨 후세에게 보이니…[於是故吏門人乃共陟名山, 采嘉石, 勒銘示後…]."라는 구절이 있으며, 후한 건녕建寧 4년(171)에 만들어진 〈공표비孔彪碑〉에는 "이에 고리 최열崔烈·최회崔恢·왕패王沛 등이 삼가 옛 것을 믿고 좋아하여 감히 현顯□을 노래하고자 이와 같이 이 돌에 새겨…[於是故吏崔烈·崔恢· 王沛等, 伏信好古, 敢詠顯□, 乃刊斯石…]."와 같은 구절이 삽입되어 있다. 고인 혹은 떠나는 상관을 향한 문생고리들의 충성심이 드러나는 구절이다. 그런데 〈벽옹비〉에도 이러한 현창비의 관습이 보인다. 〈벽옹비〉가 후한 시기 현창비의 관습을 따랐다는 가장 확실한 증거는 '성덕융희지송'이 시작되기 전, 즉 서序의 마지막에 기록된 "이에 예생禮生·수방守坊·기학寄學·산생散生들은 이와 같이 함께 돌을 깎아 위대하고 훌륭한 공적을 찬술하니 마침내 송頌을 지어 노래한다[於是禮生·守坊·寄學·散生, 乃共刊金石, 贊述洪美, 遂作頌曰]."는 구절이다. 예의 집행을 담당했던 예생을 비롯한 국자학의 학생들이 자신들이 황태자의 문생고리임을 자처하며 벽옹비의 건립 주체임을 드러냈던 것이다.

즉, 〈벽옹비〉는 지적 능력이 떨어져 친정이 불가능하다고 평가받던 혜제가 학례에 친림한 것을 서술하며 그가 유교 세계의 수호자이며 실질적인 지배자임을 설명함과 동시에 앞으로 진의 정계를 이끌어갈 국자학 학생들의 유일한 스승이자 상관임을 선언한 결과물인 것이다. 모두가 불안하게 생각하고 있던 황태자를, 지난날 그랬던 것처럼 신하들의 자발적인 충성심에 의해 추앙하며 그의 권력을 권위화한 것이다. 〈벽옹비〉가 2m가 넘는 높이와 1m가 넘는 너비를 갖게 된 것 역시 압도적인 권위를 상징하는 방편이었을 것이다.

무제의 세 차례에 걸친 학례의 친림과 관련하여 함께 예에 참석한 이들이 비문에 기록된 것은 태시 6년 10월 친림만이다. 그것도 구체적인 인명은 서술되지 않았다. 그저 왕王, 공경公卿, 사士, 박사博士, 조교助教, 치례治禮, 장고掌故, 제자弟子, 문인門人이라고만 기록되어 있다. 그러나 이와는 달리 황태자의 경우 함녕 4년 2월 친림 시 참석했던 몇 몇 동석자의 이름이 보인다. 특히 그 중에는 당시 조정의 기대를 한 몸에 받고 있던 '조정朝廷의 망望'이라 할 수 있는 제왕 유가 포함되어 있다.

〈벽옹비〉 제작자는 제왕 유의 존재감을 축소하고 그가 황태자의 신하에 불과하다는 것을 보여줄 필요가 있었을 것이다. 그 방법으로 학례에 친림하는 황태자의 수행원으로 제왕 유를 기록하는 것은 누가 적통인가를 분명히 하는 한편, 제왕 유가 황태자의 신하라는 움직일 수 없는 사실을 공표하는 효과가 있었을 것이다. 또한 제왕 유에게 의지하였던 모든 신하들에게 왕조의 주인이 누구인가를 분명히 하는 효과도 있었을 것이다. 그러나 〈벽옹비〉로도 서진의 멸망을 막을 수는 없었다.

오관중랑장과 임치후의 갈등

왕조의 위기가 무능한 후계자에 의해서만 발생한 것은 아니다. 조위의 경우 조조가 두 아들 사이에서 누구를 후계자로 삼을지 결정을 내리지 못하고 시간을 끌면서 왕조의 위기를 초래할 뻔하였다. 건안 13년(208), 삼공을 폐지하고 단독 승상丞相의 자리에 오른 조조에게 후계 문제는 중요한 사안 중 하나였다. 깊이 총애하던 신동으로 불린 조충曹沖의 요절은 그에게 큰 충격을 안겨주었다. 대신 적실嫡室의 아들들이었던 조비·조창曹彰·조식曹植·조웅曹熊에게는 기회가 왔다(조충의 죽음에 상심하고 있던 조조를 조비가 위로하자 조조는 조충의 죽음이 자신에게는 불행이지만 너희 조씨 형제들에게는 행운이라고 했다). 특히 적실 변씨卞氏의 장남이었던 조비에게는 더할 나위없는 기회가 분명하였다. 그러나 생각처럼 쉽게 조비가 선택되지는 못하였다. 재능과 능력을 가장 중요한 인재 선발의 기준(유재주의唯才主義)으로 삼고 있던 조조는 장남이라는 이유만으로 조비를 선택하지는 않았다.

건안 16년(211) 다른 형제들이 후侯로 책봉될 때, 조비는 오관중랑장五官中郎將에 임명되고 부승상副丞相을 겸임하게 되었다. 태자로 결정된 것은 아니지만 후로 책봉된 형제들과 다른 처우는 조비가 후계자로 낙점된 것을 의미하는 것이 아닐까? 실제로 이 사건을 근거로 건안 16년 조비가 후계자로 결정되었다고 보는 이들도 있다. 조비가 후계자가 되었다는 증거로 거론되는 또 다른 사건은 건안 16년 7월 조조가 마초馬超(175~222. 삼국 시기 촉한蜀漢의 장수)를 토벌하러 나서면서 조비를 업에 두고 유수留守(수도에 남아 조정을 통솔하는 것)를 명한 것이다. 이 유수를 '태자감국太子監國(황제가 외정에 나간 동안 태자가 황제를 대신하여 나라를 다스리는 행위)'으로 이해하여 이즈음 조조가 조비를 후계자로 삼고자 했다는 결정적인 단서로 파악하는 것이다.

그러나 건안 16년, 조비의 업 유수를 '태자감국'으로 이해한다면 건안 19년(214) 7월 조조가 손권(재위 229~252)을 정벌하러 가면서 임치후臨淄侯 조식(192~232. 조위의 친왕親王, 문학가)을 업에 두고 유수를 명한 것 또한 '태자감국'으로 이해해야 할 것이다. 게다가 조조는 조식에게 유수를 명하면서 "내가 예전에 돈구령頓邱令이 되었을 때 나이가 스물 셋이었다. 이때 행했던 바를 생각하니 지금에 있어 후회는 없다. 지금 네 나이 또한 스물 셋이니 가히 힘쓰지 않겠는가!"(『삼국지』「진사왕식전陳思王植傳」)라고 조비 때와는 달리 각별한 주의를 주었다. 이는 건안

19년이 되도록 조조가 후계자를 결정하지 못했음을 의미한다.

아니 건안 19년의 분위기는 조비보다 조식에게 좀 더 유리하게 전개되었던 것으로 보인다. 오관중랑장이 된 조비는 유학자들을 널리 찾아 자신의 관속으로 쓰고자 하였다. 당시 한단순邯鄲淳(?~221. 조위의 문학가, 서예가)이란 자의 명성이 높아 조비가 그를 불러 문학관속文學官屬으로 삼으려 하였다. 그런데 조식 역시 한단순을 얻고자 하였다. 한단순을 두고 두 사람의 힘겨루기가 시작되었다. 『삼국지』에는 그 겨룸의 과정이 자세히 등장하지는 않는다. 그러나 한단순을 차지하기 위해 양자 모두 동원할 수 있는 모든 방법을 동원하였을 것이다. 결론은, 조조가 한단순을 조식에게 보냈다. 조조의 이러한 행동은 모든 신료들에게 조조가 임치후를 후계자로 마음에 두고 있다는 신호로 받아들여졌을 것이다. 오랫동안 후계자를 세우지 않은 것이 임치후 때문이라는 소문이 돌았고, 많은 신료들이 조식에게 줄을 대려고 하였다. 대놓고 조비를 무시하는 이들까지 생겼다. 이러한 사건들은 직·간접적으로 조조가 조식을 태자로 삼으려고 했던 정황을 말해주고 있다. 조비는 친동생을 상대로 힘겨운 싸움을 준비해야 할 터였다.

건안 문학의 흥성과 조비의 열세

조비만을 오관중랑장에 임명했다는 것은 확실히 조조의 마음이 처음에는 조비에게 기울었음을 의미할 것이다. 그런 조조가 마음이 바뀌어 조식을 후계자로 생각하게 된 계기는 무엇이었을까? 기존의 견해들은 조조가 건안 17년(212) 봄 동작대銅雀臺에서 여러 아들들에게 부賦를 짓게 하였는데, 그때 조식의 뛰어난 재능을 본 후 마음이 달라졌다고 보았다. 『삼국지』는 조조가 조식의 재능을 매우 아끼고 그로 인해 조식을 태자로 세우는 것에 대해 여러 신하 및 관부에 물었던 것을 기록하고 있다. 그러나 조조가 조식의 문학적 재능에 반했다는 이 문제는 좀 더 복잡한 사정을 지니고 있다. 이와 관련해서는 '건안문학建安文學'의 흥성이라는 당시 상황을 살펴볼 필요가 있다.

조조가 환관의 손자라는 것은 널리 알려진 사실이다. 당시 세간의 평가에 따른다면 환관은 고결한 지식인들인 청류淸流에 상대되는 탁류濁流다. 그러나 그의 조부 조등曹騰(100~159)은 환관임에도 불구하고 사대부들에게도 은혜를 베풀어 조정 내에서 두루 존경을 받고 있었다. 조부의 인맥에 힘입어 조조는 명사층名士層의 지지를 받아 명사 집단에 참여하게 되었고, 당시 왕좌王佐의 재목으로 평가받던 영천군潁川郡의 순욱荀彧(163~212. 후한 말의 명사)을 얻게 된다. 조조에게 입사한 순욱은 조조 정권에 영천 지역의 명사들을 적극적으로 가입시킨다. 당시 명사들이 가진 명성은 물론이고 정보력과 정세 분석력은 조조를 '천자를 끼고 천하에 호령挾天子以令天下'할 수 있게 하였으며 '사세삼공四世三公'의 평판을 가지고 있던 여남汝南 원씨袁氏 집안의 원소袁紹(?~202. 후한 말의 군웅)를 격파하고 북중국 최강의 세력으로 만들어 주었다. 그러나 원소를 버리고 조조를 선택한 순욱이지만 결국 조조와 대치하게 된다.

그 이유는 조조와 순욱의 선거 기준의 차이에서 찾을 수 있다. 원소의 우유부단함이 강력한 군주 권력 확립 실패의 원인이라고 냉정하게 분석했던 순욱은 관도전 승리의 원인을 조조의 맹정猛政(법술에 의한 엄격한 정치)에서 찾았다. 그러나 그가 밝힌 인재 발탁의 기준은 도덕과 예학으로, 전형적인 유교의 통치 기준이었다. 이러한 순욱의 기준은 형수와 사통하고 뇌물을 받았다 해도 재주만 있다면 기용하겠다는 조조의 가치 기준과 대립할 수밖에 없었다. 이것이 비단 순욱하고만의 갈등은 아니었다. 기주冀州 사대부 집단을 이끌던 최염崔琰(?~216. 후한 말의 명사), 최염과 더불어 선거를 담당했던 모개毛玠(?~217. 후한 말의 명사) 역시 명사들의 가치 기준인 유가적 소양에 근거하여 인재를 발탁하였다. 이 갈등 속에서 순욱(212년. 다음해 조조는 위공이 되었다), 최염(216년. 이해 조조는 위왕이 되었다), 모개(217년)가 차례로 제거되었다. 그러나 아무리 조조라 해도 자신에 반대하는 명사들을 모두 처형할 수는 없었다. 이때 조조가 생각한 것은 명사들의 가치 기준을 대체할 수 있는 새로운 가치 기준이었다. 그래서 등장한 것이 '문학'이다. 다양한 재주와 문화적 소양을 갖춘 조조가 명사층에 대응할 수 있는 가치로 문학을 선택한 것이다.

조조가 문학을 새로운 가치로 선택한 것이 개인의 취향 때문만은 아니었다. 그것은 시대적 요구와 연관되어 있었다. 당시는 실용적인 합리주의가 대두하고 있었고, 환상과 격정을 거부하는 유교의 절제주의에 반대하며 문학의 주체성이 주장되던 시기였다. 또한 개인의 능력을 존중하고 신뢰하는 당시 사회 분위기는 유희적 정신을 고양하여 문학적 분위기를 대두시켰다. 이외에도 창작시가 개인이 가진 천재성과 개성을 드러내는 데 탁월하다는 것도 선택의 이유가 되었을 것이다. 그렇기에 문학의 선양宣揚은 단순히 선거 기준의 정립으로만 설명할 수 없는 문제였다. 즉, 조조가 문학적으로 뛰어난 재능을 보이는 조식을 후계자로 삼고 싶었던 것은 새로운 왕조의 성격, 또는 통치 방향과 관련 있었다.

그러나 상황은 조조의 바람과는 다르게 전개되었다. 생각보다 많은 관료들이 강력하게 조비를 지지하였다. 이들의 주장을 꺾는 것이 문제였다. 관료 중에서도 당시 조조 정권에서 선거를 담당하고 있던 최염과 모개가 적극적으로 조비를 지지하였다(최염은 조식의 처삼촌이었다).

이들이 근거로 삼은 것은 동일하였다. 이번에도 "적장자를 세움에 나이[長]로써 세우지 재능[賢]으로 세우지 않는다."는 『공양전公羊傳』의 기사가 근거가 되었다. 그러나 그 이면에 다른 속셈이 있었던 것은 쉽게 짐작할 수 있다. 유교적 가치를 신봉하는 관료들에게 새로운 시대정신을 상징하는 황제라니, 어림도 없는 일이었다.

조비의 승리

조정의 여론에 힘입어 건안 22년(217) 조비가 태자로 책봉되었다. 5년여에 걸친 형제간 대결이 막을 내리게 된 것이다. 모든 것이 종결된 것처럼 보였다. 그러나 이것이 끝이 아니었다. 조조는 여전히 조식에 대한 기대를 접지 않았다. 그러나 애타는 조조의 마음을 아는지 모르는지, 말과 행동이 방자하고 술만 먹으면 절제하지 못했던 조식은 이른바 '사마문司馬門 사건(218년 조식이 수레를 타고 천자만이 다닐 수 있는 사마문을 열고 나간 사건)'을 일으키며 조조의 기대를 저버렸다. 하지만 조조는 포기하지 않았다. 건안 24년(219), 관우關羽(?~219. 촉한의 장수)를 토벌하기 위해 출정한 조인曹仁(168~223. 조위의 친왕)이 도리어 관우에게 포위되자, 조조는 조식을 남중랑장南中郞將으로 삼아 정로장군征虜將軍을 겸하게 하여 조인을 구출하라 명한다. 이미 2년 전에 조비를 태자로 책봉했음에도 불구하고 여전히 조식에 대한 미련과 기대가 남아 있었던 것이다. 그러나 이번에도 조식은 술에 취해 조조의 명을 받들지 못한다.

조식을 포기하지 못한 조조의 마지막 소망은 죽음을 앞에 두고 최후로 불타오른다. 건안 25년(220), 유비를 토벌하고 돌아오는 길에 낙양에서 병사하게 된 조조가 장안에 주둔하고 있던 조비의 동생이자 조식의 형인 조창(189~223. 조위의 정치가, 장수)을 불렀다. 무언가 상황을 바로잡고 싶었을까? 그러나 우리는 조조가 조창을 부른 이유를 영원히 알수 없다. 조창이 도착했을 당시 조조는 이미 사망한 후였기 때문이다. 조창은 부친이 자신을 굳이 부른 이유를 조식을 후계자로 삼기 위함이라고 판단했다. 조창은 조식에게 말하였다. "선왕이 나를 부른 것은 너를 세우고자 함이었다."(『삼국지』「임성위왕창전任城威王彰傳」) 혹 조창이 조조의 뜻을 곡해한 것이었을까?

그렇지는 않은 것 같다. 당시 업에 있던 조비 지지자들의 생각도 조창과 그리 다르지 않았던 것 같다. 조조가 낙양에서 사망한 후 업 조정의 대신들은 관례에 따라 황제의 조명詔命을 받아 조비가 위왕에 올라야 한다고 생각하고 헌제의 조명을 기다리고 있었다. 그 때 진교陳矯(?~237. 조위의 개국공신)가 즉각적인 즉위를 주장하였다. "왕께서 밖에서 붕어하셔서 천하가 두려워하고 있습니다. 태자는 마땅히 슬픔을 끊고 즉위하여 멀고 가까운 곳의 기대를 이어야 합니다. 또 총애한 아들[愛子]이 옆에 있어 피차간에 변고를 일으킨다면 사직이 위태로워질 것입니다."(『삼국지』「진교전」) 조비는 즉시 관원을 갖추고 예를 구비하여 하루만에 위왕에 즉위하였다. 총애했던 아들이 조식임은 두 말할 필요가 없을 것이다.

급박했던 조비의 위왕 즉위 순간이었다. 진교가 말한 것처럼 조조는 자신의 근거지인 업이 아닌 낙양에서 사망하였고, 그 낙양에는 총애하였고 그래서 끝까지 포기하지 못했던 사랑하는 아들 조식이 있었다. 조창까지 장안에서 낙양으로 달려와 조식에게 부왕의 뜻은 조비가 아니었음을 알리며 왕위 쟁탈전이 끝난 것이 아니라고 부추겼다. 이 상황에서 관례에 따라 헌제의 조령을 기다릴 수는 없었을 것이다. 조비는 진교의 간언에 따라 위왕의 자리에 오를 수밖에 없었다.

여영 집단과 초패 집단

조비가 위왕의 자리에 올랐다고 모든 것이 해결되지는 않았다. 조조의 긴 망설임으로 인해 후계자를 둘러싸고 조비 지지파와 조식 지지파가 만들어지고 대립하였다. 온 조정이 연루되었다고 해도 과언이 아니었다. 가후賈詡, 최염, 모개, 형옹邢顒을 위시하여 환계桓階, 위진衛臻, 진군陳羣, 진교 등이 조비를 지지하였다. 조식은 정의丁儀, 정이丁廙, 양수楊修를 우익羽翼으로 삼았다. 이외 양준楊俊, 공계孔桂, 순운荀惲, 한단순 등도 조식을 지지하였다.

대체로 조비를 지지하는 집단은 후한 말 '문제門第(가문의 위세)'와 '유학'을 배경으로 환관에 반대하는 청류 운동을 담당했던 여남汝南·영천潁川 세력(여영집단汝潁集團)으로, 조식을 지지하는 집단은 황건난을 평정하는 데 공을 세우며 정계에 등장한 조조 휘하의 조씨와 지연 관계를 가진 신관료 집단(초패집단譙沛集團)으로 구분된다. 전자는 조위 정계에서 주로 문관을 담당하고 있었으며, 후자는 주로 무관을 담당하고 있었다. 그러나 이러한 입장은 두 집단을 지나치게 단순하게 이해하는 것이다. 각 집단 구성원의 지역적 기반은 매우 다양하여 그 각각을 특정한 지역 집단으로 규정하기 힘들다. 실제로 조식 지지자들 중에도 영천 출신들이 포함되어 있다.

그래서 이들 두 집단의 갈등을 상이한 지역 권력 집단의 충돌이 아니라 선거에 대한 상이한 태도로부터 발생한 것이라고 이해하기도 한다. 예를 들어 조비를 지지하는 최염 등은 승상부丞相府 동조東曹-위나라 상서성尙書省-의 인사 담당 중추로 이해하고, 그들이 지방 향리의 질서를 존중한 '청의淸議'에 근거하여 공정한 인사를 행하였던 것에 반해 조식을 지지하던 정의들은 서조西曹를 장악한 채 조씨와의 사적인맥을 배경으로 관료를 선발하였다고 본 것이다. 이러한 이해는 이른바 청류파를 지나치게 고결한 존재로 파악한다는 문제를 가지고 있다. 명분이야 어찌되었던 양쪽 모두 자신들의 기준에 의해 패거리[黨與]를 모으며 정치적 세력 확대에 골몰하던 정치 집단이었던 것은 분명하다.

그래서 두 집단의 대립을 좀 더 현실적인 권력 다툼으로 이해하고자 한다. 두 집단은 동조와 서조라는 선거 담당 기관을 장악하고 각기 조비와 조식을 지원하였는데, 전자는 유교적 가치를 표방한 명사층으로 설명할 수 있고, 후자는 문학적 가치를 표방한 문학 집단으로 이해할 수 있을 것 같다. 당시 명사층의 문화적 가치에 대항하여 그것을 동요시키기 위해 조조가 의도적으로 문학을 선양하자, 명사층들은 문학이라는 새로운 가치에 대항해서 자신들의 유교적 가치를 보존하기 위해 조비를 지지한 것은 아니었을까? 조비를 지지하는 집단의 경우 지역적으로 여남·영천 출신으로 일괄할 수는 없다 해도 이 지역 출신의 명사들과 문화적 가치를 공유하는 이들로 구성되어 있었음이 사실이다.

한편 조식을 지지하는 집단의 경우 모두 초·패 출신이라 할 수는 없지만 명사들과는 거리가 있는 이들이었다. 이들은 확실히 조비를 지지하던 이들과 비교한다면 조씨와 지연 혹은 개인적 은혜 관계로 맺어졌다고 말할 수 있다. 혹은 문학적 재능에 의해 정계에 진출한 이들이었다. 편의적으로 말한다면 조식을 지지하던 이들은 당시 비명사층이라고 할 수 있는 이들이었다. 두 집단은 새로운 왕조 창건의 목전에서 자신들의 세력을 확대하고자 하였다. 그 과정에서 자신들의 가치 기준과 목적에 부합하는 새로운 지도자를 옹립하려고 했던 것이다.

〈대향비〉의 실체

〈대향비大饗碑〉는 연강 원년(220) 8월 조비가 고향인 초譙에서 대향례 大饗禮를 거행한 것을 기념하여 세운 비다. 앞서 살펴보았던 〈상존호비〉, 〈수선표비〉와 더불어 조위 건국의 역사를 기념하는 기념물이다. 시간 순서로는 가장 이른 사건을 기록하고 있지만 건립 연대는 위 문제 황초黃初 3년(222)으로 가장 늦다. 〈상존호비〉와 〈수선표비〉가 현존하는 것과는 달리 〈대향비〉는 송대 금석학자인 홍괄(1117~1184)의 『예석隸釋』에 비문 만이 남아있다. 송대 유명한 금석학자이며 수집가인 조명성趙明誠(1081~ 1129)에 따르면 〈대향비〉는 이미 당대唐代 그 내용을 알아볼 수 없을 정도로 마멸되었다. 그래서 선종宣宗(이침李忱. 재위 846~859) 대중大中 5년 (851)에 비가 있던 박주亳州(지금의 안휘성 박주시)의 자사였던 이기李曁 가 돌에 다시 간각하였다. 『예석』에 실린 비문은 바로 이기가 새로 새긴 글이었다. 이런 이유 때문인지 선양을 불과 석 달 앞둔 시기에, 그것도 고향에서 조비가 손수 행한 대향례의 거행을 기록한 중요한 석각임에도 잘 알려져 있지 않다.

사정이 이렇다보니 〈대향비〉의 찬자에 대해서도 이견이 존재한다. 첫째, 『태평환우기太平寰宇記』의 주장으로 제액은 종요鍾繇(151~230. 후한·조위의 정치가, 서예가)가 전서로 작성하고 비문은 조식이 담당하였으 며, 단서丹書(돌에 글씨를 새기기 전에 글씨를 쓰는 것)는 양곡梁鵠(후한· 조위의 서예가)이 했다는 설이다. 이 견해는 『명일통지明一統志』, 『박주지亳 州志』, 『영주부지潁州府志』, 『중수안휘통지重修安徽通志』 등 다수의 문헌이 지지하였다. 둘째, 『집고록목集古錄目』의 주장으로 『박주도경亳州圖經』을 인용하여 단서는 양곡이 하였지만 비문은 누가 담당했는지 알 수 없다고 하였다. 세 번째는 『천하비록天下碑錄』의 주장으로 『도경圖經』이란 책을 인용하여 양곡이 제액의 단서를, 조식이 찬문을, 종요가 비문의 단서를 담당하였다고 하였다. 조금씩의 차이는 있지만 하나 공통적인 것은 조식이 찬문을 담당하였다는 것이다. 그러나 조위의 〈위경후비魏敬侯碑〉 뒷면에 문인모준聞人牟準이 쓴 글에는 〈대향비〉의 찬문을 위기衛覬(155~229. 조위의 문학가, 서예가)가 지었다고 하여, 찬문마저도 누구의 작품인지 단정하기 어려운 실정이다.

〈대향비〉가 언제 소실되었는지는 정확하지 않다. 2017년 10월 3일자 중국『박주만보亳州晚報』에 특별한 기사가 하나 실렸다. 초성구譙城區 초동진譙東鎭 석대영촌石大營村에서 〈대향비〉의 일부가 발견되었다는 보도였다. 장자레이蔣加磊라는 기자에 의해 그 지역 촌민인 스창石强이 보존하고 있던 쪼개진 비석의 일부가 공개된 것이다. 기자에 따르면 고고 전문가의 감정에 의해 진품으로 확인되었다고 하는데, 이후 후속 보도는 찾을 수 없는 상태다. 현재로서는 이 잔비殘碑의 진위 여부는 알 수 없다. 조속히 후속 보도가 나오기를 기대한다.

〈대향비〉의 역할

이제 〈대향비〉가 건립될 당시로 가보자. 조정의 명사층으로부터 지지를 받아 조조의 후계자가 되고 우여곡절 끝에 위왕이 된 조비에게 군권이 대부분 초패 출신에게 집중되어 있던 것(조조의 직할군은 조순曹純, 조진曹眞, 조휴曹休, 전위典韋, 허저許褚, 사환史渙, 하후연夏侯淵, 한호韓浩, 유엽劉曄, 조홍曹洪, 왕도王圖, 견초牽招, 장료張遼 등에 의해 통솔되었는데, 이 중 조순, 조진, 조휴, 허저, 사환, 하후연, 조홍 등이 초패 출신이다)은 여간 신경 쓰이는 일이 아닐 수 없었을 것이다. 조조 죽음 이후 군권을 장악하고 있던 초패 출신이 동요하고 있는 상태에서 안정적인 황제권의 창출은 어려웠을 것이다. 조식을 지지하던 정적들을 제거하는 것도 필요한 일이었지만 부친처럼 자신과 대치하던 모든 이들을 숙청할 수는 없었다. 그보다는 중앙 관계에서 명사층에게 밀려 소외되었다고 생각하는 조씨와 혈연적·지연적 관계를 가진 이들을 위로하고 그들로부터도 지지를 받는 것이 더 유효한 방법이었을 것이다. 더군다나 조씨들은 막강한 군권을 장악하고 있지 않은가!

연강 원년(220) 8월 18일 신미일辛未日. 위왕魏王께서 흥기하여 임금 자리에 오르셔 홍업鴻業을 크게 넓히시고 황기皇基를 이루어 드러내시니 천하의 왕업王業이로다. 흉폭한 오이吳夷에 분노하시고, 참역僭逆한 촉로蜀虜를 멸하셨다. 이에 이 분노를 떨쳐 하늘의 뜻을 따라 징치懲治하시고자 용맹한 장수를 분투시키고 날래고 용감한 병졸들을 선발하셨다. 이에 육군六軍을 정돈하고 흉노匈奴의 선우單于·오환烏桓·선비鮮卑와 같은 활 잘 쏘는 무리, 창으로 무장한 전사 백만, 활로 무장한 사졸士卒 일천 부대를 통솔하셨다. 신묘한 철갑의 군대가 들판을 밝게 비추고 화려한 군대의 깃발은 해를 가렸다. 하늘이 흔들려 우레가 진동하는 듯 했으며 유성이 날아들어 번개가 치는 듯 했다. 평소에 무비武備를 갖추시어 병역兵役이 다시 징집되지 않으니 농부는 자신의 땅에서 편하게 살았고, 상인들은 좌판을 옮겨 다니지 않았다. 이로써 사士는 손뼉을 치고 환호하는 기쁨을 누렸고 백성들은 안락하게 사는 은혜를 입었다. 황은皇恩이 미치는 곳이라면 먼 곳이라 해도 이르지 않는 곳이 없었으며, 군대가 이르는 곳이라면 강한 자라 해도 복종하지 않는 자가 없었다. 그러므로 관후寬厚한 법령이 서쪽으로 퍼지니 촉蜀의 장수[의 마음이] 동쪽으로 쏠리고, 육패六斾가 남쪽으로 나가니 오의 무리가 신복臣服하여 귀순하였다. [촉과 오의] 두 오랑캐가 놀라고 두려워함에 [형세가 기우는 것이 마치] 생선이 썩고 담이 무너지는 것 같았다. 드디어 삼강三江의 물결에 배를 띄우고 공래산邛郲山 기슭에 전차를 나란히 배열하였다. 오의 오랑캐를 베어 도끼를 물들이고, 촉의 오랑캐를 죽여 북에 피를 발랐다. 먼 변방에 조정의 위엄을 드러내고 아홉 방위의 변경을 회복하였다. 백성의 재앙과 화난禍難을 제거하시고 성황聖皇의 오래된 울분을 없앤 것이다.① 옛 고향에 군대를 주둔시키고 기회를 엿봐 정령政令을 시행하였다. 임시 처소를 쌓고 관리가 서는 표저表著를 설치하였으며, 육군에게 대향례를 베풀고 초현譙縣의 부로父老와 남녀 모두에게도 예를 베풀었다. 향례를 행하는 날, 군대를 사열하고 길을 청소하니 상서로운 오색구름이 하늘을 뒤덮었다. [임금을 위해] 통행을 막고 길을 치우며 법가法駕를 가지런히 정렬하니, 천궁天宮의 방위防衛를 설치하고 금으로 장식된 난로鸞輅에 오르셨다. 승천하는 용이 그려진 태상기太常旗를 갖추고 천랑성天狼星이 그려진 큰 활을 펼치니 천승千乘의 병거兵車는 바람처럼 움직이고 만기萬騎의 기병騎兵은 용처럼 뛰어 달렸다. 신령스런 임금의 모습이 드러나자 태평성대의 노래가 진동하였으며, 높은 단에 오르시어 아홉 겹 화개華蓋로 해를 가리시고 술 장식의 휘장이 드리운 제왕의 자리에 앉으셨다. 제사를 마친 후 성대한 연회를 베풀고 더없이 흥겨운 주연을 행하니, 맛좋은 술은 물처럼 흐르고 기름진 안주들은 언덕처럼 쌓였다. 악사樂師가 악기를 설치하고 연주하여 흥을 돋우었다. 육변六變이 모두 끝나자 진기한 잡기가 펼쳐졌다. 파巴·유俞의 잡기, 환검丸儉, 기무奇舞, 여도麗倒가 공연되었다. 좌우를 찌르고 칼끝을 뛰어 넘었으며 밧줄 위 높은 곳에서 걸었다. 커다란 솥을 들어 올리고 기둥을 기어올랐으며 바퀴를 던졌다 받았으며 거울을 던졌다. 개를 풀어 토끼를 쫓고 말을 타고 재주를 부리며 서서 말을 타는 묘기를 부렸다. 백호白虎와

청록靑鹿은 사특함과 요사스러움을 물리치며 스라소니와 신령한 거북은 나라를 안정시킬 괴수다. 신기하게 움직여 굽었다가 펼쳐지고, 기이하고 교묘하며 신묘하게 변화하였다. 경卿·교校·장將·수守 이하로부터 아래로는 배陪·대臺·예隸·어圉에 이르기까지 잔치의 즐거움을 마음껏 즐기지 않은 이가 없었고 모두가 거나하게 마시고 은덕에 감사하는 마음을 품었다. 비록 하夏 나라 계啓 임금이 균대均臺에서 베푼 연회, 주周 나라 성왕成王이 기산岐山 남쪽에서 행한 수렵狩獵, 한 고조가 패현沛縣에서 행한 연회와 광무제가 고향인 [용릉春陵의 구택]에서 베푼 연회라 할지라도 어찌 이보다 더할 수 있겠는가.② 이로써 돌에 명문銘文을 새겨 후세에 분명히 알리고자 한다.③ 그 사辭는 다음과 같다. 찬란히 빛나는 왕의 군사가 남쪽 오랑캐를 정벌하셨네. 신령스러운 위세를 떨쳐 아득히 먼 곳까지 진동시켰다. 오이는 두려워 떨고 촉로는 달아나 숨었다. 중국은 맑아졌으며 팔황八荒(이적夷狄의 공간)은 편안해졌다. 옛 고향으로 행차하셔 성대한 연회를 베푸셨네. 황제의 은덕은 두루 미치고 큰 은혜는 멀리까지 이른다. 금석金石에 새겨 만세萬世에 보이도다.④

〈대향비〉

총 19행, 매 행 30자를 기본으로 한 비는 17행과 19행만이 각 11자와 12자로 모두 533자다. 내용에 따라 모두 4단락으로 구분할 수 있는데, ①조비의 공적, ②대향례의 광경, ③입비의 목적과 관련한 상투어, ④명사로 구성되어 있다. 입비의 목적이 대향례를 기념하기 위한 것이기에 내용상 핵심은 ②부분이 되겠지만, 근본적으로 대향례를 행한 이유가 조비의 공적을 칭송하기 위해서기에 가장 중요한 비의 내용은 ①단락이라 할 수 있다.

흥미로운 것은 조비의 공적으로 손오와 촉한을 정벌한 무공만이 서술되어 있다는 것이다. 물론 대향례의 목적이 같은 해 6월 행해진 남정南征 도중에 조비의 고향인 초에 군대를 주둔시키고 병사를 위로하는 것이기에, 손오와 촉한에 대한 군사 활동과 그 성과에 대해 주로 서술했다고 이해할 수도 있을 것이다. 그러나 선양을 목전에 두고 있는 즈음 조비의 제왕으로서의 문무文武 양 방면의 자질과 공적을 모두 서술하는 것이 더 효과적이지 않았을까? 확실히 앞에서 살펴본 〈수선표비〉와 비교해도 조비의 군사적 공적만이 기술된 점이 특이하다.

〈대향비〉의 기술이 특이한 것은 이 뿐만이 아니다. 일반적인 대향례의 목적에 비추어 봐도 상식적이지 않다. 대향례는 서주西周 시기 천자를 비롯하여 제후諸侯·대부大夫가 거행했던 중요한 의례 중 하나로 그 핵심적인 내용은 주연을 베풀어 빈객을 접대하는 것이다. 의례는 크게 주악奏樂, 체천體薦, 연악宴樂, 빈사賓射, 상사賞賜, 부시賦詩 등의 6개 항목으로 구성되는데, 반으로 자른 희생犧牲을 바친다는 의미의 체천이 의례 구성 항목의 하나라는 점은 이것이 단순히 빈객의 접대에 그치는 것이 아니라 신령에 대한 공향供享도 포함하는 의례라는 것을 알려준다. 하지만 나머지 항목을 살펴보면 대향례가 궁극적으로는 빈객을 접대하고 지배층 안에서의 귀천貴賤·장유長幼의 서열 및 종족 안에서의 친소親疏를 명확히 하는 것을 목적으로 하는 것임을 알 수 있다. 따라서 이러한 대향례의 목적을 고려하면 〈대향비〉에는 군사 관련 내용이 지나치게 많다.

②단락 앞부분의 내용은 대부분 군대의 위용과 대향례 준비에 관한 것으로 향례에 참석한 지역민에 대한 묘사는 "초현의 부로와 남녀 모두에게도 예를 베풀었다爰及譙縣父老男女."는 것이 전부다. 향례의 중요 요소의 하나인 지역 사회 노인과 고아들을 위한 양로養老나 존고存孤

의 예는 서술되지 않았다. 즉, 대향례를 통해 조비의 군사적 성취를 강조하고 그 성취를 함께 이룬 군사들에 대한 위로를 전하고 있는 것만을 확인할 수 있다. 남정 중임을 염두에 둔다고 해도 고향이라는 상징적인 공간에서 군사적인 수사만이 가득한 대향례를 거행했다는 것은 의아하다. 그러나 이것이 남정 중 초를 찾아 군대를 주둔하고 대향례를 행했던 중요한 이유였을 것이다. 〈대향비〉가 선양 전야 정치적 패배 후 동요하고 있던 초패 집단에 대한 조비의 화해의 약속을 기록한 기념물이자, 불안했던 내부 결속의 다짐을 기록한 기념물이었기 때문이다.

1. 사료

[前漢]司馬遷 撰, 『史記』, 北京: 中華書局, 1997.

[後漢]班固 撰, 『漢書』, 北京: 中華書局, 1997.

[西晉]陳壽 撰, 『三國志』, 北京: 中華書局, 1997.

[劉宋]范曄 撰, 『後漢書』, 北京: 中華書局, 1997.

[南齊]沈約 撰, 『宋書』, 北京: 中華書局, 1997.

[梁]蕭子顯 撰, 『南齊書』, 北京: 中華書局, 1997.

[北齊]魏收 撰, 『魏書』, 北京: 中華書局, 1997.

[唐]房玄齡 等 撰, 『晉書』, 北京: 中華書局, 1997.

[北宋]司馬光 撰 · [元]胡三省 注, 『資治通鑑』, 北京: 中華書局, 1997.

[前漢]公羊壽 傳 · [後漢]何休 解詁 · [唐]徐彦 疏, 『春秋公羊傳注疏』, 北京: 北京大,
　　　1999.

[後漢]鄭玄 注 · [唐]賈公彦 疏, 『周禮注疏』, 北京: 北京大, 1999.

[後漢]鄭玄 注 · [唐]孔穎達 疏, 『禮記正義』, 北京: 北京大, 1999.

[後漢]劉熙 撰 · [淸]畢沅 疏證, 『釋名疏證補』, 北京: 中華書局, 2008.

[後漢]徐幹 撰, 『中論』(『漢魏叢書』 所收), 長春: 吉林大, 1992.

[北魏]酈道元 注 · [淸]楊守敬 等 疏, 『水經注疏』, 南京: 江蘇古籍, 1999.

[唐]封演 撰 · 趙貞信 校注, 『封氏聞見記校注』, 北京: 中華書局, 2005; 2008.

[北宋]孫宗鑑 撰, 『東皐雜錄』(『說郛』 所收), 兩浙督學周南 · 李際期宛委山堂刊本, 발
　　　행지 미상, 順治三年(1646).

[南宋]鄭樵 撰 · 王樹民 點校, 『通志』, 北京: 中華書局, 1995.

[南宋]元樞 撰, 『通鑑紀事本末』, 北京: 中華書局, 1964.

[明]吳訥 撰,『文章辨體』, 北京: 人民文學, 1962; 1998.
[清]皮錫瑞 著·周予同 注釋,『經學歷史』, 北京: 中華書局, 1981.

『陸先生道門科略』([明]張宇初 等 編纂,『正統道藏』所收), 北京: 文物·上海: 上海書
　　　店·天津: 天津古籍, 1988.
『上清黃書過度儀』([明]張宇初 等 編纂,『正統道藏』所收), 北京: 文物·上海: 上海書
　　　店·天津: 天津古籍, 1988.
『女青鬼律』([明]張宇初 等 編纂,『正統道藏』所收), 北京: 文物·上海: 上海書店·天津:
　　　天津古籍, 1988.
『赤松子章曆』([明]張宇初 等 編纂,『正統道藏』所收), 北京: 文物·上海: 上海書店·天
　　　津: 天津古籍, 1988.
『諸病源候論』([明]張宇初 等 編纂,『正統道藏』所收), 北京: 文物·上海: 上海書店·天
　　　津: 天津古籍, 1988.
『太常正一呪鬼經』([明]張宇初 等 編纂,『正統道藏』所收), 北京: 文物·上海: 上海書
　　　店·天津: 天津古籍, 1988.

[北宋]歐陽修 撰,『集古錄跋尾』(『石刻史料新編 第一輯』所收), 臺北: 新文豊, 1977.
[北宋]趙明誠 撰,『金石錄』(『石刻史料新編 第一輯』所收), 臺北: 新文豊, 1977.
[南宋]洪适 撰,『隷釋』, 北京: 中華書局, 2003.
[清]梁玉繩 撰,『誌銘廣例』(叢書集成初編), 北京: 中華書局, 1985.
高峽 主編,『西安碑林全集 第二卷』, 廣州: 廣東經濟, 1999.
羅新·葉煒,『新出魏晉南北朝墓誌疏證』, 北京: 中華書局, 2005.
毛遠明 校注,『漢魏六朝碑刻校注 第一冊』, 北京: 線裝書局, 2009.
毛遠明 校注,『漢魏六朝碑刻校注 第二冊』, 北京: 線裝書局 2009.
毛遠明 校注,『漢魏六朝碑刻校注 第三冊』, 北京: 線裝書局 2009.
毛遠明 校注,『漢魏六朝碑刻校注 第五冊』, 北京: 線裝書局, 2009.
北京圖書館金石組 編,『北京圖書館藏 中國歷代石刻拓本匯編 第一冊 戰國 秦 漢』, 鄭
　　　州: 中州古籍, 1989.
北京圖書館金石組 編,『北京圖書館藏 中國歷代石刻拓本滙編 第二冊 三國 晉 十六國
　　　南朝』, 鄭州: 中州古籍, 1989.
三國時代の出土文字資料班,『魏晉石刻資料選注』, 京都: 京都大, 2005.
永田英正 編,『漢代石刻集成 圖版·釋文篇』, 京都: 同朋社, 1994.
張傳璽 主編,『中國歷代契約會編考釋』, 北京: 北京大, 1995.
趙君平·趙文成,『秦晉豫新出墓誌蒐佚 第二冊』, 北京: 國家圖書館, 2012.
趙超 著,『漢魏南北朝墓誌彙編』, 天津: 天津古籍, 2008.
甘肅簡牘保護研究中心 等 編,『肩水金關漢簡 貳·下冊』, 上海: 中西書局, 2012.
中國社會科學院考古研究所 編,『居延漢簡 甲乙篇』, 北京: 中華書局, 1980.

한국고대사회연구소, 『譯註 韓國古代金石文 Ⅰ(고구려・백제・낙랑 편)』, 서울: 가락국사적개발연구원, 1992.

2. 연구서

加地有定, 『中國唐代鎭墓石の硏究－死者の再生と崑崙山への昇仙』, 大阪: かんぽう サービス, 2005.
關尾史郎, 『中國西北地域出土鎭墓文集成(稿)』, 新潟: 新潟大 '大域的文化システムの再 構成に関する資料學的研究'プロジェクト, 2005.
권오영, 『고대 동아시아 문명교류사의 빛, 무령왕릉』, 서울: 돌베개, 2005.
魯西奇, 『中國古代買地券硏究』, 廈門: 廈門大, 2014.
마이클 로이・이성규 역, 『古代中國人의 生死觀』, 서울: 지식산업사, 1987; 1998.
東晉次, 『後漢時代の政治と社會』, 名古屋: 名古屋大, 1995.
矢野主稅, 『改訂 魏晉百官世系表』, 長崎: 長崎大, 1971.
우홍・김병준 옮김, 『순간과 영원－중국 고대의 미술과 건축』, 서울: 아카넷, 2001; 2003.
蒲慕州, 『墓葬與生死』, 臺北: 聯經, 1989.

3. 연구논문

加藤直子, 「ひらかれた漢墓－孝廉と'孝子'たちの戰略」, 『美術史硏究』 35, 1997.
岡村繁, 「後漢末期の評論的氣風について」, 『名古屋大學文學部硏究論集』 22-文學8, 1960.
郭寶鈞 等, 「一九五四年春洛陽西郊發掘報告」, 『考古學報』 1956-2.
高倉洋彰, 「漢代買地券の檢討」, 『日本民族・文化の生成Ⅰ 永井昌文敎授退官記念論 文集』, 東京: 六興, 1988.
久田麻實子, 「墓誌銘の成立過程について－北魏墓誌銘の意義」, 『中國學志』 14, 1999.
宮宅潔, 「正統觀はいかに展開されたか－上尊號碑から辟雍碑まで」, 『京都大學人文科 學硏究所 共同硏究公開シンポジウム 石刻が語る三國時代』, 京都: 京都大, 2002.
金裕哲, 「北伐을 통해 본 東晉朝廷의 國家觀과 皇帝權」, 『魏晉隋唐史研究』 6, 2000.
落合悠紀, 「曹魏洛陽の復興と「正始石經」建立」, 『洛陽學國際シンポジウム報告論文集 東アジアにおける洛陽の位置』, 東京: 汲古書院, 2011.
路遠, 「後秦《呂他墓表》與《呂憲墓表》」, 『文博』 2001-9.
大原信正, 「「魏大饗碑」について」, 『(中央大)大學院硏究年報』 42, 2013.

大原信正,「後漢延康元年(二二○)の大饗禮」,『アフロ・ユーラシア大陸の都市と社會』,
　　東京: 中央大, 2020.

渡邊義浩,「三國時代における「文學」の政治的宣揚－六朝貴族制形成史の視點から－」,
　　『東洋史研究』54-3, 1995.

渡邊義浩,「「魏公卿上尊號奏」にみる漢魏革命の正統性」,『(大東文化大)漢學會誌』43,
　　2004.

渡邊義浩,「「受禪表」碑における『尙書』の重視」,『三國志研究』3, 2008.

木島史雄,「「正始石經」蹉跌の構造」,『中國文明の形成』, 京都: 朋友書店, 2005.

梶山智史,「北魏における墓誌銘の出現」,『駿台史學』157, 2016.

朴漢濟,「魏晉南北朝時代 墓葬風習의 變化와 墓誌銘의 流行」,『東洋史學研究』104,
　　2008.

福原啓郎,「西晉の墓誌の意義」,『中國中世の文物』, 京都: 京都大, 1993.

福原啓郎,「晉辟雍碑に關する考察」,『魏晉政治社會史研究』, 京都: 京都大, 2012.

富谷至,「黃泉の國と土地賣買－漢魏六朝買地券考－」,『大阪大學教養部研究集錄(人
　　文・社會科學)』36, 1987.

濱田瑞美,「曹操による建安十年立碑の禁令の實相について」,『東洋美術史論叢』, 東京:
　　雄山閣, 2000.

濱田瑞美,「漢碑考－かたちと意匠をめぐって」,『美術史研究』41, 2003.

徐國榮,「漢末私謐和曹操碑禁的文化意蘊」,『東南文化』117, 1997.

石見淸裕,「唐代墓誌史料の槪觀」,『唐代史研究』10, 2007.

石見淸裕,「唐代墓誌の資料の可能性」,『史滴』30, 2008.

陝西省文物管理委員會,「西安南郊龐留村的唐墓」,『文物參考資料』1958-10.

成周鐸・鄭求福,「武寧王陵의 誌石」,『百濟武寧王陵』, 公州: 公州大百濟文化研究所,
　　1991.

松下憲一,「北魏後期墓誌における官位と大きさの關係」,『史朋』44, 2011.

始皇陵秦俑考古發掘隊,「秦始皇西側趙背戶村秦刑徒墓」,『文物』1983-3.

呂雪峰,「試談十六國時期書法刻石隸楷間雜的演化過程－以西安碑林《呂他墓表》刻石
　　爲引證」,『書法』2023-6.

鈴木雅隆,「鎭墓文の系譜と天使道との關係」,『史滴』25, 2003.

永田英正,「後漢の選擧と官僚階級」,『東方學報』41, 1970.

窪添慶文,「墓誌の起源とその定型化」,『立正史學』105, 2009.

窪添慶文,「遷都後の北魏墓誌に關する補考」,『東アジア石刻研究』5, 2013.

王彥輝,「漢代的"去官"與"棄官"」,『中國史研究』1998-3.

王育成,「南李王村陶瓶朱書與相關宗敎文化問題研究」,『考古與文物』1996-2.

王育成,「唐宋道敎秘篆文釋例」,『中國歷史博物館館刊』15・16, 1991.

遠藤祐子,「漢代における地方官學の政治的機能」,『立命館史學』14, 1993.

劉國勝,「謝家橋一號漢墓《告地書》牘の初步考察」,『江漢考古』112, 2009.

劉連香, 「北魏馮熙馮誕墓誌與遷洛之初陵墓區規劃」, 『中原文物』 2016-3.

尹在碩, 「중국 고대 『死者의 書』와 漢代人의 來世觀－告地策을 중심으로－」, 『中國史研究』 86, 2013.

尹在碩, 「중국 고대 『死者의 書』와 漢代人의 來世觀－鎭墓文을 중심으로－」, 『中國史研究』 90, 2014.

李成九, 「漢代의 死後世界觀」, 『中國古中世史研究』 38, 2015.

日比野丈夫, 「墓誌の起源について」, 『江上波夫教授古稀記念論集 民族・文化篇』, 東京: 山川, 1977.

林裕己, 「漢・三國・六朝紀年鏡銘集成05」, 『古文化談叢』 56, 2007.

정재윤, 「중국계 백제관료에 대한 고찰」, 『史叢』 77, 2012.

趙晟佑, 「中世 中國 生死觀의 一面과 道教－殃禍의 觀念을 중심으로－」, 『中國古中世史研究』 25, 2011.

趙晟佑, 「後漢魏晉 鎭墓文의 종교적 특징과 道教－五石을 중심으로－」, 『東洋史學研究』 117, 2011.

周裕興, 「백제문화와 남조문화－무령왕릉을 중심으로－」, 『百濟文化』 40, 2009.

中國科學院考古研究所洛陽工作隊, 「東漢洛陽城南郊의刑徒墓地」, 『考古』 1972-4.

池田溫, 「中國歷代墓券考略」, 『東洋文化研究所紀要』 86, 1981.

塚本靖, 「碑の裝飾」, 『考古學雜誌』 5-12, 1915.

塚田康信, 「熹平石經の研究」, 『福岡教育大學紀要 第5分冊』 26, 1976.

塚田康信, 「碑の起源と形式の研究 Ⅰ・Ⅱ」, 『福岡教育大學紀要 第5分冊』 28・29, 1978・1979.

塚田康信, 「墓誌の研究」, 『廣島文教女子大學紀要(人文・社會科學編)』 25, 1988.

許飛, 「漢代の告地文・鎭墓文・買地券に見られる冥界(上)」, 『中國學研究論集』 26, 2011.

許飛, 「西王母と東王公の冥界とのかかわり－六朝買地券を中心に－」, 『中國學研究論集』 28, 2012.

荊州博物館, 「湖北謝家橋一號漢墓發掘簡報」, 『文物』 2009-4

洪承賢, 「後漢代 墓碑의 성행과 建安十年 禁碑令의 반포」, 『東洋史研究』 124, 2013.

洪承賢, 「西晉－劉宋時期 墓誌의 構成과 役割」, 『中國史研究』 89, 2014.

洪承賢, 「墓碑의 출현과 後漢末 墓碑銘의 정형화」, 『中國古中世史研究』 35, 2015.

洪承賢, 「後漢 買地券의 분류와 역사적・지역적 특징」, 『中國史研究』 101, 2016.

洪承賢, 「三國~南朝 買地券의 특징과 성격」, 『中國古中世史研究』 40, 2016.

洪承賢, 「洛遷 이전 墓誌를 통해 본 北魏 墓誌의 展開－〈馮熙墓誌〉前史－」, 『中國史研究』 110, 2017.

和田英信, 「建安文學をめぐって」 『三國志研究』 1, 2006.

黃景春, 「早期買地券·鎭墓文整理與研究」, 華東師大 博士學位論文, 2004.

黃景春, 「作爲買地券地價的"九九之數"」, 『中國典籍與文化』 88, 2016.

黃金明, 『漢魏晉南北朝誄文硏究』, 北京: 人民大, 2005.

Anna Seidel, "Trace of Han Religion in Funeral Texts Found in Tombs", 『道教と宗教文化』, 東京: 平河, 1987.

Terry F. Kleeman, "Land Contracts and Related Document", 『中國の宗教・思想と科學』, 東京: 圖書刊行會, 1984.

Wu Hung, *The Wu Liang Shrine—The Ideology of Early Chinese Pictorial Art*, Stanford University Press, Stanford, California. 1989.

홍승현

숙명여자대학교 사학과 대학원 석사
서강대학교 사학과 대학원 박사
현재 창원대학교 사학과 교수

주요 논저

「緯書, 鎭墓文, 그리고 道經 속의 '北斗'」(『東洋史學硏究』 164, 2023), 「투루판(吐魯番) 墓塼의 역사적 위치」(『中國古中世史硏究』 70, 2023), 「魏晉 시기 志怪의 撰述과 讖緯의 새로운 역할」(『東洋史學硏究』 160, 2022), 「『南齊書』 「五行志」의 구조와 특징」(『中國古中世史硏究』 63, 2022), 「『宋書』 「五行志」와 『搜神記』에 투영된 孫吳 인식」(『中國古中世史硏究』 60, 2021), 「중국 고대 災異說의 기원과 성립」(『史叢』 102, 2021), 『석각의 사회사』(혜안, 2022), 『正史 五行志의 세계-後漢書』(혜안, 2022), 『돌, 영원을 기록하다』(공저. 경북대, 2018), 『왕조 멸망의 예언가』(역서. 경북대, 2015), 『禮儀之國』(혜안, 2014)

돌에 새긴 인생 석각 속 중국 고대의 풍경

홍승현 지음

초판 1쇄 발행 2024년 4월 25일

펴낸이 오일주
펴낸곳 도서출판 혜안

등록번호 제22-471호
등록일자 1993년 7월 30일

주소 04052 서울시 마포구 와우산로 35길 3(서교동) 102호
전화 02-3141-3711~2 / **팩스** 02-3141-3710
이메일 hyeanpub@daum.net

ISBN 978-89-8494-715-3 03910

값 20,000 원

.